广告专业系列教材

ADVERTISING DESIGN

广告专业系列教材
ADVERTISING SPECIALITY

现代广告心理学
MODERN ADVERTISING PSYCHOLOGY

（第三版）

管益杰　王　詠 ◎ 编　著
马谋超 ◎ 主　审

首都经济贸易大学出版社
Capital University of Economics and Business Press
·北京·

第三版前言

近两年我国的经济迅猛发展，我国已经成为世界第二大经济体。相应的，我国广告业也发展迅速。鉴于此，我们对本书再一次进行了修订。

结合本书的内容和体例，本次修订的重点是吸收了最新的广告实例，并且突出了中国境内广告的特点，以期达到基于消费心理学研究的广告理论研究结果和中国广告实践相结合的目的。中国经济的发展离不开本土品牌的成长。在本次修订中，我们有意识地侧重于国内一些知名品牌的有影响的广告实例分析，同时对一些有世界影响的新产品的广告也进行了分析。

随着经济的发展和科学技术的进步，营销手段日益多样化，广告新媒体的作用得到了更进一步的发挥。例如，网络广告已经不仅仅限于在门户网站投放，各种论坛和社交网站等虚拟社区营销渠道的作用日益为商家所重视，一些相应的广告新形式也纷纷涌现，如专门在网络投放的连续剧式广告、微博广告等。消费者参与的积极性和主观能动性比以往任何一个广告时代都要高得多，在这次的修订中，我们对这些广告形式也进行了有侧重的分析。

网络商家是近几年发展非常快的销售形式,销售网站的广告与传统商家的广告既有共同之处,也有相当大的区别。在这次修订中,我们也对销售网站的广告进行了分析。

广告心理研究植根于广义的消费心理研究。近些年消费心理研究已经取得了长足的进展,一些新的心理概念和理论在消费心理研究中也有体现,消费观念和营销观念的变化也带来了新的广告趋势。随着经济发展节奏的加快,在本书今后的修订中,对广告心理学的新观点、新理论的补充速度也将相应加快。

本次修订中我们尽力查漏补缺,也许书中还存在个别疏漏之处,敬请读者朋友批评指正。

管益杰

2012 年 6 月

再版说明

本书初版以来,受到广大读者的欢迎和喜爱。近年来我国广告业有了突飞猛进的发展,对广告心理学的研究也有了许多新的成果,鉴于此,我们对本书进行了修订。

从广告传播实践的变化来看,整合行销、用户体验、品牌文化等等,应该是近年谈得较多的东西,然而,其实质并没有脱出过去的消费心理与行为范畴。最突出的变化,实际上是网络经济的发展对广告界的影响。网络广告的快速成长,营销手段的多样化,也反映在相应的心理学研究中,包括对网络广告效果的深入探讨,关于品牌社区、网络品牌传播的研究的兴起,等等。

因此,结合本书的内容和体例,本次重点对网络广告相关的内容进行了修订。在方法层面,对有关广告与品牌认知的研究方法的一些变化,比如内隐认知,也有所涉及。其他如认知神经科学研究方法,如脑电研究、EPR、fMRI 等技术在广告心理学中的应用,希望能在将来的修订中,逐步整合到这本书当中来。

随着营销时代的到来,新的理论、方法和技术不断出现。不过,俗话说得好,"万变不离其宗",以消费者为中心的思想,始终贯穿在广告心理学研究当中。随着网络经济的蓬勃发展,消费者的参与性和主观能动性将在这个以多向沟通与互动为突出特点的经济模式中更大程度地体现出来。同时,可以预见的是,未来的研究中,对消费者相关心理与行为的挖掘(除了行为层面的描述和挖掘外),对其心理和脑认知机制,以及相应的神经生物学基础的研究,将会越来越深入,多学科的融合也将随之成为必然。这也预示着本书未来的修订方向。

王　詠
2009 年 1 月

Preface 前言

众所周知,广告中既有科学又有艺术。因此,在广告领域里,科学发展观就显得很重要了。

现代市场观是以消费者为中心的。这句话有两重意思:第一,市场的一切活动都是为消费者服务的;第二,市场活动的一切策略都必须符合消费者行为特征。有一句名言说得好:科学的广告术是依据心理学法则的。本书正是旨在阐明存在于广告活动中的心理学法则。诸如,人的注意、知觉、记忆、联想的特征,人的需求、个性、价值观对广告活动的影响,等等。此外,本书还具体介绍了一些有关的实证研究成果,如广告作品评价系统、不同消费群体对商标类型的偏好、品牌效应的心理行为特征、名人广告效果的制约因素、品牌特质及其检测技术、网络广告的认知效果等等,对国外的精细加工可能性模型和意义迁移模型等有关理论也作了具体阐述。

本书的作者之一王詠在中科院心理研究所"广告与消费心理"实验室攻读博士学位期间,无论在专业知识或科研素质方面都得到很大的提高。取得博士学位后,他成为本实验室的专职科研人员。在攻博期间及成为专职科研人员之后,他参与了我主持的多部广告心理学和消费者心理学著作的撰写，并且参与和主持了多项企事业单位的有关研究项目，积累了丰富的素材，为主持撰写本书打下了坚实的基础。

本书具有较高的学术水平，体现了严谨的学风。除此之外，书中还提供了相当丰富的实践资料，使这本书具有较高的科学性和可读性，适宜作为大专院校相关专业的教材及业内人士的学习参考资料。

马谋超

2004 年 12 月

目 录

第一章 绪论 …………………………………………… 1
 第一节 什么是广告心理学 ……………………… 2
 第二节 学习广告心理学的意义 ………………… 6
 第三节 广告心理学的研究方法 ………………… 11
 案例讨论 "限广令"出台 几家
     欢喜几家愁 ……………………………… 16

第二章 广告的吸引力与注意策略 …………………… 19
 第一节 关于注意的心理学知识 ………………… 20
 第二节 刺激物的特征对注意的影响及其
    广告策略 ………………………………… 22
 第三节 广告注意策略的误区 …………………… 28
 案例讨论 "变形金刚3"被斥最牛植入
    广告 为中国品牌改剧本 …………… 29

第三章 理解广告信息的知觉基础 …………………… 34
 第一节 感觉与感觉阈限 ………………………… 35
 第二节 知觉过程及其影响因素 ………………… 38
 第三节 知觉原理在广告中的应用 ……………… 43

案例讨论　让眼睛先醉掉
　　　　——绝对伏特加经典平面广告…… 48

第四章　学习、记忆及其在广告中的应用…… 52
　第一节　学习理论…… 53
　第二节　记忆…… 61
　第三节　如何提高广告的记忆效果…… 66
　案例讨论　赶集网VS"赶驴网" "赶驴网"事件
　　　　——200元手撬动4个亿…… 72

第五章　广告创意中的想象与联想…… 75
　第一节　广告创意中的想象活动…… 76
　第二节　广告创意中联觉与联想律的应用…… 81
　案例讨论　为什么雕牌天然皂粉广告紧急更改？…… 85

第六章　态度与广告说服理论…… 87
　第一节　态度及其特性…… 88
　第二节　态度形成的理论…… 90
　第三节　态度的测量…… 93
　第四节　态度的改变…… 95
　案例讨论　红罐王老吉品牌定位战略…… 100

第七章　广告的理性诉求…… 103
　第一节　理性诉求与消费者需求…… 104
　第二节　独特销售主张或独特卖点说——USP理论…… 111
　第三节　理性广告的说服理论及其效果制约因素…… 113
　案例讨论　海飞丝与清扬　男人之间的战争终端战：创新VS坚持…… 119

第八章　广告的情感诉求…… 124
　第一节　情感广告的说服作用…… 125

第二节　情绪和情感的基本理论 ··· 131
第三节　广告中常见的情感类型 ··· 135
第四节　广告中的情感诉求 ··· 142
案例讨论　一汽奔腾的病毒式营销:让爱回家 ······························ 145

第九章　广告效果测评 ··· 151
第一节　广告效果测评理论 ··· 152
第二节　广告效果测评的类型 ··· 157
第三节　广告效果测评的技术与方法 ····································· 159
案例讨论　脑白金广告——烦归烦,效果才是硬道理 ······················· 163

第十章　品牌建设与经营的心理基础 ····································· 166
第一节　品牌识别特征与品牌构建模式 ··································· 167
第二节　认牌购买及其对品牌建设的启迪 ································· 175
第三节　"认牌购买"与品牌忠诚度策略 ································· 186
第四节　品牌特质及其检测 ··· 190
案例讨论　海底捞:口碑营销的标杆 ····································· 196

第十一章　企业形象与企业识别系统(CIS) ····························· 199
第一节　企业形象 ··· 200
第二节　企业识别系统(CIS) ·· 207
第三节　企业形象建设:MI 和 BI ······································· 215
第四节　CIS 与顾客满意和服务 ··· 222
第五节　VI 运作新模式:设计与心理测试相结合 ························· 227
案例讨论　通过 CIS 系统工程进行政府形象建设
　　　　　——北京市西城国税案例 ···································· 234

第十二章　网络广告及其心理效果 ······································· 240
第一节　互联网的发展与网络广告的兴起 ································· 241

第二节　网络广告的特点与常见形式 …………………………… 243
第三节　网络广告的计费之争与相关研究 ……………………… 246
第四节　一些基本传播因素对网络广告效果的影响 …………… 252
案例讨论　百事7喜的首次网络营销探索:穿越病毒广告 ………… 258

后记 …………………………………………………………………… 264

现代广告心理学

1 绪 论

本章重点及学习要求

广告心理学是心理学与广告领域相结合产生的学科分支。本章的重点是广告心理学的研究对象和内容，学习广告心理学的意义，以及广告心理学的主要研究方法。学习本章，首先要了解广告心理学是心理的一个分支，其研究对象是广告活动中的心理现象和心理规律。其次要了解广告心理学的主要研究内容，对本书的体系形成整体上的认识。还要了解本学科的发展简史，理解学习广告心理学的意义，掌握研究广告心理学的基本方法。

心理学和人的活动密切相关。可以说,人无时无刻不处在一定的心理活动当中。在你阅读本书的时候,你也处在阅读、思维等心理活动当中。当今经济社会中,我们大多数人几乎每天都要接触广告:电视、广播节目中,杂志、报纸上,车厢内外,车票背面,还有满大街的广告灯箱、手机短信……各类广告铺天盖地,随处可见。广告,已经渗透在人们生活的每一个角落。为什么对这些广告有的我们能注意到,有的我们却视而不见、听而不闻?为什么有的广告能让我们喜欢、记住,并且广为流传,而有的广告却让我们厌烦?为什么有的产品的广告我们很不喜欢,其销售量却节节上升?这些,都和广告活动的组织策划水平、广告的设计制作水平有密切关系,而良好的广告效果的取得离不开对广告心理学的运用。

第一节　什么是广告心理学

一、广告心理学的研究对象和基本内容

广告心理学是心理学的一个分支,它的研究对象是消费者与广告活动相互作用过程中产生的心理现象及其存在的心理活动规律。那么,什么是广告?根据美国市场营销协会的定义,广告是由一个广告主,在付费的条件下,对一种商品、一种观念或一项服务所进行的传播活动。因此,我们可以说,广告是一种传播工具——广告要将有关商品的信息传递给一群消费者;广告所进行的传播活动是带有说服性的——广告的最终目的是要让信息接收人(受众)接受所传达信息的内容,觉得广告中宣传的产品有价值,是好产品,从而产生购买的愿望。

因此,广告心理学的基本研究内容应该包括:传播心理、说服心理、相关环境影响因素以及广告心理效果测定。另外,考虑到具体的市场运作情况,还应该包括品牌心理。

第一,传播心理。广告过程可以理解为商品有关信息的传播过程。广告要想准确地传播信息,必须要把握传播心理。广告的传播心理包括:广告的吸引注意策略、理解广告信息的知觉基础、提高记忆率的广告心理策略、想象在广告活动中的作用等等。

第二,说服心理。广告的目的是说服受众,使受众相信广告信息,对广告产品

有好感,进而购买产品。广告的良好说服效果离不开对受众心理的把握。广告的说服心理包括:广告诉求的需要基础、广告的情感诉求和理性诉求、广告说服理论及相应的广告策略。

第三,相关环境影响因素。广告的受众总是处于某一个特定的环境。不同文化、不同地区乃至不同社会阶层、不同群体的受众,对同一则广告的反应会有所不同。

第四,广告心理效果测定。受众对广告的反应首先表现在其心理效果上。对之如何进行测评,有哪些方法和技术可供选用,相关的理论依据是什么,一直以来都受到研究人员与从业者的重视。

第五,品牌心理。消费者由于对特定品牌使用的满意感而产生信赖和品牌忠诚,他们的品牌态度和广告态度之间也存在着相互影响。这方面的内容包括:品牌的识别特征、品牌个性与消费者自我形象、品牌定位与品牌主张,消费者认牌购买的形成过程与品牌创建和培育的市场策略等等。

二、广告心理学的产生和发展

1879 年,德国心理学家冯特在德国莱比锡建立了人类历史上第一个心理学实验室,标志着科学心理学的诞生。继此之后,很多心理学实验室纷纷建立。1895 年,美国明尼苏达大学心理实验室的 H. 盖尔率先采用问卷法,研究了消费者对广告及广告商品的态度和看法。盖尔的研究是广告心理方面最早的研究。美国西北大学的心理学家 W. D. 斯科特的研究工作对广告心理的研究影响深远。他在 1901 年提出,广告工作应发展成一门学科,并指出心理学对此可以大有作为。在随后的两年内,斯科特连续发表了 12 篇有关广告心理的文章,并于 1903 年将自己有关广告心理的研究结果汇集出版,书名为《广告原理》。此书的出版标志着广告心理学的诞生。

在同一个时期,德国心理学家敏斯特伯格也开展了广告呈现的色彩、文字等各种因素与广告效果的关系的研究,并于 1912 年发表了《心理学与经济生活》一书。1908 年,斯科特在自己以前工作的基础上进一步将广告心理的知识系统化,出版了《广告心理学》。

基本的心理学理论影响到心理学的每一个领域,包括广告心理学。在行为主义大行其道的时代,华生、斯金纳等行为主义心理学家对刺激和反应之间的关系

进行了大量的研究。与此同时,第一次世界大战后,社会心理学家对说服等心理学问题继续进行了很多研究,取得了突出的成果。这些研究成果被广泛应用于广告实践,从而促进了广告心理学的发展。特别是20世纪40年代之后,对消费者深层动机的探讨引起了人们极大的兴趣。20世纪50年代人本主义心理学的需要层次理论,为广告心理学中消费者需要的研究提供了基础。这些研究大大丰富了广告心理学的理论。

20世纪60年代以后,受到认知心理学的影响,认知加工的观点迅速对每个心理学分支领域产生了重大影响。受到认知心理学的影响,广告心理学领域内的认知研究也越来越多,研究技术手段也大大提高,除了传统的调查、实验方法,现代认知研究的方法技术也被广泛借鉴,如语义分析法,内容分析法,借助眼动仪、生理多导仪等进行的心理物理法等。

我国的广告心理学研究起步较晚,受西方研究取向的影响比较大。20世纪80年代末90年代初,我国台湾出版的一些广告心理学书籍对广告心理的研究起到了促进作用。目前在西方,广告心理成为广义的消费者心理学中的重要内容,很多书以广告与消费心理命名。本书为突出广告活动中心理的规律和特点,仍然采用"广告心理学"一词。

三、心理学的基本内容

心理学是一门科学。简单而言,心理学是通过研究、分析人的行为,揭示人的心理活动规律的科学。心理现象是非常复杂的,心理学同其他科学一样,包含着一个完整的概念体系。

(一)心理是脑的机能,是对客观现实的反映

人类具有高度发达的大脑。随着科学研究的进步,人脑的结构和机能与心理现象之间的联系逐渐被发现。1861年,法国外科医生P. Broca发现,大脑左半球皮层额下回受损伤的病人患了运动性失语症。这个区域后来被命名为Broca区。1874年,威尔尼克(C. Wernicke)鉴定出颞叶上有一个与语言理解有关的区域,后来被称之为Wernicke区。

大量的研究还发现,正常人的脑半球功能有分工:左半球通常控制言语过程,如言语、阅读、书写、数学运算和逻辑推理;而右半球通常控制如空间、音乐、艺术、想象和创造力等非言语过程。心理现象作为脑的机能是以活动的形式存在的,它

以脑的神经活动为物质基础。脑的神经活动是生理的、生化的过程,而心理活动则是在这些过程中发生的对现实外界刺激作用的反应,是对外界信息的加工。由于人是社会化的动物,人的一切活动都带有社会、文化影响的烙印,所以在不同的社会文化背景中的人,其心理活动特点也不一样。

(二)心理学的基本内容

心理学是研究心理活动规律的科学。人的心理活动是多种多样的,但归纳起来可以分为心理过程和个性心理两方面。

1. 心理过程。心理过程包括认知、情感和意志3个方面。

认知是大脑对客观事物的表面属性和内在联系进行反映的心理过程。它涉及感觉、知觉、记忆、想象和思维等活动。

外界事物作用于人,被称为刺激。世界上各种事物都可以成为对人的刺激物。对物体的个别属性的反映称为感觉,如颜色、软硬度、形状、气味、声音等等都是物体的个别属性。对事物的整体反映称为知觉,如我们看到一个事物是圆的、硬的、红的,尝一尝是脆的、甜的——这是一个苹果!这就是知觉。知觉是以感觉为基础的,我们有时将感觉和知觉合称为感知觉。刺激作用于人的大脑,所产生的"痕迹"在大脑中可以储存起来。在一定条件下,这些储存可以被提取出来,这就是记忆。如果我们储存和提取、再现的是过去经历过的事物的映像,称之为表象。例如,昨天看到的一个人的模样,参观过的风景名胜的风光等等。如果在另外的条件下,脑中的映像重新组合,成为与原来映像不同的映像,这就是想象。

对于一些事物,我们不能直接感知其属性,但是可以通过对它们的分析和综合、抽象和概括,揭示它们的内在属性和规律以及事物之间的联系和关系,这就是思维过程。

上述感觉、知觉、记忆、表象、想象和思维的活动过程统称为认知过程。

一则广告被消费者注意到、感知到,也会引起消费者的喜、怒、哀、乐等感受。比如,有的广告让消费者很喜欢,连广告歌曲也能哼唱出来;有的广告则让消费者厌恶,一看到开头就赶紧转头或者换频道。这些感受就是人的情绪情感,它是客观事物能否满足人的主观需要所产生的一种内部体验过程。

人类在认识世界、改造世界的过程中,要提出目标,制定计划,并且努力地付诸实践,克服各种困难,以达到预期的目的,这类活动叫做意志行动。这种为达到预期目的与克服困难相联系的心理活动,叫做意志。

认知、情感和意志都是心理过程。注意则是这些心理过程所共有的心理特性,它伴随于这些心理过程之中。

2. 个性。人在认识事物和改造事物的过程中,不仅有各种心理活动,还表现出个人的不同特点。这些不同特点构成人们心理上的差异,称之为个性心理特征。个性心理特征主要体现在人的能力、气质、性格上。能力是使个体在完成某种活动方面具备潜在可能性的特征,如有的人具备数学才能,数学成绩很好等。心理学中的气质概念和日常生活中的"气质"一词含义不一样,它是指心理活动的强度、速度、稳定性、灵活性上的差异,是高级神经活动在人的行为上的表现。而性格则是一个人在对社会、集体、家庭、个人、事物的态度和相应行为方式上所表现出来的心理特点,比如有的人比较内向,有的人比较外向等等。能力、气质和性格统称为个性心理特征。

个性心理特征受人的需要、动机、兴趣、信念和世界观的制约。人的需要反映了生理或者心理上的匮乏状态,比如口渴了需要水,肚子饿了需要食物等等。动机是人对其需要的一种体验,是与满足个体某些需要有关的驱动力,它总是指向那些能够满足个体需要的某种事物或者行动。人的需要、动机、兴趣、信念和世界观统称为个性倾向性。

个性心理特征,向上受制于个性倾向性,向下又制约和影响着心理过程的进行。然而,个性倾向性和个性心理特征又都是通过心理过程形成和发展的。

第二节　学习广告心理学的意义

一、广告可以激发消费者的购买动机并提供相关信息

个体消费行为指的是消费者在寻找、购买、使用和评价用以满足需要的物品和劳务设施时所表现出来的一切脑体活动。一般消费行为往往是从形成一定的需要开始的。从信息加工的角度来分析,一般消费行为要经历如下过程:

形成需要或激发动机—获取信息—评价可选择商品—选择商品—购买行为—评价所购商品—下次购买

广告对个体消费者消费行为的影响体现在多个方面,首先是形成消费者的购买需求,或者唤醒消费者的潜在需求。

需要是生理上或者心理上的缺乏状态。需要可以来自直接的体验，如口渴、饥饿或者对美的追求等等，也可以来自于外界的引导。适当的广告可以激发出人们某一个方面的需要。例如，一个人可能本来不饿，也不想吃东西，但是看到颜色鲜艳、逼真的食品广告之后，却不由得想要尝一尝。这时候广告起到的是诱因作用。另外，有些需要是人们能明显意识到的，有些需要是尚未被意识到的，即潜在需要。美国一家商场曾经作过实地调查，发现在被调查的购买者当中，只有少部分的买主有明确的购买计划，大多数人事先只有比较模糊的意向。这些模糊的意向就体现了潜在需要。当消费者接触到广告这种诱因时，潜在的需要就会被引发出来。广告还可以起到引导消费者需求的作用。比如，现在的科技比较发达，很多科技产品公司的产品不断推陈出新，引导消费者对具体产品的需求。再比如，我们日常生活中常用的放像设备，最初是放像机，比较笨重，录像带的体积也略嫌大了一点，所以当VCD机推出之后大受欢迎。VCD机之后厂家又推出了DVD机。由于DVD机的更大容量和兼容能力，也成为被消费者广为接受的产品。现在厂家又推出了HDV机，即高清晰度数字放像机，据说其清晰度可以达到200万像素，而我们原来的DVD机只有40万像素。可以预见，过一段时间之后，清晰度会成为人们购买放像设备的一个标准，也就是人们在对产品的需要方面增加了一个维度。

从个体消费行为的过程来分析，广告可以起到的第二个作用是提供信息。广告可以为消费者提供产品或者企业信息。当消费者有了购买需要，产生购买某一产品的动机之后，在实际购买之前，往往需要一些额外的信息，于是就进入了获取信息的阶段。消费者首先进行内部信息搜索，即从记忆库中提取相关产品的信息。但是记忆中的知识和经验毕竟有限，而且有些产品的信息更新很快，如果不是专业人员很难及时把握其动态。比如，计算机硬件设备的更新换代非常快，如果消费者想买一台新的计算机，就需要搜寻外部信息。当产品的购买风险比较大的时候，消费者往往比较慎重，对信息的搜寻更为看重。广告就是提供商品信息的一个重要途径。台湾地区奥美公司关于"消费者对广告的态度和评价"的调查结果显示，认为广告是一种了解产品功能或服务内容的重要信息来源的人数比例，在我国台湾地区是86%，在我国香港地区是74%，在美国是76%。对我国内地青少年的调查也显示，很多被调查者把广告作为一种信息来源。

二、广告创意、广告设计需要把握消费者的心理行为特征

广告可以形成消费者的需要，并且给消费者提供与产品相关的信息。但是，如何才能形成消费者的需要？形成什么样的需要才能促使消费者作出购买行为？广告提供什么样的信息给受众？以什么样的方式提供这些信息？什么样的信息、什么样的提供方式最能打动受众？这些问题实际上就是如何把握消费者的价值观，找到消费者所关注的商品特性，从而找到自己商品的卖点，把卖点以合适的方式呈现给受众，从而打动受众的问题。能否准确地将符合目标消费者价值观的利益点作为卖点，对广告的成败起着重要作用。"碧生源常润茶，清宿便、润肠道、排肠毒，让你的肠子洗洗澡吧。"这是碧生源常润茶耳熟能详的广告词，在北京的公交车上，公交电视一遍一遍地重复播放着该广告，该广告末尾还用略带俏皮的口吻说："不要太瘦哦。"处于被肥胖煎熬中的人，经过该广告的如此"轰炸"，自然会对对该产品增加注意力。

广告的具体创意、设计和播放等等可以看做是提供信息的方式。从信息加工的角度来说，广告的过程涉及广告信息的传递以及人们对广告信息的理解、记忆、评价等过程。一则好的广告不仅能吸引人们的注意，容易使人记住，而且能赢得人们的喜爱。立邦漆有一个广告"屁股篇"，画面上是一群扶着栏杆站立的小孩，光屁股上各抹了一块彩色的油漆。据说这个广告曾经立在北京某条道路的一个环岛边，但是很快被拆除。原因竟然是因为很多司机到了这里，不由自主地被广告吸引，结果影响了开车，造成这个环岛周围的交通事故增多。而有的广告立在路边很久也难以引起人们的注意。

很多人还很喜欢柯达胶卷的一则广告，广告画面是一个小男孩在理发时哭泣的情景，背景音乐是柯达胶卷一直采用的"留住这一刻"的歌曲。看到这个哭泣的小男孩，很多观众发出会心的微笑："我小时候也不喜欢剪头发，呵呵！""这个小孩真可爱，剃个头也哭成这样……"而有的广告则让人们感到乏味。

实例：

画面：起重机、奖牌、厂长在办公室内的照片、工厂照片。

旁白：(快速地)"春江"牌起重机，××省××市机械厂生产，省优，部优，国优！厂长：张××，联系电话7654321，地址：××省××市幸福路123号。欢迎来人来函洽谈业务！

上面这则广告是30岁以上的受众比较熟悉的广告语，20世纪80年代末到

90年代初,这种类型的广告很多,"部优、国优"之声不绝于耳,而现在这种广告比较少见了。为什么这种广告会失宠呢?是因为这类广告单调、枯燥,消费者容易厌烦;而且诉求点只是强调"部优、国优",难以在众多"部优、国优"产品中凸显出来,不能使受众看过广告后产生购买欲望,广告的效果自然就差。

> **中国最早的广告砖**
>
> 花絮　经过两个月的发掘,长沙县果园镇龙桥村的东汉古墓群被初步认定为是一个大家族的墓地。有一座墓葬里的墓砖上还出现了非常奇特的文字,考古工作者告诉记者,这可能是中国最早的广告砖。
>
> 据介绍,东汉的墓葬上通常有一些文饰或文字,一般都是些富贵吉祥的话。记者在发掘现场看到,一块墓砖上写着"大、宜、阳、吉、五、十"等字样。考古工作人员推断这是当时砖窑的广告词,意思是:买我的砖,大吉大利,只要五十文钱。如果这样的解释得到确认,那么这块砖将是中国最早的广告砖。
>
> (资料来源:人民网湖南视窗)
>
> 分析:这块砖是不是最早的广告砖,还有待于专家的进一步考证。我们姑且把它当做是中国最早的广告砖,从心理学的角度来分析一下其广告策略。砖窑的广告策略中蕴涵着两个卖点:"吉利"和"价格"。除了这两点之外,一块砖具备的特性和功能还可以有:是不是坚固耐用,是不是美观好看,尺寸大小是否合适等等。为什么砖窑只在砖上刻"大吉大利,只要五十文"这两点呢?中国古代人们非常相信风水一说,相信祖先对后人的荫庇,无论是盖屋建房,还是建造墓穴,对"吉利"都十分看重。而价格是消费者一直非常关注的特性之一,直到现在,商家和厂家们还在使用价格战策略。因此我们可以看出,砖窑的广告策略体现了制作者从实践中摸索出来的朴素的广告心理规律。

三、准确地把握消费者的价值观和消费行为特征需要采用科学的心理学研究方法

上文讲到,准确地寻找合适的卖点需要把握消费者的价值观和消费行为特征。而人的价值观藏在心底深处,难以直观地觉察,消费者对自身的消费行为特点可能也说不清楚,因此,准确地把握消费者的价值观和消费行为特征需要采用科学的心理学研究方法。找到速溶咖啡销售障碍就是一个经典的例子。

速溶咖啡比起传统的用咖啡豆研磨的咖啡,食用时省时省力,其味道也不错,市场研究专家都认为速溶咖啡的市场前景应该不错。但是出人意料的是,速溶咖啡在进入市场后却销路不畅。市场研究人员询问了消费者,消费者也认为速溶咖啡有很多优点。那么消费者为什么不买他们认为不错的产品呢?用直接询问、调查很难找到真正的原因。心理学家设计了一个精巧的实验,采用的是被称为角色扮演的投射技术。在实验中,心理学家设计了两份购物单,购物单上各有7种要购买的商品。两份购物单只有一处差别:一张单子上写的是速溶咖啡,另一张写的是豆咖啡。具体内容见表1-1。

表1-1 研究速溶咖啡购买动机的两份购物单

购物单一	购物单二
1听郎福特发酵粉	1听郎福特发酵粉
2只油煎饼面包	2只油煎饼面包
1捆胡萝卜	1捆胡萝卜
1磅豆咖啡	1听内斯速溶咖啡
1听德尔蒙特桃子罐头	1听德尔蒙特桃子罐头
1.5磅汉堡牛排	1.5磅汉堡牛排
5磅土豆	5磅土豆

实验中,选择家庭主妇作为被试,因为通常都是她们到超市购买物品。实验者把参加实验的家庭主妇随机分为两组,每组只看一张购物单,并告诉她们购物单是一位家庭主妇制定的。看完这张购物单后,请被试描述一下拿着这张购物单到超市买东西的家庭主妇是个什么样的人。结果,看了第一张购物单的被试者中几乎有一半的人把这个家庭主妇(买速溶咖啡的)看成是懒惰的、邋遢的、生活没有计划的人;另一组被试者对家庭主妇(买豆咖啡的)的印象却不坏。通过投射技术,使得消费者在不知不觉中暴露了其真实动机:原来家庭主妇不愿意买速溶咖啡不是因为它的口味不好,也不是因为不需要它带来的方便快捷,而是担心别人看扁了自己,怕别人说自己购买速溶咖啡就是想偷懒。得到这个结果之后,市场销售人员及时调整了产品的卖点,从突出产品的迅速快捷转为突出产品的新

颖、时尚。新的卖点使得速溶咖啡的销路很快打开了。

总之,在广告活动中,消费者处于中心的位置,消费者的心理是广告活动的出发点。只有通过科学的方法,把握消费者的心理活动规律,并根据这种规律进行广告的创意、设计和传播,才有望达到预期的广告目的。广告心理学的主要任务就是探讨广告活动过程中消费者的心理活动规律,使广告活动建立在心理学法则的基础之上。因此,从事广告及其相关事业的人,应该尽可能多地掌握一些广告心理学的知识。

第三节 广告心理学的研究方法

一、访谈法

访谈法是访谈者通过与受访者的交谈,了解受访者对一些问题的看法、态度等的一种方法。它分为两种方式:结构式访谈和无结构式访谈。

(一)结构式访谈

结构式访谈又称标准化访谈,是一种对访谈过程高度控制的访谈。这种访谈的对象要按照一定的标准和方法选取,一般采用概率抽样。访谈的过程也高度标准化:对所有被访者提出的问题、提问的次序和方式,以及对被访者回答的记录方式等是完全统一的。为使这种统一性得到保证,通常采用事先统一设计、有一定结构的问卷进行访谈。访谈中所有调查员都必须严格按照问卷上的问题发问,不能随意对问题作出解释。通常,这种类型的访谈问卷都有一份访谈指南,其中对问卷中有可能发生误解的问题都有说明,这些说明规定了访谈者对这些问题解释的口径。

可以看出,结构式访谈的最大优点是访谈结果便于量化,可作统计分析,它是统计调查的一种。与自填式问卷相比,结构式访谈的最大特点是能够控制调查过程。比如,在访谈中可以使访谈对象听清所问的问题,并能当场核实答案,使因为误答和因对问题不清楚而不回答的数量大量减少,从而最大限度地降低来自被调查者方面的误差,提高调查结果的可靠程度。结构式访谈的另一个优点是回收率高,一般的结构式访谈问卷回收率可以达到80%以上。

此外,由于能观察被访谈者在回答问题时的态度和行为,结构式访谈能获得自填式问卷无法获得的许多非言语信息。

但是,结构式访谈也有其局限性。局限之一是比较费时费力,调查结果受到调查结构的影响。还有就是由于结构式访谈要使用统一的问卷和表格,采用同样的标准化程序,所以访谈者和被访者的积极性难以得到发挥,对有些问题不能进行深入的讨论。

另外,结构式访谈还要对访谈者进行事先的培训。结构式访谈对访谈者的要求比较高,因为访谈者的态度、素质、经验等都会对访谈结果造成影响,所以,在开展访谈前要对访谈者进行培训。如果访谈者不止一个人,还要训练他们对问题的理解和处理要保持一致,从而保证访谈的可信度。

因此,在实际调查中,结构式访谈往往和无结构式访谈结合起来使用。

(二)无结构式访谈

无结构式访谈又称非标准化访谈。和结构式访谈相比,它事先不固定访谈的问卷、表格和问题的顺序,只是有一个题目,可以有大致的问题大纲和要点,但是调查对象可以比较自由地谈出自己的观点和感受,访谈双方可以围绕预定的题目进行深入的交流,而不必拘泥于特定的程序。例如,谈到对播出的某一个广告的感受,被访谈者往往会谈出自己对广告的喜好以及相应的原因、自己会采取的行动、周围人们的感受等等。在这种交流中,很多观点、想法可能是访谈者事先不能预料的,因此需要访谈者思维比较敏捷,能够抓住被访者谈话中有价值的部分,进一步追问。因此无结构式访谈比较适合研究动机、态度、价值观等方面的问题。而在访谈时,被访谈者提供的想法和事例往往会给研究人员以启发。

由于没有固定的标准化程序,所以对无结构式访谈的结果难以进行定量分析,而且无结构式访谈受到访谈者的素质、经验和技巧等方面的影响比结构式访谈更大,对访谈者的要求更高。无结构式访谈比结构式访谈所耗用的时间更多,因此调查的规模也受到限制。

二、问卷法

问卷法是现代社会科学研究中最常用的资料收集方法,特别是在调查研究中,它的使用更为普遍。在广告心理学研究中,了解广告受众的心理时最常用的也是问卷法。

问卷是一系列精心设计的问题,用来测量人们的特征、行为和态度等。根据填写或使用的方式的不同,问卷可以分为两种主要的类型:自填问卷和访问问卷。自填问卷是由被调查者本人填写的问卷,访问问卷则是由访问员根据被调查者的回答填写的问卷。

(一)问卷的结构

一般来说,一份问卷通常包括:说明、指导语、问题(及选择答案)、其他资料。

说明即一封致被调查者的短信,其作用在于向被调查者介绍和说明调查者的身份、调查的内容和范围、调查目的、调查对象的选取方法等。说明的篇幅虽然短小,但是在整个问卷中却具有相当重要的作用。因为能否说服每一位被调查者参加到你的调查中来,能否让他们如实地填写问卷,能否让他们把填好的问卷寄回来等,在很大程度上都取决于说明的效果。

指导语是用来指导被调查者如何正确填答问卷、访问员如何正确完成问卷调查工作的一组陈述。

问题是问卷的主体,可以说,被调查者的各种情况正是通过问题和答案来收集的。一般来说,问卷中的问题主要包括3个基本方面:一是有关行为方面的问题,比如,"您上周去了几次商场?""您今天注意到了多少份广告?"二是有关态度或看法方面的问题,比如,"您是否赞成安全套公开做广告?""您选择电视的最重要条件是什么?"三是有关回答者个人背景的问题,如年龄、性别、文化程度、职业、婚姻状况、收入、家庭人口等。

问卷的问题在形式上可以分为开放式和封闭式两大类。

开放式问题就是不为回答者提供具体的答案,而由回答者自由回答的问题。比如:"您喜欢读什么样的书籍?"等等。

开放式问题允许回答者充分自由地按照自己的方式发表意见,不受什么限制,回答往往是最自然的。但是开放式问题要求回答者有较高的知识水平和文字能力,要让回答者书写,花时间比较多,对得到的资料的处理难度也大一些。

封闭式问题就是在提出问题的同时,还给出若干个可能的答案,供回答者根据自己的实际情况选择。比如:

你最喜欢看哪一类电视节目?(限选一个答案)

(1)新闻　　　(2)体育　　　(3)文艺　　　(4)广告　　　(5)其他节目(请写明)_____

封闭式问题的优缺点同开放式问题正好相反。封闭式问题由于提供了选择答案,实际上限制了回答者的回答范围和回答方式。另一个缺点是对回答中的偏误难以发现。由于对回答者的笔误或者胡乱回答的题难以发觉,会影响到调查结果的准确性和真实性。封闭式问题的主要优点是回答者填写问卷十分方便,收集到的资料便于统计处理和定量分析。

(二)问卷设计的基本原则

1. 要首先为被调查者着想。比如:问题不要设计得太多,或者不要让被调查者进行难度较大的回忆或者计算,不要让被调查者回答起来需要花费很多时间等等。要尽量减少回答问卷的困难和麻烦。

2. 要考虑到被调查者回答问卷的心理。要通过说明解除被调查者的顾虑,调动被调查者的积极性,认真负责地回答问题。

3. 要考虑到被调查者回答问题的客观障碍。比如:阅读能力的限制、理解能力的限制、表达能力的限制、记忆能力的限制、计算能力的限制等等。

4. 要考虑到调查目的、调查内容、样本性质、资料的处理方法等。

(三)问卷设计的主要步骤

1. 探索性工作。通过探索性工作获得各种问题的提法、实际语言、可能的回答种类等,同时对于把自由回答的开放式问题变成多向选择的封闭式问题十分有用。

2. 设计问卷初稿。

3. 试用和修改。

(四)问卷设计的注意事项

1. 尽量用简单通俗、人人都明白的语言,不要用专业术语、行话。

2. 问题要尽量简短,避免含糊不清。

3. 避免会产生歧义的句子。

4. 问题不要带有倾向性。人们对问题的回答在一定程度上受提出问题的措辞所表现出来的倾向性(也称为诱发性)的影响,因此问题要保持中立。比如,"医生认为抽烟有害健康,您的看法如何?"这个问题就带有倾向性。

5. 尽量避免用否定形式提问,如对"您是否赞成物价不进行改革"这样的问题,很多人往往容易漏掉题中的"不"字。

6. 不要直接问敏感的问题,这容易引起被调查者的反感,从而拒绝回答。最好采取间接询问的方式,语言要注意委婉。

问卷法节省时间、经费和人力,比传统的调查方法具有更高的效率。同时问卷具有很好的匿名性,可以避免偏见,减少调查误差。另外,问卷资料便于定量处理和分析。

但是问卷法要求被调查者具有一定的文化水平,必须能看懂问卷。问卷的回答率往往难以保证,而且填写问卷的环境影响到填写问卷的质量。

三、实验法

在严格控制的条件下,有目的地给被试者某种刺激,以引出他的某种行为反应,从而加以研究,找出某种心理活动的规律,即找出事物的某种因果联系,这种研究方法叫做实验法。

实验法对研究环境实行一定的控制,它的主要特征就是控制情境和变量,从而便于寻找变量之间的因果关系。在实验法中,研究所用的刺激叫做自变量,比如不同的商标、不同的品牌、不同的广告文案等。实验中拟测定的指标是因变量,比如反应速度、记忆程度、注意值、喜好程度等等。

实验法的基本原理是:首先以一个理论假设为起点,这个假设是一种因果关系的陈述,它假定某些自变量(比如产品的品牌)会导致某些因变量(比如消费者的喜好程度)的变化。然后进行如下操作:①在实验开始时对因变量进行测试(前测);②引入自变量,让它发挥作用或影响;③在实验结束前再测量因变量(后测);④比较前测和后测的差异值,检验假设。如果没有差异,就说明自变量对因变量没有影响,从而推翻假设;如果有差异,则可以证实原假设,即自变量对因变量有影响。

本章小结

心理学是通过研究、分析人的行为,揭示人的心理活动规律的科学。人的心理现象是非常复杂的,心理学同其他科学一样,包含着一个完整的概念体系。心理学要研究的内容主要是心理过程和个性。心理过程包括认知(感觉、知觉、记忆、表象、想象、思维)、情感和意志。注意伴随着这些心理过程。个性包括个性心理特征和个性倾向性。广告心理学是心理学的一个分支,它的研究对象是广告活动与消费者相互作用过程中产生的心理现象及其存在的心理规律。1903 年,斯科特出版了《广告原理》一书,此书的出版标志着广告心理学的诞生。广告心理学的基本内容包括传播心理、说服心理、相关环境影响因素的研究、广告心理效果测定以及品牌心理等。广告可以激发消费者的购买动机并提供相关信息,广告的创意、广告设计的表现需要把握消费者的心理行为特征,准确地把握消费者的价值观和消费行为特征也需要采用科学的心理学研究方法。

思考题

1. 简述广告心理学的产生与发展。
2. 为什么广告需要把握心理学法则?
3. 为什么广告要说服消费者就必须把握消费者的心理行为特征?
4. 简述消费者行为的一般特点以及广告在这一过程中发挥的作用。
5. 简述访谈法、问卷法、实验法在广告心理研究中的应用。

案例讨论

"限广令"出台　几家欢喜几家愁

11 月 28 日,国家广电总局下发《〈广播电视广告播出管理办法〉的补充规定》,决定自 2012 年 1 月 1 日起,全国各电视台播出电视剧时,每集电视剧中间不得再以任何形式插播广告。此规定一出,观众叫好声不绝于耳,而电视台和电视剧制作公司则面临大挑战——原本已经确定的电视台 2012 年广告招标额度或将被迫调低,而电视剧销售价格也可能因此受到影响。面对"限广令",各大卫视会采取何种措施,影视剧制作方要怎样整改?各大赞助厂商又会瞄向何种投资方式?在这个资金链条下生存的导演和演员们又将作何感受?

观众:拍手称快　担忧广告植入更多

新规定刚刚出台,很多观众就拍手称快,"终于不用买碟,不用守着视频网站看电视剧了。"新浪网的投票调查显示,超过 90% 的网友赞成禁止电视剧插播广告的做法。此外,还有一部分人开始未雨绸缪:"我很怕广告会植入到电视剧里,这边刚说'嗨,这是你的益达',那边就是'不,这是你的香飘飘'"。此外,还有些热心人开始为电视台出谋划策了,"以后电视剧缩短播出时间,把原本45分钟改成20分钟,然后开始播广告。"

电视台:损失或超200亿

此前有媒体报道称,广电总局这一新规出台后,电视台将直接损失200多亿元。"现在广告收入普遍占到了电视台营业收入的70%。"采访中,某业内人士跟记者透露,现在的电视台都是靠广告来赚大钱,所以"限广令"一出,对于各大卫视来说无疑是一个巨大的灾难,而安徽卫视和湖南卫视则是受"灾"较为严重的代表。

制作方:电视剧价格不会回落

各大卫视要竞争,需要花高昂的费用来买电视剧,但广告的削减势必会影响它们的购买力。北京小马奔腾公司电视剧宣传总监马可表示:"购片价格上应该不会受太大影响,虽然说不会翻番地涨,但也不会回落,因为高质量的电视剧还是很有市场的。"马可告诉记者,现在全国年产电视剧多达600部,就以今年来说,真正有竞争力的只有20余部,"限广令"出台,只会导致电视剧制作市场的两极分化,好剧会更加精益求精,口水剧也会继续"坏"下去。"这下卫视之间的竞争就更惨烈了,但它们也需要用优秀的电视剧来吸引观众,从而把广告附加到剧前或剧后,所以好剧还是很有市场的。"

广告商:可以考虑植入式广告

某洗发水厂商的工作人员告诉记者,之前曾经和某电视台合作拍过一部剧,效果很好,所以他们一直尝试走这种路线,既能做广告,又可以规避其他的行业竞争者。马可则认为,国内影视剧在植入广告上尚属起步阶段,也存在植入方式太生硬,没有艺术化等缺陷,势必会影响电视剧的质量。与此同时,战争戏、年代戏、宫廷戏无法植入广告,所以产量会大幅减少。

视频网站:吸引广告大好机会

的确,在视频网站的眼中,这正是一次吸引广告商的大好机会。目前国内电视剧的播出平台已形成视频网站与电视台并驾齐驱的态势。多部影视剧都是在电视台和互联网两个平台共同推广、同步播出。但是,"视频网站在广告价值上却长期被低估,一直处于洼地,'限广令'将加剧视频网站在广告规模上的争夺"。乐视网公关总监任冠军表示,未来视频行业将会尝试新的广告形式。易观国际最新监测数据显示,今年三季度国内视频市场广告收入为14.9亿元,虽同比增幅达139%,但跟电视台广告规模相比仍然只是一个零头。

(案例来源:《消费日报》,2011年12月1日,第A01版)

讨论题:
1. 你认为"限广令"下谁是赢家?
2. 试分析"限广令"会对广告产业造成怎样的影响。

现代广告心理学 **2**

广告的吸引力与注意策略

本章重点及学习要求

本章的重点是注意的特点、功能及种类、刺激物的特征对注意的影响及其广告策略,以及增强广告吸引力的误区。学习本章,要掌握注意所具有的选择、维持和调节功能,要掌握刺激物的物理特征,如大小、强度、颜色等因素是如何影响广告对受众的吸引力的,还要掌握新异性、满足受众需要、激起悬念等因素对受众注意的影响。此外,要了解在广告制作的实际操作中,容易为了增强广告的吸引力而走入误区,没有突出重要的产品信息或者引起受众反感。

瑞蒙德(A. Raymond)等(1968)作过一项研究,让被研究者手握计数器,在每看到或者听到一则广告时就按一下计数器。计数器显示,一天中一个成人视听的广告平均数为76则。这项研究距今已经近50年,半个世纪中,广告事业的发展非常迅猛。广告的密度成倍地增加,广告的媒体也纷繁多样:报刊、广播电台、电视、网络、手机短信、户外广告牌、车/机身、车票、T恤衫等等,不一而足。现在的成人每天所接触的广告数量应该要多于76则。在广告界有一个广为流传的说法:只有一半的广告费是起了作用的,另一半的广告费都没有起到作用。为什么广告主明知有一半浪费还要不断投入广告费用?广告主戏称:"因为我们不知道起作用的是哪一半!"

如果一则广告根本无法引起人们的注意,那这则广告就是失败的。为什么人们会注意某些广告而注意不到另一些广告?即使一则广告引起了人们的注意,但是人们注意的是广告中传达的哪些信息呢?这就涉及注意的选择性问题。

第一节　关于注意的心理学知识

注意是心理活动或意识对一定对象的指向与集中。注意不是一个独立的心理过程,而是弥散性的,伴随着各种心理过程。

一、注意的特点

注意有两个特点:指向性和集中性。

(一)注意的指向性

注意的指向性是指在某一个时间,人的心理活动或者意识选择了一定的对象,而离开了其余对象。在大千世界中,每时每刻都有大量的信息作用于我们的大脑,但是我们不可能对所有信息都作出反应,只能选择其中某一个对象来反应,以保证意识的清晰和完整。注意的指向不同,人们从外界接受的信息也不同。例如,走在大街上,有些人把注意力集中在路况上,而没有注意到路边各种各样的广告。

(二)注意的集中性

注意的集中性是指注意力在所指向对象上的保持和巩固。集中性表现为注意的强度和持久。注意越集中,当前的心理或意识活动的强度也越大,从而对所指向的刺激的反应必然越加清晰。然而,对于那些没有受到注意的事物,就意识不到了。例如,当一个人全神贯注地阅读时,他听不见周围环境中的喧闹声。

二、注意的功能

注意有三项功能:选择功能、维持功能和调节功能。

(一)选择功能

周围环境每时每刻都给人们提供着大量的刺激,带来丰富的信息。但是并不是周围的刺激对人们都是重要的,人们也不是对所有信息都感兴趣。为了防止无意义的刺激对人产生干扰作用,保证人的正常生活和工作,就必须善于选择重要的信息。人脑对信息或者刺激的选择就是注意的选择功能。

(二)维持功能

注意的维持功能表现在时间上的延续,以使人们在一定的时间里保持活动的顺利进行。比如,如果受众的注意一直保持在广告的内容上,广告信息的传达就会比较顺利。这种为提高活动效率而对意识或心理活动在一定时间内的紧张状态加以保持,就是注意的维持功能。

(三)调节功能

当人们从一种活动向另一种活动转换时,注意起到了重要的调节作用。人们会依据新的任务要求,主动、及时地把注意从一个对象转移到另一个对象上,以适应千变万化的环境。

三、无意注意和有意注意

根据注意所付出的努力不同,可将注意分成无意注意和有意注意。

(一)无意注意

无意注意是事先没有预定目的,也不需要付出努力的注意。表现为人们不由自主地被那些强烈、新颖、有趣或出乎意料的事物所吸引。比如,夜晚,当我们走在街道上,一个新树立的闪闪发亮的霓虹灯广告牌往往会吸引我们的注意。

(二)有意注意

有意注意是有预定目的、需要付出努力的注意。比如,一个人可能不喜欢一则广告,但是他近期正要购买相关的产品,他会耐住性子,把注意力维持在广告的内容上。这种注意就是有意注意。

第二节　刺激物的特征对注意的影响及其广告策略

很多时候,人们对广告是不特地加以注意的,结果往往是一些制作得好的广告才能够吸引到受众的注意。具备什么特征的广告对受众的吸引力大呢？从刺激本身的一些特性来讲,刺激物的大小、强度、变化或活动、颜色、形状、新颖性等,都会影响广告对受众的吸引力。

一、刺激物的大小和强度

心理物理学的研究表明,刺激要达到一定的强度才能引起有机体的反应。对于以视觉呈现的广告而言,为了增强广告的效果,人们往往会采用大尺寸的广告。曾经出现的大尺寸广告的案例非常多。比如,德国的拜耳公司为了做阿司匹林的广告,把一座高达122米的大楼整个用布包了起来,为此还动用了直升机和登山运动员。

对于我国个别地方曾出现过的"烂尾楼",有的广告商灵机一动,将整栋大楼外墙包起来,打出巨幅广告,一时间吸引了众多目光。由于改善了"烂尾楼"的外观,市民对其还非常赞赏。现在的灯光投射技术也可以利用夜色,将巨幅的广告投影在大楼的外墙,夜色中的广告非常醒目,很容易使人注意到。

一般来说,大幅面的广告比较容易引人注意,但不等于说广告版面越大越好。而且,广告的尺寸和得到的注意率不一定完全成正比(参见表2-1)。

表2-1　广告版面大小不同引起的注意率

版面大小(cm^2)	大小比率	注意率(%)
19.25	1	9.7
38.50	2	16.5
57.75	3	23.3
77.00	4	30.0
96.22	5	36.7

续表

版面大小(cm²)	大小比率	注意率(%)
115.50	6	43.4
134.75	7	50.2
154.00	8	56.9
173.25	9	63.9
192.50	10	70.4

资料来源:[日]川久胜著,汪志龙等译:《广告心理学》,福建科学技术出版社,1985年版。

广告的大小还要考虑到对比因素。对比,指的是知觉对象与知觉背景之间的差异。同一刺激物中有部分特点非常突出,或者在不同的刺激物相互之间的对比鲜明,都容易引起人们的无意注意,正所谓"万绿丛中一点红"。对比效应还体现在颜色、声音、空间等方面的比较上。曾经有一幅让世界为之动容的摄影照片,拍摄的是非洲大陆天灾人祸造成的饥饿。拍摄者没有像其他摄影者那样拍摄儿童饥饿的眼神和瘦小的身子上根根突出的肋骨,而是把儿童的小手放在了自己的手里,把这个镜头拍了下来。照片中,白人记者的大手粗壮有力,肌肉厚实,而非洲儿童的小手大约只有记者手掌的1/4大小,3根手指也没有记者的1根手指粗,腕骨和记者的大拇指差不多粗细,皮肤松弛起皱,和受众习惯的儿童胖乎乎的小手简直是天壤之别,和记者的手相比更是反差强烈。这种对比打动了全世界。

广告中,常用对比的手法达到吸引消费者注意的目的。比如,汰渍洗衣粉的广告就比较喜欢使用对比手法,将不同洗衣粉的效果进行比较,以突出自己产品的性能。

有的广告版面虽然大,但是广告的内容相应也非常多而杂,这样的广告不能起到期望的大尺寸广告的效果。

增大广告尺寸其实起到的是加强刺激强度的目的。除此之外,广告的强度还可以体现在色彩的亮度、声音的响度等等上。

二、刺激物的变化和活动

活动的物体容易引起人们的注意。很多的广告采用活动或者变化的方式增加吸引力。比如,闪烁的霓虹灯广告就比没有闪烁的普通灯光广告更引人注意。现在网络广告很普遍,很多网络广告采用flash动画循环播放,比一般的普通平面广告更容易吸引人们的注意。

三、广告的颜色

一般来说,彩色的广告比单色的广告更容易吸引受众的注意。当然,如果在众多的彩色广告中,只有一则广告采用黑白两色,由于对比效应,该广告也会比较惹人注意。

四、广告的位置

在播发新闻的时候,"头版头条"的消息往往是比较重要的消息,因为这个位置非常容易引起人们的注意。广告的播发位置也具有相似的位置效应。美国广告专家斯塔奇认为,要引起注意,广告配置图画或口号的最恰当地方在下列几处:①视觉中心。根据"黄金分割比",广告以上半部1比下半部1.62的比例中线为视觉中心线。②视觉分配线上部。③视觉分配线下部。④近上端部分。⑤近下端部分。

在版面设计中,广告心理学家认为,良好的版面设计必须遵循或者符合均衡、相称和统一等条件。比如,我们在版面上安排稿件时,可以尽量将稿件的形状组构成符合黄金分割律的长方形,对图片亦可尽量将它们切割成接近于这一比例的形状。如果我们取一符合黄金分割律的长方形作进一步的切割划分,即将这一长方形切成两块,其中一块按黄金分割律来切割,我们发现剩下的一部分恰好近似于一个正方形。不妨继续切割下去,直到我们作不出更清楚的分割为止。这样我们就得到了一种曾被一位叫韩培基的艺术工作者称为"旋舞的正方形"的图形(见图2-1)。

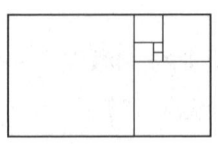

图2-1 "旋舞的正方形"图形

韩培基认为,"旋舞的正方形"图形是自然中所存在的两种具有匀称美的构图之一(另一种形式是静态的,主要见于矿物结晶体的均匀中,亦即博物学家所指的放射状匀称)。

毫无疑问,在报刊的版面安排中,如果让这种"旋舞的正方形"出现,肯定会给版面带来一股生气,赋予版面以"动态的美质"。譬如说,如果有4幅相关联的图片,我们不妨在最大的方形内安排最大最重要的图片,然后依次安排其余3幅图片,最后在多余的空间内安排图片标题与说明文字。这样的安排会给受众带来美的感受,从而吸引住他们。

五、新异性

求新求异是人类的本性,从感知觉的角度来说,消费者如果长期接受类似的刺激,对刺激间差别的分辨能力将随之下降。一旦消费者对某类广告习以为常、熟视无睹时,对它的反应也是淡漠的,这时只有新奇的刺激才能引起他们的关注。

比如,据外媒报道,委内瑞拉总统查韦斯2011年12月6日就贝纳通广告——"查韦斯亲吻奥巴马"的海报发表评论。查韦斯笑称广告创意不错,是个"好玩笑"。

这张海报(见图2-2)是2011年意大利服装公司贝纳通的海报创意之一。海报主题为"消除仇恨",内容为各国政要的接吻图,涉及美国、德国、法国等多个国家的领导人,恶搞成分明显。查韦斯开玩笑道:"我以前从来没见过这个!奥巴马看起来怎么样?他眼睛还闭着,看起来很投入啊!"查韦斯达表示,这种恶搞不算什么,自己并不介意:"这只是轻轻一吻而已。我经常遭到各式各样的恶搞,但我从来不回应,一般都是自嘲了事。这个玩笑开得不错。"同时,查韦斯幽默地表示,既然自己的照片被拿来"开涮",贝纳通至少要做点补偿。"他们都不打算送我条领带吗?我希望圣诞节能收到一条领带。"查韦斯还说,"他们的营销策略很不错,我喜欢他们的创意。"

图2-2

六、有趣的信息

人们倾向于注意有趣的、自身感兴趣的信息。例如，有人调查了美国一份刊物上的广告读者，结果显示，男性阅读汽车广告比阅读妇女服装广告的多出4倍，大约是其阅读化妆品广告、保险广告、建筑材料广告的2倍；而对于妇女来说，阅读的广告类别最多的是电影和服装，比阅读旅游广告和男服广告多出1倍，比阅读酒类广告、机械广告多出3倍。

七、符合受众的消费需要

在某一个特定时期，消费者往往有自己的特定消费需要。比如还没有买房子的消费者，会很关注报纸杂志中日益增多的房地产广告，而对绝大多数已经买了房子的消费者来说，这些印刷精美的彩页广告已经没有多少吸引力。广告可以提供给消费者相应的产品信息，如果这些信息是消费者需要的，那他们自然非常关注。

八、悬念广告

一般认为，悬念广告是指通过系列广告，逐渐将广告信息充实、完善的广告。听评书的时候，说书先生总是在紧要关头戛然而止："欲知后事如何，且听下回分解！"给听众留下一个悬念，使得听评书的人总是期盼着下次播出的时间。广告中也常利用这种手法制造悬念，引发受众的好奇心，使得他们对广告从被动的状态转为主动的状态，让他们主动去注意悬念的结果。

2009年有一段时间，很多城市都出现了这样一则广告：黑色的背景下没有任何的商标标注，也没有产品的介绍宣传，只有一句醒目的话："ROY是谁？"外加一个科技感十足的机器人酷酷地躺在上面（见图2-3）。一时间，引起人们的不断猜想——这则广告的客户是谁？到底这个ROY是谁？

原来，这个让人议论纷纷，想来想去也想不到是什么的广告来自德国的一个卫浴品牌——Roy卫浴，中文名"乐伊"，并且还是"中国2010年上海世博会指定卫浴产品供应商"。面对只认品牌、品牌至上的中国市场，ROY卫浴的广告推广似乎成为了一个成功的案例。毫无疑问，这种密集的公交车站的地面推广+悬念式的营销，让许许多多的城市中人见到它就会开始思考ROY是谁？而最奇特的是，很多人事后还在 bbs 或者 blog 上探讨这个 ROY 广告,并且上传拍到的这个奇怪的路牌广告图片,使得该广告又利用了广告的"悬念"成功地进行了二次传播。

图 2-3

接下来,公交站的 ROY 广告牌全面更新。随着第二张广告牌的诞生,"ROY 是谁?"的答案也揭晓了,画面中除了 ROY 和那个机器人外增加了"中国 2010 年上海世博会指定卫浴产品供应商"的字眼及世博会中国馆。ROY 的广告以给人疑问的方式进行推广,根据这个牌子知名度不高的现状,主动发难,提出疑问,疑问产生了讨论,让消费者自己去发现答案同时又主动来解答。可以说,这个广告策划是成功的,至少现在提到卫浴产品,我们知道了一个来自德国的卫浴品牌,名叫 ROY,中文名"乐伊"①。

香港电视台也曾经播放过这样一个汉堡包的悬念广告:一个小孩胖胖的两条小腿在沙滩上走,留下两行脚印,连续 15 天,都是同一画面,且没有留下任何文字或声音说明,到了第 16 天仍是这个小孩胖胖的两条小腿在沙滩上行走,所不同的是,每留下一个脚印,便从脚印中跳出一只汉堡包。多日不解之谜,终于揭晓,原来这是汉堡包的广告,这种欲言又止、欲扬先抑的广告效果远比一般连做 16 天的广告效果要好得多。

---

① 资料来源:中国电子商务研究中心,http://www.100ec.cn/detail-4849647.html。

第三节　广告注意策略的误区

广告需要吸引人们的注意，否则无法实现信息的传递。吸引受众的注意是成功广告的第一步。但是很多广告过于强调吸引受众的注意力，反而把吸引受众的注意当做目的，走入广告注意策略的误区。

一、没有突出真正重要的信息

有的广告，人们看过之后会有很深的印象，记得广告的主角、情节……但是如果问起来，这是个什么广告？人们往往回答不出来。

例如，有一则电视广告的情节生动，给人的印象深刻：悦耳的手机铃声响起，一个年轻男子随着节奏跳起舞来。猛然间一个小女孩尖叫："他在跳舞！"一时间场面混乱，跳舞的年轻男子迅速溜走，其他很多人都不得不排起队等着小女孩指认。终于小女孩认准了一个人："是他！"而被指认的男士十分委屈："不是我！"真正的肇事者已经成功瞒过检查，登上飞机，来到一个可以自由跳舞的地方，尽情享受音乐和舞蹈。这个广告中的人物，无论男女老少、肤色黑白，面孔都长得一样，初看十分怪异，再看的时候觉得很好笑，情节也新鲜，一时间吸引了很多受众。大家都十分好奇："这到底是一个什么广告？"

在多次的群体问询中，绝大多数人都能记得这则广告，说出其具体情节，尤其对广告中人物的相同的面孔记得很清楚。但是，对于广告宣传的产品、品牌，很多人都摇头说不知道。有一次很多人猜了半天，才一致认同是手机的广告，广告是宣传手机具备的和弦铃声。这样的广告，是一个好看的广告，但是从广告主——商家的角度看，很有可能是个失败的广告，因为广告的目的是推销商品，或者增加产品、企业的知名度，树立品牌的形象，而这则广告没有起到这个作用。

二、只求吸引注意，没有考虑到受众的情感体会

有的广告虽然在极短的时间里，甚至在几秒钟内制造出了悬念，但却没有考虑受众的情感体会。例如，有一则电视广告，利用广告节目结束时，停止二三秒钟的间隙，给观众造成电视剧即将开始的错觉，当观众凝神等待时，却从暗处传来

"咚咚"的脚步声,并配以紧张的音乐伴奏,画面上出现了一双穿着皮鞋的脚的特写,观众以为这是电视剧的序幕,正提着心往下看时,屏幕上骤然打出"××皮鞋"的广告。观众恍然大悟,连呼受骗、倒胃口。这则广告虽然达到了引人注意的目的,但由于刺伤了观众的自尊心,产品的形象被破坏了,反而弄巧成拙。

本章小结

注意是一切心理过程所共有的特性,并且渗透在一切心理过程之中。注意本身没有独特的反映对象,但是人的心理活动需要指向与集中于有关的对象,这样才能感知、记忆有关对象,激发起情感体验。

心理活动对于特定对象的指向与集中,依赖于个体的一般动机和刺激本身的特点。个体的一般动机包括信息的有用性、支持性、趣味性和信息是否引起悬念等等,刺激本身的特点则与刺激本身的外部特性,比如强度、大小、变化、颜色、位置、形状等相联系。依据这些知识有助于制定广告的注意策略。但是,广告的吸引力只是手段,而绝不是广告的目的,要防止陷入广告注意策略的误区:没有突出主要和重要的信息,忽略了受众的情感反应等等。

思考题

1. 什么是注意?注意有哪些功能?
2. 如何利用注意的规律增强广告的效果?
3. 广告活动在努力提高受众注意力的同时容易产生哪些误区?

案例讨论

"变形金刚3"被斥最牛植入广告 为中国品牌改剧本

梦工厂"钢铁巨制"《变形金刚3》以风风火火的阵势登陆中国内地,四大国产品牌——美特斯·邦威T恤、伊利舒化奶、TCL 3D电视、联想电脑的植入成为焦点。有观众笑称:"国产品牌植入广告成了《变形金刚3》最大的亮点,男主角萨姆穿着邦威的衣服,镜头大概出现了1分多钟,女主角也一样,但不仔细看看不出来;电影中所有的电脑都是Lenovo(联想)的,LOGO 的特写不下 5 次,尤其女主角最喜欢的那个小机器人,最后变形成了联想最新款的笔记本电脑……"

其中,伊利舒化奶的植入方式最让人称奇,甚至有观众表示,"看完《变3》,大黄蜂、霸天虎到底做了什么都不记得了,就记得国产牛奶了"。

案例讨论

最牛植入——大特写 有台词 中国奶实在"高"

在影片中段,有一个华裔角色冒死向男主角传递秘密信息的情节,其中给出了这位华裔角色在电梯里拿着盒装伊利舒化奶吸吮的大特写,中文包装十分抢镜。这位演员当时还说了句台词:"让我先喝完舒化奶,再跟你说。"伊利舒化奶的整个出镜过程持续了10秒左右。

《变3》上映后,每当演到这个段落,影院内就会发出爆笑甚至掌声,堪称该片第一个高潮。

这个情节迅速引起了中国观众的热议,成为《变3》在中国最热门的话题之一。鉴于该片的影响力,不少没看过的观众不敢相信这是真的,而看过的观众普遍认为这堪称"中国品牌最牛植入广告"。

伊利公司品牌部相关负责人证实,这确实是一次经过精心设计的植入广告。伊利与片方采取了产品、台词植入与联合推广相结合的合作形式,并且要求以一个正面角色展示产品,从而提升品牌形象。由于此次植入完全针对中国市场,因此品牌文字也是中文。

而直接与《变3》制片方沟通、谈判植入广告事宜的,则是由梦工厂在中国的市场营销代理商——影工场(北京)文化咨询有限公司负责的。除了伊利外,这家公司还将TCL、联想、美特斯·邦威三个中国品牌植入了《变3》。

幕后故事——谈四次 费心思 导演特意改剧本

影工场总裁刘思汝说,《变3》中所有中国品牌的广告植入均由其负责运作。"舒化奶"这个案例尤为特别,导演、制片人、影工场以及伊利公司进行了多次"四方电话会谈",最终导演迈克尔·贝妥协,重新加工了剧本。

当迈克尔·贝听说有牛奶公司要植入广告并要求产品特写和台词时,第一反应是——这怎么可能?这种奶在北美根本没有销售!不过他没有断然拒绝,因为影片中刚好有一个华裔角色。经过多次会谈,迈克尔·贝接受了此种假定:这位华裔喜欢中国的饮料,并且会去唐人街特地找该品牌的奶来喝。为了凸显品牌,迈克尔·贝还将原本发生在办公室中的情节搬进了电梯并设计了台词。

案例讨论

刘思汝表示,这一次中国企业不满足于仅露个LGGO那种生硬植入,都要求玩新花样,有的要求近乎苛刻,确实令制片方"大伤脑筋"。

美特斯·邦威方面就提出,男主角在穿他们的衣服时,衣服不能出现脏污或损坏。但男主角的大部分戏都是"打戏",想来想去,片方只好安排主角开场时在家穿了。

《变形金刚3》中国品牌植入要求一览

伊利舒化奶产品植入,正面主要角色配合,台词提及。

TCL电视产品植入,能变形。

联想电脑产品植入,能变形。

美特斯·邦威服饰产品植入,主角穿着,不得弄脏或损坏。

规则揭秘——想植入?牌子要响　要求得合理

由于出现过"三聚氰胺"丑闻,一些中国观众不敢相信国产牛奶品牌能够植入《变3》,更愿相信这次亮相国际大片只是一次恶搞。

刘思汝告诉记者,其实除了影工场的严格审核,《变3》制片方也进行了调查。他们发现伊利公司在世博、奥运会等一系列国际大型活动中均担任指定饮品,品质应该有所保证,并没有因为中国出现过"三聚氰胺"牛奶,就以偏概全。

刘思汝透露,除了保证质量,好莱坞大片还要求植入的品牌牌子要"大",必须是行业中的领军品牌,而且不能影响电影的基本剧情。

"之前有一家汽车公司提出的要求太过分,不仅要求成为'汽车人'中的一员,还要求这个'汽车人'有自己的故事,结果被迈克尔·贝一句'我不是拍广告的'当场回绝。"刘思汝说。

费用高?一视同仁　先到能先得

有消息称,中国品牌企业此次植入《变3》花了大价钱,每秒高达6 000万元人民币。

刘思汝虽然没有透露具体价格,但明确表示,这次和植入国产大片的价格没有太大差异。言外之意,绝非外界传闻那么夸张。"好莱坞大片植入广告费用高低,主要是看时长和植入深度的要求。像覆盖整个《变3》的TCL电视和有一句台词提及的伊利舒化奶,两者的植入价格就不会有太大差别。"

案例讨论

据介绍,好莱坞对品牌植入秉行"先到先得"的原则,一视同仁,不会因为品牌非美国货就特殊对待。《变3》在电脑品牌的植入问题上就曾出现过竞争,但并未打起"价格战",原因是片方认为是中国的联想电脑先和他们敲定了合作,就直接选择了联想。"我们先向片方报了电脑、电视、牛奶等,那么别人在这些商品种类上就不能再报了。"刘思汝说。

刘思汝透露,由于《变3》中国品牌的植入广告空前成功,之后不少企业找到他们寻求合作。有些项目已经开始运作,在明年上映的《007》第23部中,观众也将看到中国品牌的身影。

片方说法——不图广告费 看重中国"宣传"效果

植入费用并不惊人,为了植入,导演还屈尊改剧本,《变3》图的啥?针对中国品牌的大规模植入,《变3》的制片方究竟是何态度?

(案例来源:《法制晚报》,2011 年 7 月 12 日,第 A34 版)

讨论题:

1. 植入广告无处不在,请试举出几个经典植入广告案例的电视剧或电影,并分析各大厂商为何纷纷高价争抢植入广告。

2. 有人认为"限广令"的出台会促使植入广告骤增,对此谈谈你的看法。

现代广告心理学

3

理解广告信息的知觉基础

本章重点及学习要求

本章的重点是感觉部分的基本概念：感觉、感受性、感觉阈限；知觉的概念与特性、知觉解释的影响因素。

学习本章，要理解感知觉对广告信息正确传达的重要性，要掌握差别阈限在广告领域中的应用，对阈下知觉下告的作用有正确的评价。要了解感觉和知觉的根本区别在于知觉要将感觉到的信息加以整合、解释，所以经验、情绪等因素影响广告信息的解释。要掌握广告设计中对知觉组织原则和知觉恒常性的应用，以及错觉因素在广告设计中的应用。

第一节 感觉与感觉阈限

一、感觉概述

能成功吸引到受众的注意,是广告信息传递过程的开始。要正确传递信息,离不开人的感觉。感觉是人们从外部世界同时也是从身体内部获取信息的第一步。人有很多感觉器官,比如眼睛是视觉器官,耳朵是听觉器官,鼻子是嗅觉器官等等。当外界事物(心理学中通常称之为刺激)作用于感觉器官时,在大脑中对特定对象的个别属性的直接反应就是感觉。比如看见颜色和光线、听到声音、品尝到味道、触摸到东西等等,都是感觉的反映。人还可以感受自己身体内部的刺激,比如疼痛等。

感觉过程非常简单,但却是人认识世界的基础。感觉是认识的源泉。感觉提供了自我与大脑以外的世界,包括周围世界和自己身体各部分的连接,它引发人们各种复杂的心理活动,并由此产生相应的行为。

二、感觉阈限

人有各种感觉通道,例如视觉、听觉、嗅觉、味觉、触觉等等,它们是反映外部事物属性的。还有运动感觉、平衡感觉、内脏感觉等是反映身体内部刺激的。不同的感觉通道有着不同的感觉能力,不同的人,其感觉能力也不一样。这种反映刺激物的感觉能力,称为感受性。日常生活中,我们常说某种感觉(比如嗅觉)"灵敏",意思就是该感觉(比如嗅觉)感受性高。在心理学中,对感受性的高低是用感觉阈限的大小来度量的。每种感觉都有两种感受性和感觉阈限:绝对感受性和绝对感觉阈限,差别感受性与差别感觉阈限。

绝对感觉阈限是指最小可觉察的刺激量,即光、声、压力或其他物理量为了引起刚能觉察的感觉所需要的最小数量。绝对感觉阈限越低,感受性越高(参见表3-1)。

表 3-1 人类各种感觉的绝对感觉阈限

视觉	30 英里(48.3 千米)以外的一烛光
听觉	安静环境中 20 英尺(6.1 米)以外的手表滴答声
味觉	两加仑(9.1 升)水溶化一匙白糖的水
嗅觉	弥散在 6 个房间中的一滴香水
触觉	从 1 公分(厘米)距离落到你脸上的一个苍蝇的翅膀

资料来源:盖兰德(Galanter),1962,转引自 Bernstein,1991。

但无论是人类的哪种感受器,对于外界刺激的反应都是有一定范围的。太小或者太弱的刺激无法引起人的觉察,而太强的刺激超过了人的感受范围,人也感受不到。被感受器所觉察到的最大的刺激值,称之为上阈限。

差别感觉阈限指的是可觉察的、可引起差别感觉的最小刺激量,简称为最小可觉差。人们在生活中需要确定一个刺激的情况不是很多,遇到的更多的情况是要确定两个刺激是相同还是不同。比如:挑选货物,要分清哪一个更好一些;要分辨不同菜肴味道的细微差别;要分辨两个声音的音高是否有不同等等。这种觉察刺激之间微弱差别的能力称为差别感受性(参见表3-2)。它在生活实践中具有重要意义,可以通过实践锻炼而提高。

表 3-2 不同感觉的差别感觉阈限

感觉	k(韦伯比率)
音高	0.003
亮度	0.017
重量	0.020
响度	0.100
皮肤压觉	0.140
咸味	0.200

研究发现,为了辨别一个刺激出现了差异,所需要差异的大小与该刺激本身的大小有关。例如,从一斤苹果中拿掉一个苹果,我们会感受到有非常大的差异,但是如果从 20 斤苹果中拿掉一个苹果,我们可能觉察不到有差异。描述觉察刺激的微弱变化所需变化量与原刺激之间的关系的规律,由 19 世纪德国生理学家韦伯所发现,被称之为韦伯定律。

韦伯定律指出,在一个刺激能量上,发现一个最小可觉察的感觉差异,所需要的刺激变化量与原刺激量的大小有固定的比例关系。换言之,差别感觉阈限是刺激变化量与原刺激量之间的一个固定比例关系。这个固定比例对不同感觉是不同的，用 k 表示，通常称之为韦伯常数或韦伯比率。用公式表示就是：

$$k = \triangle s/s$$

有了这个公式，如果已知 k 与 s 的值之后，便可以预测在原有刺激值上需要作多大的变化，才可能被人们所觉察。

差别感觉阈限的概念在广告与消费领域中有广泛的应用。在产品开发与创新的过程中，一方面要设法让消费者觉察有关产品质量的任何一点改善，另一方面采用韦伯定律，使得消费者感受不到商标的细微变化、价格的些许提升等等。在商场中，有很多产品，尤其是洗衣粉喜欢用这样的广告语："加量不加价"，"加量20%，价格不变"等等。这些产品所加的量要能使消费者感受到差异才能有促销效果。现在打折也是一种商家经常采用的手段，但是打得太少，不能吸引消费者，打得太多，商家没有利润。

差别感觉阈限也被一些不法商家所利用。很多假冒伪劣商品努力在商标、包装等外观上和一些名牌产品、优质产品相仿，有的时候人们难以觉察出两者的差异，就会上当受骗。

三、阈下知觉广告与隐含广告

如果刺激低于阈限水平，就称为阈下刺激。对于阈下刺激人们通常觉察不到，但是仍然会有反应。这种情形被称为阈下知觉。通常广告都是阈上刺激，但是也有人利用阈下刺激做广告。那么阈下知觉广告能否起到作用呢？

20世纪50年代，美国一家电影院老板在银幕上打出"喝可口可乐，吃爆玉米花"的字样，由于这些文字只是一闪而过，因此观众们都没有意识到。但老板声称，可口可乐和爆玉米花的销量大为增加。很多电影纷纷效仿，据载，美国有30多家公司专门为各个厂家在电影中制作"阈下知觉广告"[1]。

此后20多年里，为了验证那位电影院老板宣称的阈下知觉广告的作用，有关研究人员就此发表了大约200篇论文。研究表明：①人们可以对阈下刺激作出反应。实验者把人脸的素描呈现于屏幕，同时在上面附加"愉快"或者"愤怒"一词。附加的词语属于阈下刺激，人们觉察不到。但是当要求被测试者对人脸进行描述时，附有"愉快"一词的脸孔被描述为微笑的、可爱的；而附有"愤怒"一词的脸孔

---

[1] 《暗示广告方兴未艾》，唐若水译自美《论坛》。

则被描述成发狂的、严峻的。②阈下刺激难以影响人们的行为。①

普拉特坎尼斯和阿伦森对这些论文分析后认为,没有任何结论能够验证潜意识广告有如此大的功效。1984年,在大量的事实面前,该电影院老板在《广告时代》杂志上刊登文章承认,他当初的说法完全是凭空编造出来的。

马克斯·萨瑟兰(Max Sutherland)对阈下知觉广告的作用作了总结。他认为,人类可以在不具备全部意识感觉的情况下认识外部事物,但这种认知只能局限在一定的范围内。阈下知觉广告属于浅层次处理的广告,能够起到基本的驱动作用,但是无法引导消费者购买某些特定的品牌。与那些能引起人们足够察觉度的广告相比,只受到浅层次处理的广告其威力显得弱得多,其所起的作用也是非常有限的。②

现在的影视作品中也经常有一些广告,比如,主人公在喝酒,电影镜头中把酒瓶拍得特别清楚,商标清晰可见。有人也称这些广告是隐含广告,并且常常和阈下知觉广告相混淆。我们在实际的广告运作中要把二者区分开。电影、电视中利用情节所做的广告,是阈上知觉广告,人们能看到,但是这些广告隐含在电影情节之中,以道具、台词、背景等形式呈现,往往和情节并不相关,是在正常的电影镜头之间插入一个一带而过的镜头(画面是广告),视觉器官虽然可以接收到闪过的信息,但由于广告闪现速度太快,或者刺激强度太弱或太强,人们往往认识不到这是广告,从而在不知不觉中接受广告信息。而阈下知觉广告是人们意识不到自己看到了。

第二节 知觉过程及其影响因素

一、知觉概述

知觉在感觉的基础上产生,是一个比较复杂的心理过程。它包括从复杂的环境中将一些感觉分离出来加以组织,并根据过去的经验作出解释等一系列心理活

---

① D. Hawkins. The effects of subliminal stimulation on drive level and brand preference. Journal of marketing research, 1970(7), 322~326.

② [澳]马克斯·萨瑟兰:《广告与消费心理》,北京:世界图书公司,2002年版。

动。感觉为知觉提供材料,但是人们从知觉中所获得的信息远远超过感觉所提供的内容。在生活中,我们看到的是一个汉字、一幅图画,听到的是一首歌曲,而不是散乱的颜色斑点或者声音组合。人在知觉过程中,首先要确定知觉的对象。

(一)图形与背景

人在知觉事物的时候,首先要从复杂的刺激环境中将一些有关内容抽出来组织成知觉对象,而其他部分则留为背景。知觉对象有一定意义,而且轮廓清晰,似乎突出在背景之上,而作为背景的部分则轮廓模糊,不具有意义,也不会给人留下深刻的印象。

图 3-1 双关图形

如果图形中背景和知觉的对象相互混淆,知觉起来就会有困难。知觉背景和知觉对象如果出现转换,就形成双关图形。最常见的双关图形见图 3-1,人们可以轮流看到人脸和花瓶,却不可能把两者同时当做知觉对象,看到两种图像同时存在。

(二)轮廓

人在识别物体的形状时,通常要借助于轮廓。所谓轮廓,就是知觉背景和对象的分界,是在视野中的邻近成分出现明度或颜色的突然变化时出现的。

对于一个周边模糊的图形来说,观察者注视它时它就很容易从视野中消失。

二、知觉的特性

(一)知觉的组织原则

20 世纪 30 年代,一批德国心理学家提出一些知觉原则,强调知觉的整体性。他们指出,人所知觉到的是整个的事物;对整体的知觉不等于并且大于个别感觉的总和;人能够自动地把刺激组成整体是由于刺激本身的一些内在特性所决定的。他们因此被称为格式塔学派,也称之为完形心理学派。格式塔是德语 Gestalt 的音译,意思是"完形"。

比如图 3-2,人们看到的不仅是一堆小的"S"字母,而且一眼就可看出它也是一个大写的"H"字母。

格式塔学派提出的知觉组织原则亦称格式塔原则,被人们普遍接受。主要包括:

1. 接近性。凡是距离相近的物体容易被知觉组织在一起。如图3-3所示,人们很容易把左边3个五角星知觉成一组,而右边的4个五角星知觉成另一组。

2. 相似性。凡是形状或者颜色相近的物体容易被组织在一起。如果在一群相似的物体中,一个不同的物体会显得特别突出。如图3-4,中间的褐色蘑菇就显得与众不同。

```
sss     sss
sss     sss
ssssssssss
sss     sss
sss     sss
```

图 3-2

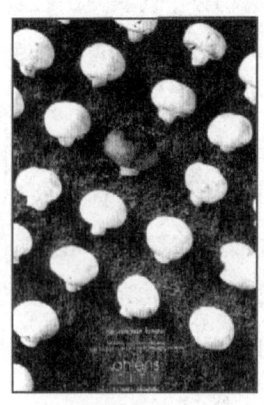

☆☆☆   ☆☆☆☆

图 3-3

图 3-4

3. 连续性。凡是能够组成一个连续体的刺激容易被看成是一个整体。如图3-5,人们看到的是连续的曲线,而不是一个个零散的点。

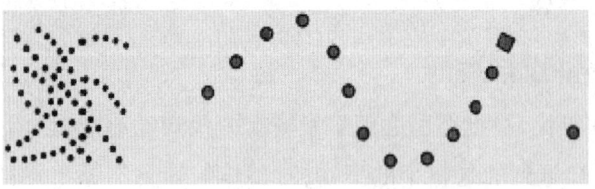

图 3-5

4. 封闭性。人们倾向于将缺损的轮廓加以补充,使知觉成为一个完整的封闭图形,如图3-6。

图3-6中,中国工商银行的图标,中间的图形明明没有连接到一起,但是人们却能清晰地"看到"一个"工"字。

图 3-6

（二）知觉的恒常性

感觉是不断变化的。人们是如何在刺激变化的情况下把事物知觉成稳定不变的整体的？人们从不同距离、不同角度看同一件物品，它在视网膜上成像的大小与形状是不同的，但是我们还是把它看成同一个物品，这种现象称为知觉的恒常性。知觉的恒常性包括大小恒常性、形状恒常性与颜色恒常性。

1. 大小恒常性。一件物体离开我们越远，它在视网膜上的呈像就越小，可是你为什么还认为它的大小没有改变呢？大小知觉是由网像大小与知觉距离二者共同决定的，对于网像大、距离近与网像小、距离远两种组合，人们可以根据经验作出物体大小相等的知觉解释。

2. 形状恒常性。对物体形状的恒常性不因它在视网膜上投影的变化而变化，称为形状恒常性。比如，当门打开时，它的网像由矩形变为梯形，但过去的经验会自动告诉你这个门本身没有变形（见图3-7）。

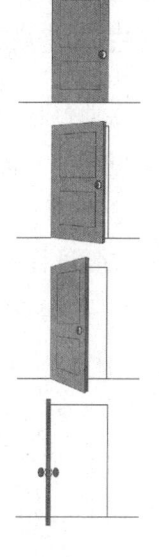

图3-7

3. 颜色恒常性。在不同的照明条件下，同一件物品反射到你眼中的光有很大变化，但它们的颜色看起来好像没有改变，这是颜色的恒常性。它与经验有很大关系。比如，把煤放在日光照射下，把白纸放在阴影里，尽管前者反射的光比后者更多，但看起来依然是煤比较黑，纸比较白。但是如果在色光下，让你说出各种纸片的颜色时，知觉结果就可能受到光照的影响了。

如图3-8所示，广告牌上两个青年硕大的手甚至比他们的肩膀还要宽，但我

图3-8

们一点也不觉得奇怪,这是因为立体的造型增强了画面的透视感。手在前面离我们最近,所以会让我们觉得它更大、更有力量。看到这四只紧握的手,那冲浪的刺激与惊险就不用多说了。这就是大小知觉和距离知觉在广告设计中的应用。

三、知觉解释的影响因素

知觉过程要对离散的感觉信息进行组织,然后得出一定的意义。这就是对知觉信息的解释。广告活动中,知觉的解释对于信息的传递非常重要,如果对广告没有正确的理解,就不能取得应有的广告效果。

知觉过程中的解释紧紧依赖于个体先前的经验、情绪、态度等因素。

(一)经验因素

同样的感觉信息,由于受众个人经验的不同,可能会产生不同的知觉。比如图3-9。每一个爱车、关注车的人看见图3-9都会第一时间将其认知成奥迪汽车的标志,而如果你去问一个从不关注汽车的人,他也许真的会以为这只是四个装在篮子里面的鸡蛋。奥迪的品牌已深入人心,它只用标志再提醒你一次。

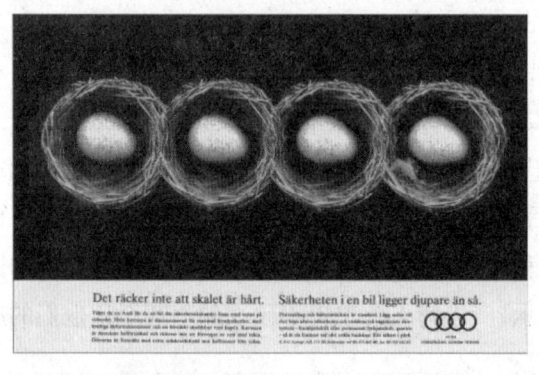

图3-9

经验对于知觉解释的影响不仅仅表现在图形知觉方面,还表现在语言理解方面。比如商家常用的"买一送一"的促销口号,最初我国的商家推出这句促销广告语时,大多数人认为赠送的物品应该和购买的物品一样,也就是花一份钱,得两份同样的商品。但是消费者屡次上当后才知道,送的"一"往往不会和原购买物品一样,很有可能是很小的一件商品。比如:买微波炉,送一个塑料饭盒;买电视机,送一块电视防尘布。

对于大多数受众来说,熟悉的事物知觉得更快。有研究表明,不同文化背景的人对于富有自己民族文化的画面更加敏感。

(二)情绪因素

当受众处于不同的情绪之中时,对知觉会产生不同影响。当受众心情愉快时,他更有可能将信息理解为愉快的事物;而当其情绪低落时,更有可能把感知的事物理解为消极的事物。

此外,人们对于自己感到恐惧或者感到威胁的刺激倾向于回避,这称为知觉防御。日常生活中经常有这样的现象:车祸现场鲜血淋漓,很多路过的人会遮住自己的眼睛,快步走过,不忍目睹。这就是人们的知觉防御。当出现了知觉防御的时候,进一步的信息沟通就比较困难了。

在推销商品的业务中,美国一位著名的推销训练专家汤姆·诺曼发现,有一些词汇有利于推销,而另一些词汇却对推销不利。有利于推销的词汇包括:推销对象的名字、了解、事实证明、健康、容易、保证、金钱、安全、省钱、新、爱、发现、对的、结果、真货、舒适、自豪、利益、值得、快乐、信赖、价值、好玩、至关重要的等等;不利于推销的词汇是:交易、成本、付款、合约、签名、试用、担心、损失、赔付、伤害、购买、死亡、坏的、出售、卖出了、价格、决定、困难、辛苦、义务、应负责任等等。①

(三)态度因素

预先的态度会影响到对各种信息的知觉。人们如果预先对某一个事物的态度比较积极,往往会认为这一事物的其他方面也很好,会产生更积极的知觉。比如,对在名牌专卖店看到的一件衣服,消费者可能会觉得衣服面料不错,做工细致,看起来就显得很有档次;而同样的一件衣服,如果在路边小店里,消费者可能会觉得衣服不怎样,会看到更多的"瑕疵"。

第三节 知觉原理在广告中的应用

一、广告设计中对知觉组织原则和知觉恒常性的应用

(一)主观轮廓

格式塔心理学家主张,在同时出现的多种刺激的情境中,知觉可以把分散的

---

① 马谋超著:《广告心理》,北京:中国物价出版社,2002 年第 2 版。

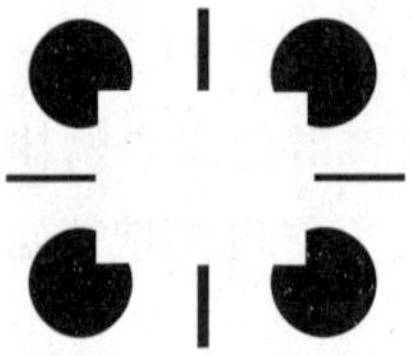

刺激形成一个整体的知觉经验。例如,在一个轮廓不完整的图形中,任何人都能够感觉出它的整体轮廓。像这种刺激本身无轮廓,而在知觉经验中却显示"无中生有"的轮廓,称为主观轮廓(Subjective Contour)。如图3-10,人们可以清晰地看到一个矩形。

图3-10

从主观轮廓的心理现象看,人类的知觉是极为奇妙的。此种奇妙的知觉现象,早已被艺术家应用在绘画与美工设计上,使不完整的知觉刺激形成完整的美感。

(二)境联效应

境联效应指的是上下联系、周围情境对知觉的影响。由于知觉的整体性,刺激之间能相互作用。如图3-11,由于浴缸的作用,大多数人一眼看过去,会把手指看成腿部。

图3-11

(三)对知觉恒常性的应用

对知觉恒常性的应用是广告信息传递的基本要素,广告设计要符合这一原理。但有的广告设计反其道而行之,却取得了意想不到的效果。如一则酒类产品的广告(见图3-12),一眼看过去是一瓶酒,再仔细一看,原来是个游泳池。但是酒瓶和游泳池在知觉上的大小很不相同,在知觉的转换之间,不由得让人体会到设计者的匠心独具。

图 3 – 12

二、广告对知觉解释影响因素的利用

(一) 人们利用经验进行感知

有时人们在知觉事物时，可能不会看到事物的全部，但是人们一样可以作出正确的感知，因为人们利用了经验中存储的信息，可以将缺少的信息补足。如一则电视公益广告，在屏幕上依次出现很多田字格中的汉字，但是这些字都没有了带水的偏旁——"三点水"或"两点水"，但是人们依然能够辨认出这些字，并能很好地理解广告的用意：一定要节约用水。

在广告设计中利用人们的经验恢复被遮挡的部分，有时能取得意料不到的效果。比如，有一则广告设计，是一辆某知名快递公司的货车，车身标有醒目的快递公司的名称，车上有很多正在运送的物品。最上面的一只箱子只有一半露出车身护栏之外，箱子上标有的几个字母也只露出了一半，但人们依旧可以辨认出来。而这几个字母正是另一家知名快递公司的名称简写！广告的含义不言而喻。这则广告的设计受到了好评，但是由于不符合竞争法规，没能在我国播出。

(二) 知觉过程中的推论

人在知觉过程中会进行推论，利用这种现象制作的广告往往也会收到意料不到的效果，胜过很多详细的描述。如图 3 – 13，人们看到图片自然会疑惑：刀架怎么会这样？再仔细一看就明白了：是刀子太锋利了！这则广告的广告语正是"For

the sharpest knives"。没有很多叙述来说明刀的锋利,但是给受众的印象非常深刻。

当然,在实际的广告活动中,对态度、动机、情绪等因素的利用也非常多,这在本书以后的章节中还会叙述,这里不再一一详述。

图 3-13

三、错觉在广告中的应用

错觉是不正确的知觉,是人们无意识地利用某些知觉线索对所见物体作了错误推论而产生的。只要条件具备它就会出现,而且表现为一定的倾向。错觉有很多,但是最常见的是视错觉。在广告上利用错觉现象可以有效地提高宣传效果。如图 3-14 所示,同心圆可以给人带来螺旋的感觉,被称为弗雷泽螺旋。

利用这种错觉,可以使二维图像产生三维感觉,可以使平面图形产生动感。

在产品包装中,同样大小的菱形比正方形看起来要大一些,显得容积大。同样容积的瓶子,瘦高一些的瓶子比矮胖的瓶子显得容量大。

不同的颜色会给人带来不同的舒张或者收缩的感觉,因而带来视错觉。一般明度高的颜色有舒张感,而明度低的颜色有收缩感。由于不同包装造型与材料的性质差异,呈现出来的质感也是影响食品看起来味道好坏与否的因素。例如:雪碧晶晶亮、透心凉的感觉来源于其流畅的包装容器外形以及草绿色调加上抽象水

图 3－14

纹的配合,效果非常好,而产品同质化极高的矿泉水要表现其口味差异就困难得多了。不过雀巢矿泉水的淡蓝色瓶体,比之一般的晋白料色瓶体,档次明显高了许多,折光时显现的清纯、爽口感毕露无遗。而就肉类食品和冷冻食品而言,为了显示其新鲜程度,采用透明、半透明或者开天窗(不透明的包装上设计一个可以直接看到里面食品的窗口)形式的包装就会比完全不透明的包装看起来更新鲜。相反,如果用透明的塑料袋包装膨化食品就不如用不透明塑料或者铝箔纸包装看起来更香脆可口。①

本章小结

广告的信息通过光波、声波等刺激作用于受众的感觉器官,让受众看到、听到,进而由大脑对这些感觉的信息进行加工,对信息赋予一定的意义,形成有意义和连贯的映像,这就是知觉。

人的知觉表现出很多特点,如倾向于把零散的刺激组成一个整体,倾向于把接近的、相似的、连续的和封闭的部分组成图形。当知觉对象的物理特性发

① 蔡新元:《食品包装设计的味觉心理》,《包装工程》第 25 卷第 3 期。

生变化时，知觉对象并不发生相应的变化，即存在大小、形状、颜色等恒常性。然而，在一定的条件下，又会产生一定倾向的歪曲知觉——错觉。知觉的这些特性为广告的创意或设计提供了心理学基础。

受众对广告信息的知觉还受到受众的经验、情绪、态度等因素的影响。所以广告信息的正确、顺利传递需要考虑到受众这些方面的特点。

思考题

1. 如何看待阈下知觉广告的作用？
2. 举例分析知觉特性在广告活动中的应用。
3. 举例说明广告没能被正确知觉和理解的原因。
4. 举例说明错觉在广告活动中的应用。

案例讨论

让眼睛先醉掉——绝对伏特加经典平面广告

尽管 ABSOLUTE VODKA（绝对伏特加）作为烈酒中的奢侈品牌有很多光辉历史，不过对不喝酒的人来说这些都没有意义，反倒是它充满创意的广告比较有看头。在1999年，绝对伏特加广告被《广告时代》列入世纪十佳广告的行列。有很多不喝酒的人却仍然被它充满创意的平面广告所折服。

绝对伏特加广告秉承着其一贯的风格，将一个完美的酒瓶形象赫然有力地展现在我们面前。这个酒瓶与各种元素结合起来，与各种颜色混在一起，但我们总能第一眼认出。其创意都是固定的，千变万化的只是广告的表现形式，无非是通过各种不同的主题突出了绝对伏特加酒瓶的优雅外形。

正是这一点，也许是一个巧合，有点像毕加索所言："从艺术的观点来看，没有具体的形式或抽象的形式，只有令人信服的程度或大或小的谎言的形式。"你的眼球在哪里，你的心便在哪里，这个完美的酒瓶就一定会让你先醉掉。

案例讨论

第三章 理解广告信息的知觉基础

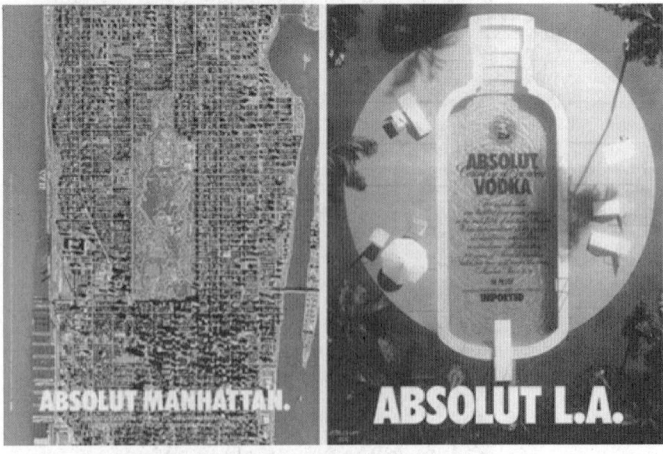

案例讨论

第三章 理解广告信息的知觉基础

图片来源：http://i.mtime.com/2389902/blog/3204307.

讨论题：

1. 为什么说绝对伏特加的广告堪称经典？

2. 绝对伏特加的一系列广告利用了知觉的哪一种特性？

3. 根据本章所学内容，请试举出其他能体现知觉特性的平面广告，并作出简要分析。

现代广告心理学

4

学习、记忆及其在广告中的应用

本章重点及学习要求

广告要产生效果，最为重要的必须使消费者充分了解广告所传达的信息，并且把这信息保持在头脑中，在需要的时候还能够准确地提取。要制作出容易理解和准确记忆的广告，势必需要一定的学习理论和记忆理论作为基础。本章将首先结合广告实例介绍学习理论和记忆理论，这些内容的介绍先是以学习和记忆理论本笛为主体，然后以广告制作为主线，介绍如何应用有关的学习和记忆效果。要求学习者掌握这些基本理论及其应用策略。

作为广告发布者,总是希望大众能够有效地习得广告所传达的信息,并且还能在一定时间内记住这些信息。但要实现这一目的,并不是很容易的,有很多因素将影响大众对广告信息的习得和保持。例如,大众接触广告的时间往往是有限的,并且还是一个被动的过程,需要记住产品、厂家和品牌,在一段时间内还可能接触到不同厂家和品牌的相同产品的广告。为了提高广告传播效果,就需要了解有哪些因素将影响大众习得和保持广告信息,以及如何避免一些因素的不利影响和发挥另一些因素的积极作用。

第一节 学习理论

人们是如何习得一则广告中的信息的呢?习得广告信息的过程,本质上就是一个学习的过程,因此有必要了解人们是如何学习的。目前主要有3种学习理论,它们是联想学习理论、认知学习理论和社会学习理论。

一、联想学习理论

联想学习理论认为,学习就是在刺激和反应之间建立心理上的联系,心理上的联系就是联想。通过学习,人们可以获得"刺激—反应"联系或联想。在联想学习中,有两种典型的学习方式:经典条件反射和操作性条件反射。联想学习主要是通过条件反射的方式进行的,所以也被称为条件反射学习。

(一)经典条件反射

经典条件反射是俄罗斯生理学家伊万·巴甫洛夫在20世纪初提出的。他在研究中发现,食物可以引起狗分泌唾液,但是,以前给狗用过的装食物的空盘子、以前给狗喂食物的人,也可以引起狗分泌唾液,这说明食物可以与狗分泌唾液形成联系,空盘子和人也可以与狗分泌唾液形成联系。为了更好地说明和解释这一现象,他进行了许多实验研究。下面介绍其中的经典条件反射实验。

经典条件反射实验所用装置和基本情景见图4-1。在图4-1中,狗的唾液由一根导管从狗嘴中导出,然后作用于一个连杆,并由连杆的动作驱动一个记录装置,狗面前有一个放食物的盘子。这一实验是从呈现铃声开始的,显然,狗对单独的铃声是没有反应的,即没有分泌唾液。呈现铃声之后,巴甫洛夫就拿来一些

肉末放在狗面前的盘子里,此时引起了狗分泌唾液。当"铃声—肉末—唾液分泌"的过程被重复多次以后,再回到实验的开始阶段,即使仅仅呈现铃声,狗也会分泌唾液。

资料来源:Dennis Coon 著,郑钢等译:《心理学导论》,北京:中国轻工业出版社,2004 年版,第 304 页。

图 4-1　巴甫洛夫的经典条件反射装置

在这一实验中,有一些重要的元素,它们是无条件刺激(Unconditioned Stimulus,US)、无条件反应(Unconditioned Response,UR)、中性刺激(Neutral Stimulus,NS)、条件刺激(Conditioned Stimulus,CS)和条件反应(Conditioned Response,CR)。具体的解释见表 4-1。

表 4-1　经典条件反射中的元素

元素	符号	描述	例子
中性刺激	NS	不能引起某种特定反应的刺激	铃声
无条件刺激	US	能引起某种天生反应的刺激	肉末
条件刺激	CS	(某种中性刺激)由于不断伴随无条件刺激出现而成为能够引起某种反应的刺激	铃声
无条件反应	UR	由无条件刺激引起的非习得性反射行为	唾液分泌反射
条件反应	CR	由条件刺激引起的习得性反应	分泌唾液

经典条件反射是一种典型的学习方式，通过这一方式，人们获得的是先前某无关刺激（即中性刺激）与某反应之间的联系，一旦形成了联系，先前无关刺激就变成了现在的相关刺激（即条件刺激）。在形成经典条件反射的过程中，无条件刺激扮演的角色就是强化作用，如果没有它的作用，条件反射行为就不可能习得，即使习得了，也不能被保持。例如，对于上面介绍的实验，如果铃声出现之后一直不提供肉末，狗就不可能对铃声分泌唾液，也就不可能形成条件反射。假如在一段时间内，铃声出现之后提供肉末，狗学会了对铃声分泌唾液，但是在接下来的时间里，只有铃声没有肉末，将会发生什么呢？图4－2能够回答这一问题。从图4－2可以看出，没有肉末的强化，狗分泌唾液越来越少，直到完全没有，这说明形成的条件反射消退了。基于巴甫洛夫的消退律，产品的知名度形成以后，还需要不断用优质产品予以正强化，以保持、巩固产品的知名度。一个产品在开始阶段如果依赖高频率、高强度的广告吸引了消费者，但是缺少与之相应的质量，消费者终因得不到良好的强化而失去对该商标商品的兴趣。所以，低质量产品、高质量广告只能成就一次性买卖。

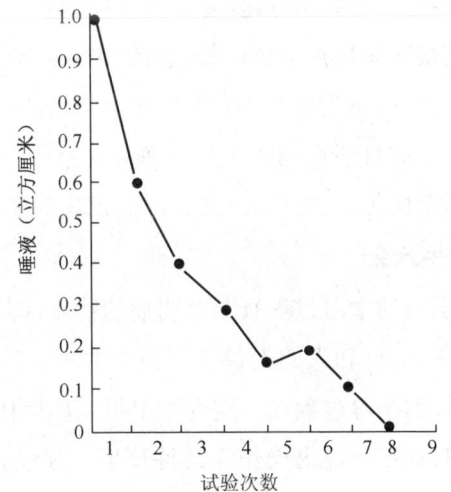

图4－2 条件反射的消退（巴甫洛夫，1927）

条件反射消退之后，原来形成的条件反射是否还可以恢复呢？研究表明，它们并非被彻底消除，在大脑中仍然保持着痕迹。如果重新给予正强化，学习者可以恢复条件联系，并且比原来学习时的速度更快。所以，一个产品丧失信誉以后，如果厂商注重产品质量以及相关的服务，恢复信誉指日可待。

学习者在形成经典条件反射之后,与条件刺激相似的其他刺激也能引发条件反射,这被称之为刺激泛化。例如,狗没有学习过对电话铃声或门铃声分泌唾液,只是学会了对铃声分泌唾液,但是如果听到电话铃声或门铃声也可能会分泌唾液。两个刺激之间的相似性越大,则刺激泛化的可能性越大。学习活动中的这种刺激泛化现象,使得消费者不必对每一刺激都去学会作独特的反应。这一点,对于企业市场营销策略的制定是有意义的,即可以采用"家族商标"策略,让企业生产的所有产品共用一个商标。例如,日本三菱株式会社"三菱"商标用于它的所有产品,包括家用电器、办公自动化设备、电讯设备以及汽车等;杭州娃哈哈集团的"娃哈哈"商标用于它所生产的果奶、营养液、八宝粥、纯净水等所有产品。如果企业推出适应市场需要的新产品,在"家族商标"的良好信誉作用下,消费者很容易形成对新产品的信任感。但是,"家族商标"策略有时也可能带来负面作用,即整个家族商标可能因为某一类型的低劣产品而一损俱损。某些企业和商家也可能利用刺激泛化作用,在包装、商标、品名、产品外观等方面使自己的商品类似于老字号的名牌产品,以期通过认识上的泛化而获得认同。

与刺激泛化相反的过程是刺激分化,它是指不同刺激产生不同的反应。对于上面泛化的例子,我们很容易让狗学会仅仅只对铃声分泌唾液,方法是,在学习过程中,出现铃声时才给食物,出现电话铃声或门铃声不给食物。两个刺激之间的相似性越小,则刺激分化的可能性越大。作为企业,为了让消费者辨识自己生产的产品,需要赋予产品个性化,在商标、品名、外观、包装等多个维度上有特色。

(二)操作性条件反射

经典条件反射所揭示的学习过程有一个明显的特点,即学习者是被动地接受来自外界的刺激。其实,动物和人的大量学习行为并不是这样,而是积极与主动地探索外部世界。这样的学习过程在一定程度上可以用操作性条件反射来说明。

斯金纳于20世纪30年代提出操作性条件反射。他设计了著名的斯金纳箱(Skinner Box)(见图4-3),以大白鼠和鸽子等作为被试,对操作性行为进行了大量实验。例如,将一只饥饿的大白鼠放入斯金纳箱中。在开始阶段,它将会在里面毫无目的地到处寻找食物,在这一过程中它可能碰到了杠杆,接着一定量的食物就出现在托盘里,它走过来吃掉食物;然后又开始在里面四处搜索,还将出现上面的经历;这样的次数多了,它将直接尝试按压杠杆,得到食物,以至到最后形成稳定的频繁按压杠杆的行为模式。

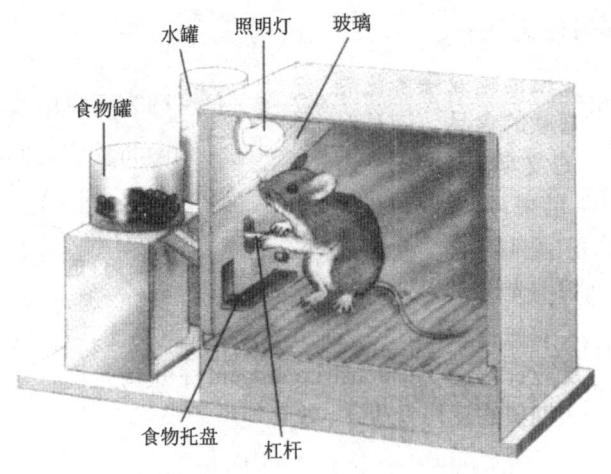

资料来源:丹尼斯·考恩(Dennis Coon)著,郑钢等译:《心理学导论》,北京:中国轻工业出版社,2004年版,第3011页。

图4-3 斯金纳箱

这一操作性条件反射习得过程可以表示如下:

辨别性刺激→操作性反应→强化刺激

（杠杆） （按杠杆） （食物）

从上面介绍的操作性条件反射习得过程中可以看出,学习者的学习有时是在个体对环境的自主探索中发生的,某种探索或操作行为所产生的结果反过来将导致该行为在强度上增加,并最终使该行为与环境中某一刺激建立起联系。强化对于建立经典条件反射是重要的,对形成操作性条件反射也同样重要。饥饿的大白鼠学会了按杠杆动作后,如果不再给予食物强化,大白鼠按压杠杆的动作也将逐渐消退。

表4-2揭示了经典条件反射和操作性条件反射之间的区别。

表4-2 经典条件反射和操作性条件反射之间的比较

	经典条件反射	操作性条件反射
强化	发生在反应之前	发生在反应之后
产生学习的原因	中性刺激与无条件刺激的联系	一定反应结果的出现
学习者角色	被动学习者	主动学习者
学习基础	无条件反射	自主探索的能力

二、认知学习理论

前面所介绍的联想学习理论更多地关注刺激、行为反应以及它们之间的联系,认为学习是一个行为改变的过程,是建立某种刺激与反应之间联系或联想的过程。这是否概括了人类学习过程的全部内容呢?其实,刺激与反应之间的联系是不可能离开内部"心理"的。对于人类而言,我们面临一个刺激,在作出反应之前,我们将经历期望、预测、想象、回忆、评价等等复杂的心理过程,这些均是联想学习理论所没有涉及的。这里将要介绍的认知学习理论则强调这些学习过程中的内部心理过程。这些内部心理过程主要体现为顿悟、建立认知结构、问题解决等等。

心理学家苛勒在1913~1917年用黑猩猩做了一系列实验,试图证明一个理论假设:学习的过程是一个顿悟的过程。一个典型的实验是:黑猩猩来到一个房间,在房间的天花板上吊着一串香蕉,但是它站在地面上是不可能取到香蕉的。在房间地面上零散地放着几个箱子。起初,它试图凭借跳跃获取香蕉,没有成功。于是,就在房间里走来走去。突然在箱子面前停下,并把箱子挪到香蕉下面,然后爬上跳起取到香蕉;如果站在一个箱子上仍未能如愿以偿,它就会把几个箱子摞起来,从而取到香蕉。如图4-4所示。在黑猩猩解决问题的过程中,并没有用箱子进行各种尝试,而是直接利用箱子达到目的,所以黑猩猩解决问题不是尝试错误的结果,而是顿悟的结果。

图4-4 猩猩取香蕉实验

认知地图是一种知识结构。我们都见过地图,准确地说,我们见过的这些地图都是物理地图,而不是认知地图。认知地图也可以称为心理地图,它是人们对城市、公园或校园等的内部表征。我们到一个熟悉的地方,都有一张心理地图在做向导。动物通过学习也可以建立认知地图。托尔曼(E. C. Tolman)的三路迷宫实验能够说明这一点。三路迷宫有1个出发点、1个食物箱和3条长度不等的从出发点到达食物箱的通道(见图4-5)。实验的第一个阶段是大白鼠从出发点出发在迷宫内搜索食物,这是一个学习阶段。学习一段时间后,检验学习结果,如果3条通道都是畅通无阻的,大白鼠将选择最短的通道1到达食物箱,如果发现A处堵塞,大白鼠将选择较短的通道2;如果发现B处堵塞,大白鼠将选择通道3。这一实验说明大白鼠通过学习,能够形成迷宫的心理地图,寻找食物时它帮助大白鼠找到最佳的路径。

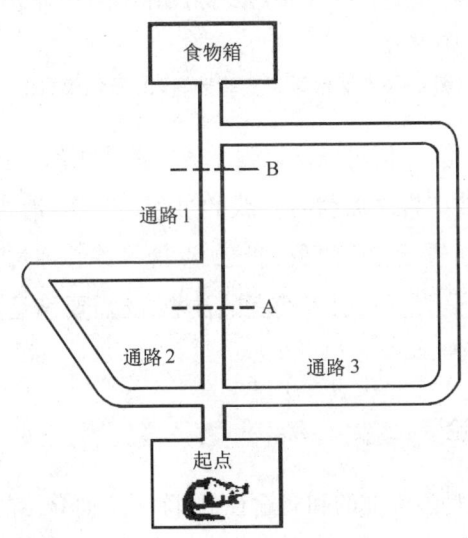

图4-5 三路迷宫示意图

在前面介绍的联想学习理论中,强化是必不可少的。但是在认知学习理论中,没有明显的强化时也可以产生学习,这种学习叫做潜伏学习(Latent Learning)。托尔曼让大白鼠探索迷宫。大白鼠分为两组,第一组大白鼠在迷宫的食物箱中可以发现食物,第二组则没有食物等着它们。不久以后,第一组便能够在迷宫中快速找到食物,第二组仍是无目的地探索。在实验的第11天,对于第二组大白鼠,研究者开始把食物放在迷宫中的食物箱中,很短时间之后,它们与第一组的大白鼠在找到食物的速度上就没有区别了(见图4-6)。第二组大白鼠的成绩之所以进步神速,是因为在先前已产生了实质性的学习,这是没有食物强化的学习。

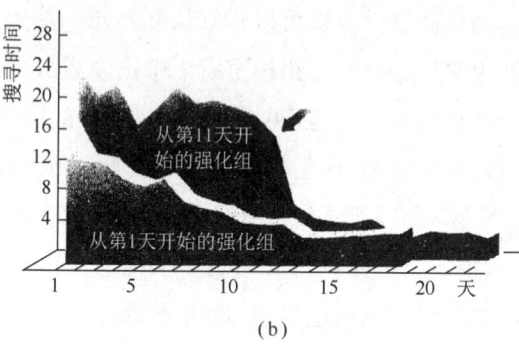

资料来源:丹尼斯·考恩(Dennis Coon)著,郑钢等译:《心理学导论》,北京:中国轻工业出版社,2004年版第331页。

图4-6 潜伏学习实验迷宫(a)及结果(b)

基于认知学习理论,我们可以认识到广告发挥作用的过程不是一个简单的刺激与反应过程,即发放广告之后就有收获的过程。其实,消费者在作出购买决定之前,将经历复杂的期望、预测、想象、回忆、评价等等心理过程。所以,广告所传达的信息不能仅仅只是为了吸引消费者的注意,还需要满足消费者的需要,激发他们购买的动机。

三、社会学习理论

人类的学习过程是多维度的和多途径的,除了上面介绍的联想学习理论和认知学习理论外,还有一种重要的学习途径就是社会学习。社会学习也叫观察学习或榜样学习。我们在进行社会学习时,需要观察和注意其他人的行为以及其行为产生的结果,然后在自己身上可以再现这些行为。

社会学习在日常生活中随处可见。不论是系鞋带、走舞步,还是用钩针编织或打篮球,我们都是通过先观察别人,然后再模仿这些行为。这些社会学习对我们的行为将产生实质性的影响。在一项经典实验研究中,3组儿童观看一个成年人攻击一个大塑料娃娃的行为,成年人有时坐在娃娃身上,有时用手打或用锤子砸,或者用脚踢塑料娃娃。第一组儿童直接观看现场行为,第二组儿童看上述行为的彩色电影,第三组儿童看上述行为的卡通片。看完以后,研究者给孩子们一些很好玩的玩具,但不多久又拿走了这些玩具。显然,孩子们产生了一些挫折感。拿走好玩的玩具以后,研究者拿来了刚才受到攻击的大塑料娃娃给孩子们玩。此时,许多孩子表现出了相同的攻击行为,有的还表现出新的行为。比较而言,看现场行为和看电影对孩子产生了更大的影响,因为他们表现出来的攻击性行为更多。

在社会学习理论中,强化的作用也是非常重要的。除了一般的强化以外,这一理论提出了一种比较独特的强化方式,它就是替代强化,它是指学习者因看到榜样受强化而受到的强化。下面的实验能够说明替代强化的作用。有两组儿童分别看一段录像片。录像片的内容开始都是一个大孩子在用力打一个玩具娃娃。然后,第一组儿童所看的录像片中,来了一个成人奖励大孩子糖果;而第二组儿童所看的录像片中,来了一个成人打了大孩子一顿以作为惩罚。两组儿童看完录像片后,实验者把他们分别领进一间小屋里,屋子里放着一些玩具娃娃;结果发现,第一组儿童都表现出了录像片里的相同的攻击行为,而第二组儿童很少有这样的行为。这一实验表明,糖果可以发挥正强化作用,惩罚可以发挥负强化作用,其实它们并没有直接作用在两组儿童身上,所以这种强化作用就是替代强化作用。

社会学习理论表明,人可以通过观察和注意别人产生学习。从这一角度,可以认为一个消费者就是一则广告,因为任何一个消费者均可以成为他人观察学习的对象,从消费者那里,可以直接获得关于某产品好与坏的消息,一传十,十传百,就可以有效地传播产品的名声。人们常说,好酒不怕巷子深,就是消费者社会学习的结果。

第二节 记 忆

前面的学习理论主要探讨人们如何从不知到知,从不能到能;这里将要介绍的记忆则是侧重探讨人们怎样保持学习的结果,以及人们的遗忘有哪些特点等等。如前所述,商家除了希望大众能够有效地习得广告所传达的信息外,还能在一定时间内记住这些信息。所以,我们在了解消费者是如何学习的之外,还要研究消费者在学习之后如何保持学习的成果。

一、记忆概述

(一)记忆的一般概念

记忆是在头脑中积累和保存个体经验的心理过程。人们在日常生活、工作或社会实践中,凡是感知过的情绪、演练过的动作都可以成为记忆的内容。记忆过程包括识记、保持和提取3个环节。

识记是客观事物在头脑中建立暂时神经联系并留下痕迹的过程,也就是记住事物的过程;它是记忆过程的开端,又是保持和提取的前提。识记的形式多种多样:依据学习者有无预定的识记目的,是否付出主观努力,可把识记分为有意识记和无意识记;依据识记的材料有无意义,以及学习者是否了解其意义,又可分为意义识记和机械识记。在广告识记中,无意识记是主要的识记方式。无意识记的效果往往不是很理想。例如,在一个心理学实验中,要求美国大学生从一堆真真假假的1美分硬币人头像中找出正确的人头像(见图4-7),几乎无人能够找出来。

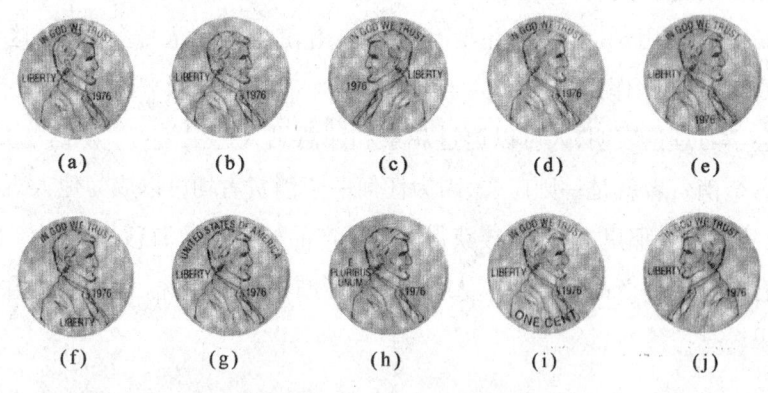

注:a是正确的,大学生一般认为是g或i。

资料来源:丹尼斯·考恩(Dennis Coon)著,郑钢等译:《心理学导论》,北京:中国轻工业出版社,2004年版第366页。

图4-7 找出正确的1美分硬币人头像

保持是已经识记的知识和经验的储存过程。保持以识记为前提,保持的效果又在提取中得到证明和表现。保持的时间长短不一,短的转瞬即逝,长的可达终生。

提取是从记忆系统中再现学习过的信息或动作。再认的速度、确信度和精确性取决于两个条件：一是对旧事物识记的充分程度,保持的巩固程度,识记越充分,保持越巩固,再认速度越快,确信度越高,精确性越大；二是有无适当的提取线索。

（二）记忆系统

人的记忆系统是由感觉记忆、短时记忆和长时记忆所组成的,如图4-8所示。

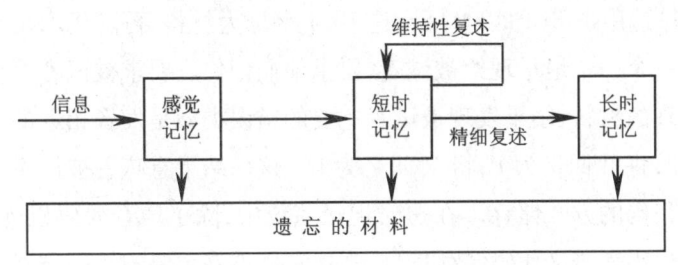

图4-8 人的记忆系统

人们所感知的信息首先进入感觉记忆。信息在感觉记忆中存储的时间很短,大约不到1秒钟,因为时间短,人们有时也把它称为瞬时记忆。在感觉记忆中的信息大部分被遗忘了,只有少部分得到了人们的注意而进入短时记忆中。

信息在短时记忆中通过维持性复述可以继续保持在短时记忆中。所谓维持性复述是指一遍遍地重复识记材料,如果没有这种复述,信息便马上遗忘,短时记忆中的信息只能保持在大约1分钟以内。通过精细复述,短时记忆中的信息可以进入长时记忆。所谓精细复述是指将识记的材料与长时记忆中储存的信息建立起联系。

长时记忆中信息被保持的时间从1分钟到终生。如果人们需要使用长时记忆中的信息,则基于一定的线索从长时记忆中提取出来放到短时记忆中。

（三）记忆的类型

有一种记忆的分类方法是将记忆分为陈述性记忆和程序性记忆。陈述性记忆是指对事实（如2+4=6）和事件（如一次交通事故）的记忆。程序性记忆又称为技能记忆,指如何做事情或如何掌握技能的记忆,包括了一系列复杂的动作过程。例如,骑自行车、写字、画画等等都需要应用程序性记忆。

在20世纪80年代,心理学家将陈述性记忆进一步区分为情景记忆和语义记忆。情景记忆是指对个人亲身经历过的、在一定时间和地点发生的事件或情景的记忆;语义记忆是指对字词、概念、规律和公式等各种概括化知识的记忆。

二、短时记忆

短时记忆,也可以称为工作记忆,它相当于计算机系统的CPU(中央处理器),是人类信息加工系统的核心。

信息在短时记忆中的编码方式主要是以声音的方式。心理学家康拉德(R. Conrad,1964)选用了BCPTVFMNSX这10个字母为材料,再随机取出6个字母以视觉的方式一个一个地呈现给被试者,要求他们记住。要求被试者严格按照顺序回忆刚才呈现的材料,结果发现被试者主要的错误类型是发音相近的字母之间产生混淆,例如,将B回忆为P,将V回忆为B。这一结果意味着被试主动地将视觉字母以声音代码的方式储存。在短时记忆系统中,除了声音代码以外,人们也可以利用视觉代码和语义代码储存信息,当然它们不是主要的编码方式。这一短时记忆编码特点对于广告设计具有一定的启示意义。例如,电视广告中的关键信息可以采用声音呈现方式,这有利于观众对关键信息进行有效的编码。

心理学家米勒(G. A. Miller,1956)在"奇妙的7加减2:我们的信息加工能力的某些限制"这一著名的报告中,提出人们短时记忆的容量大约为7 ± 2,即至少为5个,至多9为个,平均为7个。这里容量的单位为组块(Chunk),组块指人们熟悉的认知单元,例如,一个字母,一个英语单词,一个成语,一个俗语,甚至一个句子等等,都可以作为一个组块。尽管短时记忆的容量是有限的,但是,组块所包含的客观信息量是可以变化的。

维持性复述有助于信息的短时记忆,详尽的复述有助于将短时记忆转化为长时记忆。所以,一些电台和电视广告在播放时,鼓励听众和观众去复述广告中的电话号码或地址等信息,同时也试图赋予数字一些意义。

短时记忆中的信息遗忘非常快,在没有复述的情况下,只能保持大约15~30秒钟。彼得森等(Peterson,L. R. and Peterson,M. J.,1959)要求被试者记住由3个辅音字母构成的无意义音节,在间隔时间内,被试者必须对一个3位数进行连续减3的倒数数,结果表明,回忆间隔至18秒时几乎完全遗忘,如图4-9所示。

三、长时记忆

长时记忆是信息经过充分的加工以后,在头脑中保持很长时间的记忆。长时记忆大部分来源于对短时记忆内容的加工,也有由于印象深刻而一次获得的。长时记忆就像是一个巨大的图书馆,它保存着我们将来可以运用的各种事实、表象和知识。相对于短时记忆,人们对长时记忆有较长时间的研究历史,自19世纪德国心理学家艾宾浩斯(Ebbinghuas,1885)首先系统地研究记忆以来,长时记忆一直是心理学家关注的焦点。

长时记忆中信息的编码方式有很多种类型,包括语义、视觉和语音编码,其中语义代码是主要的编码方式。例如,研究者要求被试者听一些句子的录音,27秒钟以后,要求被试者辨认一个句子的录音是否听过,如果语句的含义与听过的非常接近,被试者往往难以作出判断。

遗忘是指记忆中保持的材料不能提取出来。遗忘的原因大致有两个方面:一个是记忆痕迹的消退;一个是其他信息的干扰。德国心理学家艾宾浩斯以无意义音节(如VUH)为研究材料,发现遗忘的基本规律是先快后慢,即最快的遗忘率是出现在学习后的最初一段时间里,以后逐渐减慢,稳定在一个水平上(见图4-10)。对于记忆而言,遗忘是不可避免的,因此没有一劳永逸的广告。在一项市场实验研究中发现,一个特定广告进行最后一次重复之后,相隔4个星期,消费者记住它的百分数下降了50%。既然遗忘是不可避免的,就需要有重复广告。

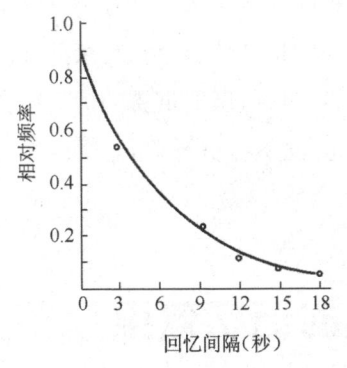

图4-9 代表短时记忆的曲线

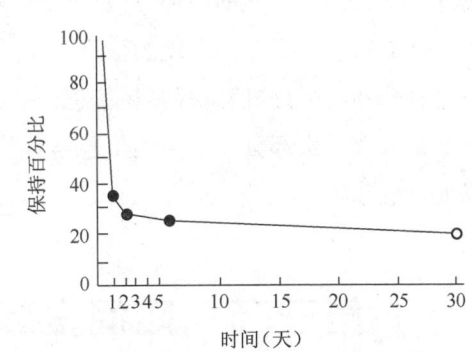

图4-10 艾宾浩斯遗忘曲线

测量长时记忆的保持效果,有两种最一般的方法:回忆和再认。下面以广告信息的长时记忆为例来说明这两种方法。用回忆方法时,访问者要求消费者说出他记住的最新广告;用再认方法时,给消费者一则广告或一系列广告,要求说出是否见过或者指出哪一则广告是他最近看到过的。一般说来,用再认方法测量的再认水平总是高于回忆的方法,如图4-11所示。从图中可以看出,无论使用哪一种测量方法,所得到的遗忘曲线都显示了典型的遗忘曲线的特点,遗忘有先快后慢的发展趋势。

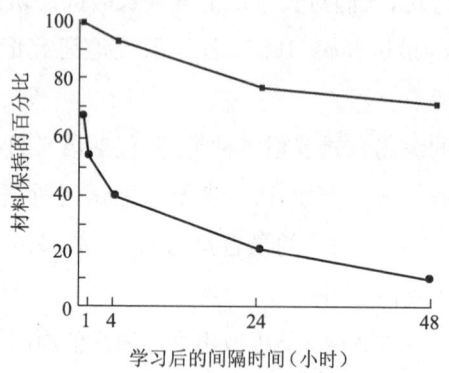

资料来源:马谋超、陆跃祥:《广告与消费心理学》,北京:人民教育出版社,2000年版第115页。

图4-11　用再认和回忆方法测得的遗忘曲线

可以基于信息保持或遗忘的规律设计广告。有意义的材料不容易被遗忘,如果让被试者学习诗、散文和无意义的字词,最容易保持的是诗,其次是散文,最容易遗忘的就是无意义的字词,这对于设计广告的启示就是尽量选择具有丰富意义的刺激材料。对于系列呈现的信息,不容易忘记的往往是开始部分和结束部分的信息,而中间部分的信息很容易遗忘,所以在设计广告时,可以把重要的信息放在开始部分或结束部分。新颖的信息不容易受到干扰,也不容易被遗忘,所以广告需要创意独特。

第三节　如何提高广告的记忆效果

前面两个部分主要介绍了学习与记忆的基本原理,这些原理对广告活动有着重要的启示。下面具体介绍这些原理在广告活动中几种典型的应用方式。

一、广告的重复策略

要增强记忆效果,克服遗忘,一种常用的策略就是重复学习。在广告传播中,不断地重复广告,在一定程度上说明该产品仍是富有竞争力的,能够给消费者以信心,同时,能够帮助消费者识记广告中的信息,并且保持对这些信息的记忆。

在学习过程中,绝大多数学习任务均遵循着一个共同的规律,它可以用一条学习曲线表示,见图4-12。从图中可以看出,在学习的初始阶段,学习效率高,随着学习次数的增多,进步的速度将会放慢。广告的习得也遵循这样的学习曲线,这也说明广告的重复是必需的。

> **实例**
>
> 广告制作其实很简单。例如恒源祥的广告,就是在长达1分钟的时间里,有恒源祥商标和北京2008奥运会赞助商的画面一直静止不动,广告语则由原来的"恒源祥,羊羊羊",变成了"恒源祥,北京奥运会赞助商,鼠鼠鼠",这句广告语按照12生肖的顺序从"鼠鼠鼠"一直轮换到"猪猪猪"。
>
> 在中国电视媒体,春节期间有多少企业投入了多少广告,又有多少人记住,而恒源祥这条广告则用低成本,花很少的钱(相对于央视而言)让人记住了,并在网民和业界引发争议和关注。有着丰富广告和市场营销经验的知名品牌专家李光斗认为,虽然反反复复的几句广告语冲破了人们心理承受的底限,但恒源祥这则广告做法很聪明,并没有违规。
>
> 零点研究咨询集团业务总裁张军说:"'羊羊羊'作为恒源祥延续了10多年的一则广告,在12生肖广告之前已经达到了被人知晓的目的,这次一分钟的广告仅仅是为了让人记住北京2008奥运会赞助商这一个信息,还是很浪费的,一分钟的广告可以容纳很多东西。"

在一段时间里重复广告的次数被称之为广告频率。下面一项关于电视广告的研究能说明广告频率是如何影响广告学习效果的。在这一研究中,一共有5种广告频率,它们分别为:13个星期重复100次,26个星期重复50次,52个星期(1年)重复25次,每隔4个星期播100次,每隔7个星期或6个星期播100次。结果见图4-13,它表明,在一般情况下,重复次数越多,学习效果越好;高频率的广告能较快地产生较好的识记效果,但不管怎样,一旦广告不再重复,回忆成绩便急剧下降。根据学习过程的"先多后少"的特点和遗忘过程的"先快后慢"的特点,对于广告发布时间的重复间隔,采用"先短后长"的策略最为合适。

下面一项关于杂志广告的调查也说明了广告重复的积极效果(见表4-3)。

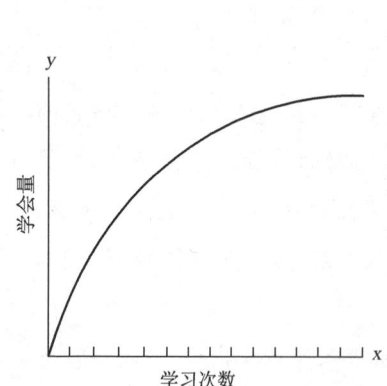

图4-12 典型的学习曲线

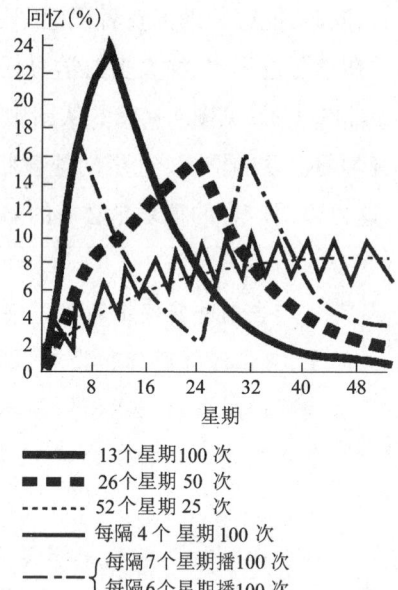

图4-13 5种广告时间表对回忆的影响

表4-3 杂志广告重复次数对读者的影响

广告重复次数		效　果
	对商品的熟悉度	
未登广告	15.2%	
刊登一次	18.1%	较未登广告组增加19%
刊登两次	20.7%	较未登广告组增加36%
	购买愿望的强度	
未登广告	9.1%	
刊登一次	11.3%	较未登广告组增加24%
刊登两次	13.8%	较未登广告组增加52%

结合学习与记忆的原理,以及上面关于广告重复效果的研究,对于使用广告重复策略有如下的建议。

第一,即使是著名的品牌也需要运用广告重复策略,一方面给老客户以信心,一方面可以吸纳新生代消费群体。从上面关于广告重复效果的研究中得知,一旦广告停止重复,人们对广告的保持效果将下降,也许著名的品牌只有较小的下降幅度,但这毕竟给竞争对手提供了机会。

第二,当新产品问世时,又想抓住眼前机会急于打开市场,不妨采用一份广告密集的时间表;如果希望产品销售"后劲足",则可以采用一份广告频率稍低但延续时间稍长的时间分配表。

第三，广告重复不等于广告没有更新。如果在一个产品的重复广告中只是使用相同创意的广告，可能使受众感觉到消极乏味，甚至产生抵触情绪。对于一个产品，用具有不同创意的广告加以介绍，一方面可以达到广告重复的效果，一方面还有助于记忆。

二、广告信息的编码组块

信息的组块是指比较独立的、有一定意义的信息加工基本单位，信息的组块化指的是把零散的信息组织为组块。信息组块化第一个优势就是有利于信息的知觉，能够加快信息视觉或听觉加工的速度。例如，在图4-14中，甲组中的9个圆圈是散乱、零星分布的，我们难以一眼看清楚有多少个圆圈；乙组中的9个圆圈排成了一排，并且还是3个一组，这可称之为组块，在这样的情形下我们一眼就可以知道有多少圆圈了；在丙组，圆圈的组织由一维空间转换为两维空间，在我们清晰的视野范围内组块扩大了，并且可以容纳的组块数也有所增加，所以，尽管此时有16个圆圈，仍然可以被我们看清楚。信息组块化的第二个优势是提高短时记忆的效率。如前所述，短时记忆的容量一般为7±2个，这里的容量是以组块为单位的。如果广告中信息组块较大，在客观信息量一定的前提下，则组块数就少一些，从而有利于减轻消费者短时记忆的负担，有利于精细复述，有利于短时记忆中的信息向长时记忆转移。信息组块化的第三个优势是提高长时记忆和回忆的效率，从长时记忆的角度来看，信息的组块化程度越高，信息越容易保持，也越容易提取。

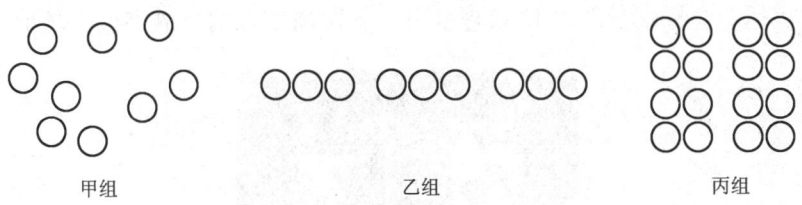

图4-14　信息的组织方式对知觉速度的影响

在广告信息编码组块中，需要结合大众已有的文化知识或习惯，因为信息组块化的过程就是大众运用自己已有知识和经验的过程，他们运用已有的知识和经验可以迅速地对客观信息进行编码。例如，在一些产品或服务行业的广告中，常常向消费者提供电话号码，如果电话号码是8位数字，尽管没有超过短时记忆容量的上限，但是，一般人还是难以有效地记住它们，尤其在有其他信息干扰的情况下,更是难以保持在短时记忆中;此外,如果电话号码没有组块化,它们只是一堆无意义的数字,想长久保持在头脑中是不可能的,所以人们只好借用电话号码本了。其实,有时我们可以提供利用人们已有的文化知识加以组块化的电话号码,例如,81-1949-18,这将有利于人们的记忆。

以不同方式表示的信息均可以进行组块化,数字可以,语言文字也可以。例如,我们有时难以将农历中的24个节气按顺序一个个地说出来,但是我们在识记这些节气时如果用下面的4句话:"春雨惊春清谷天,夏满芒夏暑相连,秋处露秋寒霜降,冬雪雪冬小大寒",就会使记忆变得非常容易了。这4句话就是4个组块。

三、增加对象维度

当一个刺激呈现在面前时,通常它被赋予的含义越丰富,将越容易被识别或者越容易从记忆中提取出来。这主要因为不同的含义代表着不同的刺激维度,它们可以作为不同的回忆线索。我们经常看到的大型运动会的会标、城市市标、学校校标等等都包含了多种维度的信息。例如,奥运会会标(Emblem of Olympic Games)是第一届奥林匹克运动会的奥林匹克徽记,历届奥运会会标的图案虽然千差万别,但都有一个共同的标志,即相互套连的奥林匹克五环标志,用以体现奥林匹克精神,同时衬以表现奥运城市和东道国历史、地理、民族文化传统等特点的主体图案,使人一眼就可看出奥运会举办的时间和地点。2004年奥运会回到了奥林匹克运动发源地——希腊雅典,1999年9月30日,雅典奥组委公布了2004年雅典奥运会会标(见图4-15),它是由一支橄榄枝弯曲成的类似花环形

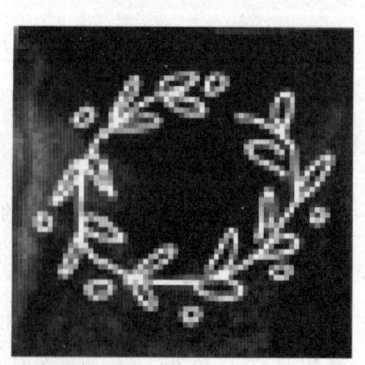

图4-15 2004年雅典奥运会会标

状的图案,这一图案来源于古希腊奥运会。在古希腊奥运会上,橄榄花环是颁发给冠军的奖品,橄榄树还是雅典市的市树,橄榄枝象征和平。会标形状为古雅典城的形状,同时也象征生命圈、天空和大海,会标所使用的蓝、白两种颜色在拥有蓝色大海、白色建筑的希腊是最常见的颜色,这两种颜色也是希腊国旗的颜色。

四、利用汉语特点组织编码

当广告中的信息用汉语表示时,汉字的形音义均可以成为利用的对象,对广告信息进行有效的编码,使其容易被记住。如著名的饮料品牌"可口可乐",它的英文商标名为"Cocacola",在引入中国时需要有一个汉语名称,有人将其翻译为"可口可乐",它大致体现了"Cocacola"语音,但是更为重要的是这一汉语名称本身表达了一定的含义。蚊香广告语"默默无蚊(闻)的奉献"利用了汉字之间的谐音。在语音的使用方面,还可以编写出具有一定韵律感的诗句。例如,小霸王学习机的广告文案:"你拍六,我拍六,小霸王出了四八六;你拍七,我拍七,新一代的学习机;你拍八,我拍八,电脑学习顶呱呱;你拍九,我拍九,21世纪在招手,在招手!"图4-16 的"万基洋参丸"平面广告则充分利用了汉字在字形上的构造特点。在这一广告中,一个大大的繁体的"補"字,占了广告画面正中的大部分位置,醒目、刺激,又用红笔在其上打了一个大大的叉子,表明"大补"不好,广告语则进一步点明主题:大补特补未必补,少补精补才对路。

图4-16 "万基洋参丸"平面广告

本章小结

学习理论主要分为3种类型:联想学习理论、认知学习理论和社会学习理论。

联想学习理论又分为经典条件反射与操作性条件反射,要形成和巩固条件反射都离不开强化。在条件反射的形成过程中,刺激分化和泛化是两个对立的过程。认知学习理论强调学习过程中的内部心理过程,这些内部心理过程主要体现为顿悟、建立认知结构、问题解决等等。社会学习也叫观察学习或榜样学习。我们在进行社会学习时,需要观察和注意其他人的行为以及其行为产生的结果,然后在自己身上可以再现这些行为。上面3种学习理论都有利于认识广告发挥作用的心理过程。学习理论主要探讨人们如何从不知到知,从不能到能,而记忆则是侧重探讨人们怎样保持学习的结果,以及人们的遗忘有哪些特点等等。记忆过程包括识记、保持和提取3个环节,分为感觉记忆、短时记忆和长时记忆3个系统。根据学习过程的"先多后少"的特点和遗忘过程的"先快后慢"的特点,对于广告发布时间的重复间隔,采用"先短后长"的策略最为合适。重复是习得与保持的基本条件,但重复并不排斥采用不同的表现形式。此外,我们还可以通过组块、增加维度和巧用汉语特点来组织编码和编辑广告信息,以促进人们对广告的记忆。

思考题

1. 什么是学习?目前主要有哪些学习理论?
2. 记忆包括哪几个环节?记忆系统是由哪几个部分组成的?
3. 学习与记忆原理对广告活动有什么启示?
4. 如何提高广告的记忆效果?

案例讨论

赶集网 VS "赶驴网"
"赶驴网"事件——200元撬动4个亿

赶集网豪掷4亿元广告费,在央视、公交电视、地铁站进行了一次大规模宣传推广活动,赶集网的广告创意确实吸引人,不过那头驴子太抢风头,结果使很多人都记住了驴子竟没记住赶集网,甚至把赶集网记成了"赶驴网"。

在短短10天内,"赶驴网"的百度指数就从几十次飞涨到了成千上万次,论坛也出现了大量迷茫的观众问为啥搜不到"赶驴网"。

案例讨论

百姓网:钱没花,事却办了。

而竞争对手百姓网仅仅花费了 200 多元的注册费就注册了 ganlvwang.com 域名,目前做了百度推广、Google 排名第一,比起赶集网的豪掷 4 亿元基本可以忽略不计。百姓网巧借"赶驴网"导入流量,借势推广百姓网,用百来块钱不到的成本,轻松获取了几十万 IP 的流量。

赶集网:钱花了,事没办了。

赶集网一边在百度投放"赶驴网"关键字广告,一边摆出高姿态说"赶驴网"是浮云。其 CEO 在微博上放言,"赶驴网"分走的流量不足千分之一。"赶驴网"在网上热搜,赶集网仅仅把它作为谈资,而百姓网却在第一时间就意识到了"赶驴网"可能成为一个错误创意收益的网站,顺手牵驴地取得了上亿广告费的效果。

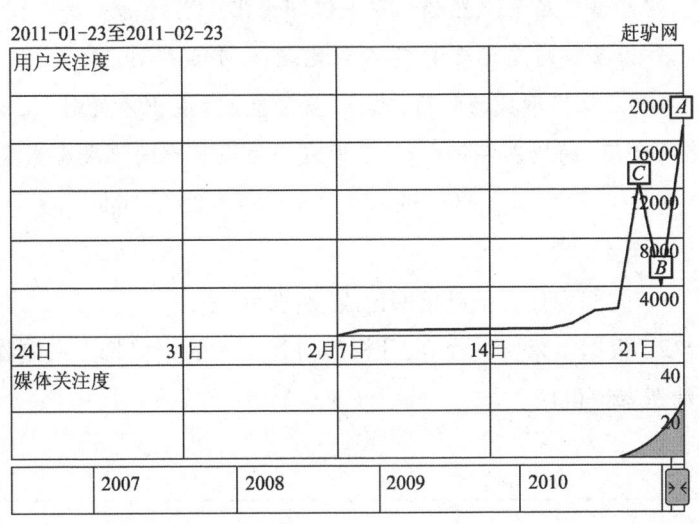

有人正在操控"赶驴网"一词的搜索量?

通过上图我们可以看出,从20号到23号,"赶驴网"从不到4 000一下冲到15 000左右,第二天突然降到4 000,第三天又猛增到20 000,出现这样巨大反差的结果也许只有一个,那就是有人在操控"赶驴网"这一关键词。从数据上来看,可能是由于23日各大网站的集中曝光,"赶驴网"一词的搜索量才开始猛增。

单靠百姓网注册的ganlvwang域名是不可能获得几十万流量的,它背后有水军与刷流量的操作肯定是存在的。目的是炒热这个关键词,制造新闻事件,让各大网站相互转载,同时又会影响中小网站的转载与评论,比如卢松松的这篇博文。

网站推广启示(1):抢注正确域名

注册一个合适的域名在SEO优化中是相当有必要的,比如ganlvwang.com,再比如lusongsong域名,本身百度指数显示只有100来个搜索量,你抢注了luosngsong.cn域名也不能给你带来流量。

网站推广启示(2):学会软文推广

软文推广的最高境界是什么,我想可能就是主流媒体的曝光。自己制造新闻事件,让门户网站主动转载。不用思考标题怎么优化,不用思考内容怎么写,更不用绞尽脑汁思考软文里面怎么加网址、加联系方式。

网站推广启示(3):错别字关键词优化

作为互联网爱好者肯定不会把赶集网记成"赶驴网",可一般网民会,不要高估了网民的智商,比如《盗梦空间》刚上映的时候,就有网站做"盗墓空间"的错别字优化,很多网友会把盗梦空间记成盗墓空间。

(案例来源:http:/lusong song.com/reed/287.html)

讨论题:

1. 人们为什么把赶集网记成"赶驴网"?

2. 根据本章所学内容,分析如何利用人的记忆特点来制作广告才能让消费者记得住。

5 广告创意中的想象与联想

现代广告心理学

本章重点及学习要求

广告设计需要不断创造出新意。要充分发挥想象力，创造新形象。本章的重点内容是表象和想像的区别、创造想象和再造想象的区别、创造新形象的主要形式、联觉和联想的概念及其应用。学习本章内容，要了解再造想象、创造想像的概念及其在广告中的应用，广告创意过程中是如何利用原型启发、粘合、联合、留白等方式进行创造想象的，联觉和联想对广告的重要意义，联想的强度受何种因素的影响。

第一节　广告创意中的想象活动

一、表象与想象

对当前事物的直接感知,会在我们的头脑当中形成知觉映象。而如果感知过的事物或者人物不在我们面前时,我们的头脑中依然有其映象,这就是表象。比如,我们都能想起小学时的某个同学的样子,都能想起孔雀的样子等等。

表象是在知觉的基础上产生的,构成表象的材料来自过去知觉过的内容。比如盲人没有颜色的表象,有些盲人恢复视力之后慨叹:原来红色是这样的!没有见过孔雀的人不会有孔雀的表象,没有吃过水煮鱼的人不会有其味觉表象。总之,无论视觉、听觉、触觉、味觉、嗅觉和运动等方面的表象,都是建立在感知基础上的。

但是表象与知觉又有不同。它只是知觉的概略再现。与知觉相比较,表象不如知觉完整,也不如知觉稳定、鲜明。

作家、艺术家可以通过表象进行创作。比如元朝马致远的词:

　　枯藤老树昏鸦,
　　小桥流水人家,
　　古道西风瘦马。
　　夕阳西下,
　　断肠人在天涯。

这首词以鲜明的艺术形象在人的心目中描绘出一幅凄凉景象。现在的很多房地产广告在争相刊登精美的彩色图片的同时,也会加上诸多描述,目的是在人们的心目中营造一个美丽的画面。例如,"朝临山青麓,夕顾清水渡。笑看风迎花,静闻月凝露。"

在这些构思活动中,艺术家和设计者们对记忆表象进行了加工改造,形成了新的形象。这种对已有表象进行加工改造而形成新形象的过程就是想象。人可以通过别人的描述,想象出自己从未见过的远洋或大陆,也可以在头脑中创造出现实生活中不存在的事物或者人物形象。比如,孙悟空和猪八戒、米老鼠和唐老鸭、小狗史努比等等。作曲家创作的新乐章，工程师创造的新机器等，也都是以在头脑中构成新的形象为前提的。

想象是新形象的创造，想象的内容往往出现在现实以前，或者是现实中不可能出现的事物。但是任何想象都不是凭空捏造的，想象和感知、表象一样，也来源于现实。由于构成想象的材料均来自于记忆表象，所以想象在记忆表象的基础上产生，是对记忆表象的进一步加工。

根据想象活动是否有预定目的，可以将其划分为无意想象和有意想象。

无意想象是没有预定目的，不由自主地产生的想象。如看到天边的晚霞，不由自主地将其想象为一条火龙的形象。梦是无意想象的一个非常典型的例子，梦是无意识进行的，其内容有时十分荒诞，我们可能会经历非常稀奇古怪的梦境。但是梦的构成成分仍然是已有表象的分解和组合。

有意想象是按照一定的目的自觉进行的想象。根据想象的创新程度和形成过程的不同，可分为再造想象和创造想象。

二、广告信息的再造想象

再造想象是根据语词的描述或者图示，在头脑中形成与之相符合或者相仿的新形象的过程。通过再造想象，人们可以在头脑中形成从没见过的事物的形象。

广告作品大多是通过视觉或/和听觉来传递信息，广告受众正是凭借着再造想象，得以正确领会广告所欲传达的各种信息，并且由此唤起一定的情感体验。

概括地说，广告的信息从大方向上制约着受众的再造想象，受众想象什么、如何想象都受到广告作品的制约。但是广告受众的再造想象不是被动地简单接受、机械复制，而是用自己的表象系统去补充、发展。因而每个人对同样的广告信息的再造想象有可能就不一样，有的再造想象可能偏离原作品所创造的形象。另外，如果广告主做的广告在描述实际情况时含糊其辞，受众的想象就更有可能和实际情况不相符，出现误解。比如有的房地产公司打出广告——"在你的家，推开窗子就看得见大海"。受众很有可能在脑海中浮现出电影中常见的海边别墅的景象：房子就在海边，从窗户望出去，或者站在阳台，一望无际的大海就在眼前，海潮声清晰可闻，阵阵海风吹起窗帘，带来大海的清新气息。可是如果当消费者真的站在房子里的时候却可能发现，房子离大海还有一段距离，只有一个窗户能远远地看到海湾的一角,房子周围的小环境也没有海的感觉,这个时候消费者就会很失望。

> **实例**
>
> 北京某房地产公司打出广告:"远眺西山的文化豪宅"。广告中除了效果图,还有文字的描述:
>
> 喜欢在图书馆里习惯性地沉思,
>
> 隔窗看见透着禅意的山水、竹林的神韵,鱼儿在水里戏弄着樱花的倒影……
>
> 仿佛能进入村上春树的世界、能和余秋雨心灵对谈……
>
> 在××(某商品房小区名称)精致的室内装修、学知的会所配套、涵养的园林气质,从内而外都充满着精装人文的味道……
>
> 生活在这里,看得见文化的精装修。
>
> 这则广告充分地诉求受众的想象。一是描述具体的景象:图书馆、山水、竹林、鱼儿、樱花的倒影,充分调动受众头脑中的具体表象,营造一个令人轻松愉悦的环境;二是对心理感受的再造:通过很多读者都喜欢的村上春树、余秋雨来突出文化的氛围,让受众仿佛感受到阅读大师的文化作品时的心灵触动。

三、广告构思中的创造想象

不依据现成的描述,独立创造新形象的过程,称做创造想象。创造想象具有首创性、独立性和新颖性的特点。广告的创意追求新颖性,而新颖性正是想象的结果。那么,如何进行创造想象呢?

(一)原型启发

原型启发是创造想象产生的契机。根据任务的需要,创造者思索和寻找解决问题的途径和方法。这时某些事物或表象对要解决的问题具有启示的作用,这样的事物或表象就成为创造发明的原型。例如,我国古代传说中说道,木匠的祖师爷鲁班被丝茅草割破了手,仔细一看,草叶的边缘长满了锯齿,鲁班由此得到启示,发明了锯子。

实例

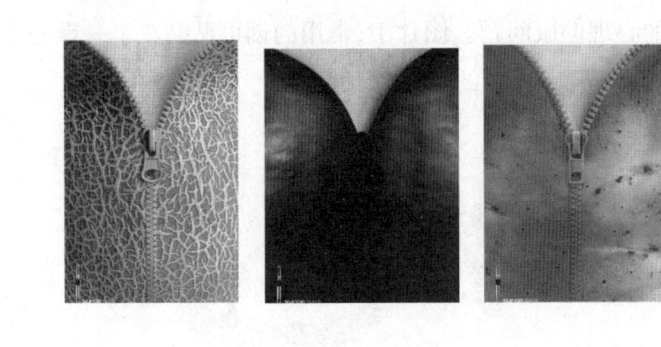

苏泊尔削皮刀——削皮就像拉开拉链一样简单

（二）把不同对象中部分形象粘合成新的形象

把不同对象中部分形象粘合成新的形象，我国古代的神话故事中有很多这样的人物形象，如孙悟空、猪八戒等等。外国童话故事中的美人鱼，也是这样形成的。图5-1是三菱汽车广告，它用龟壳和兔子的身体，寓意三菱汽车有兔子的速度和龟壳一样的安全性。

（三）把有关各个成分联合成新的形象

把网线和铝制易拉罐巧妙结合，充分表达"铝业在线"的概念，见图5-2。

图5-1　　　　　　　　图5-2

（四）赋予事物新的寓意

赋予事物新的寓意，目的是诱发人们的情绪和情感，使得受众在看过、听过广告之后有所回味。图5-3是"江苏广电"杯"心灵环保"征文比赛的广告图片，广告语以清华大学生刘海洋用硫酸投喂动物园棕熊的事件为引子,呼吁人们注意天之骄子们的心理健康问题。图片中,常用的创可贴贴在了一颗心上,含义清楚、明确又意味深远。

图 5-3

（五）留白——受众可以自由想象

中国画技法中有"留白"的技法,留白可以使观看者依据画中的形象展开想象,正所谓"无画处皆成妙境"。图 5-4 是中国人寿保险公司做的一个户外广告。广告牌是倾斜的,好像随时会掉下来,白色的背景中间只有一行小字:"人生难免有意外……"倾斜的广告牌,首先吸引人的注意力,其次,大量的留白、简练的文案、不规整的造型都是这则广告的成功之处。当然,这则广告的深刻之处还在于它所表现的主题——"人生难免有意外……"意外？人生究竟会有什么意外？省略号的运用发人深省。究竟广告要表达怎样深刻的哲理,省略号里有多大的学问,一切留给受众自己去揣摩,去想象,去感受。①

图 5-4

① 宋清阁:《此时无声胜有声——浅析留白在广告创意中的作用》,《邢台学院学报》,2009 年第 3 期。

第二节　广告创意中联觉与联想律的应用

一、联觉

在日常生活中,人们看到红色、黄色、橙色会感到温暖,而看到蓝色、绿色会有凉快、清爽的感觉。所以我们常常把前者称为暖色调,把后者称为冷色调。这里,颜色是视觉的属性,但是它也引起了温度觉。这种不同感觉之间的影响,被称做感觉的相互作用。

联觉是感觉相互作用的一种特殊表现,是由一种已经产生的感觉,引起另一种感觉的心理现象。联觉现象在各种感觉通道都有,比如,我们说"某一个女孩子的声音甜美",这是听觉刺激引起了味觉感受;说"一个小孩子笑起来真甜",这是视觉刺激引起了味觉感受。上述颜色引起冷暖的感觉是比较常见的联觉现象。

二、联觉特性在广告设计中的应用

目前的广告媒体经常利用的感觉通道有视觉和听觉两类。印刷平面广告是视觉形态的,电台广播广告是听觉形态的,而电视广告和现在新出现的网络广告、手机短信广告则可以兼顾视觉和听觉。广告的信息是多种多样的,涉及人类的各种感觉通道。如果善于将联觉现象用于广告设计当中,则可以让受众从视觉画面中"听见"、"闻到"、"触摸到"、"尝到"什么,从听到的声音中"看到"、"闻到"、"触摸到"、"尝到"什么,这样就在一定程度上突破了媒体的局限性,给受众带来更丰富的体验。

> **实例**
>
> "雪碧透心凉"的广告以形象突出了"凉爽"和"清新"这一主题,虽然广告以视觉的形式展现,但给予观众有如身临其境的凉爽感觉,充分利用了心理学中联觉这一原理,让人的视觉和皮肤觉得到了统一。广告紧紧抓住了"透心凉"这个特点,并利用与受众间的互动,巧妙地突出了这一主题。受众在拉动滚动条时,雪碧瓶被拿起并痛快淋漓地饮用。与此同

时,周身不断地衍生出小冰块,受众仿佛身临其境,对"透心凉,心飞扬"的理念感同身受。总之,这则广告受众参与互动的过程生动,传神地表现了产品的优势,增强了受众对产品理念的理解和记忆。

实例

三、联想与联想律

联想是由当前感知的事物回忆起另一种有关的事物,或者由想起的一种事物联想起有关的另一种事物。许多事物之间存在着不同程度的共性,以及人们对于事物之间存在着某种认识上的关联性,这些构成了联想的客观基础。

一般来说,有四大联想律:

第一,接近律:在时间或者空间上接近的事物容易引起联想。比如,桌子和椅子、计算机显示器和主机等等。

第二,对比律:在性质或特点上相反的事物容易引起联想。比如,雨天和晴天等。

第三,类似律:在外形和内涵上相似的事物容易引起联想。比如,飞雪和杨花。

第四,因果律:在逻辑上有着因果关系的事物容易引起联想。比如,下雨和路滑。

心理学原理表明,一个事物可能引起多种联想,首先引起什么联想,受联想的强度和个人特点的制约。一般来说,符合四大联想律的事物,联想的强度大,也就是容易引起联想。但是由于个人的情况不同,比如,年龄、文化程度、职业等方面各有不同,引起的联想也会有不同。

儿童受思维发展水平的制约,其联想大多是身边的具体事物,在时间和空间上接近的东西联想的比较多,而成人的联想则能以抽象的观念表现出来。由于职业的关系,各行各业的人的接触面不同,对各种事物的熟悉度也不相同,所以不同的人可能对同一个事物有不同的联想。

实例

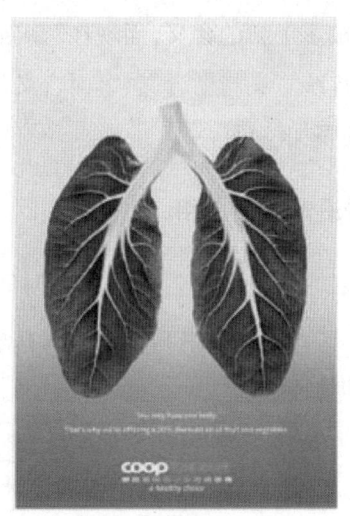

如图,这是 COOP KONSUM 绿色健康蔬菜广告之一,广告语是:"你只有一个身体。这就是为什么你要付百分之二十的钱去买水果和蔬菜。"广告巧妙地将蔬菜和人体器官联系起来,寓意深刻,让人过目难忘。

如图,这是意大利某超市的广告之一,它极富想象力地将蔬菜与看似毫无关联的动物巧妙结合起来,形象生动有趣,令人回味无穷。

类似优秀的作品不胜枚举,它们在创作时都运用联想思维,而观看者对作品的理解也需要借助联想思维。

在联想现象中,词语联想是比较特别的一种联想。由于语言含义丰富,词语联想的影响因素也很多,比如,人们对词语的熟悉度、词语的语义相关度等。随着时间推移,词语也可能被赋予新的含义,而现在"新新人类"、"网虫"们的出现,英语的影响,使得语言的传统意义与新含义、字面含义与隐含意义都有不同,广告设计者在制作广告时需要多加注意。

四、联想律在广告设计中的应用

广告的媒体是有限的,每一则广告能占用的时间和空间也是有限的,而人心中的世界却广阔无边。所以广告可以利用人们的联想,使广告的时间和空间在人们的心理上得以扩大和延伸。

实例

小天鹅洗衣机广告的设计过程

小天鹅空调公司打算进行一次夏季促销,由江苏航泰广告有限公司负责促销广告设计。他们是如何进行创意的呢?下面是广告制作者们的创作手记。

夏季空调广告的出发点必然在于一个"冷"字,谈到冷,人们很自然地会联想到冬天、雪花等等。然而,打破一般性思维、更进一步的想法是什么呢?凉爽—清新—舒适—愉快!创意者灵光一现,这样的感觉,不正好与圣诞节给人们的感觉一样吗?在漫长的冬季里,只有圣诞节才能最大限度地激发人们的快乐,更让人感受到不同寻常日子的温馨和充满希望。这也正是小天鹅空调在炎炎夏日中想带给消费者的感受,再加上我们赠送的银质餐具,正好与圣诞老人赠送礼品不谋而合,这使得整个创意与促销活动贴合得更为紧密。

[资料来源:吴姜,孙建宇:《Less is More》,《广告大观》,2002 第 12 期]

本章小结

在本章中,讲述了广告创意中的想象活动。想象是人们对表象进行加工改造，形成新形象的过程。想象依据是否有预定目的，分为无意想象与有意想象。一切创造性活动都是建立在有意想象基础上的。依据创造性和独立性，有意想象又被分为再造想象和创造想象。新形象的创造可以通过原型启发、把不同对象中部分形象粘合成新的形象、把有关各个成分联合成新的形象、给事物赋予新的寓意、留白等方式进行。

不同感觉之间的影响，被称做感觉的相互作用。联觉是感觉相互作用的一种特殊表现，是由一种已经产生的感觉引起另一种感觉的心理现象。广告利用人们的联想，使广告的时间和空间得以在受众的心理上扩大和延伸。一个事物可能引起多种联想，首先引起什么联想，受联想的强度和个人特点的制约。在进行广告创意和制作时，要考虑到受众对广告可能产生的联想。

思考题

1. 举例说明什么是表象和想象。
2. 在广告创意中，如何创造新形象？
3. 举例说明再造想象在广告中的应用。
4. 举例说明联觉特性在广告设计中的应用。
5. 广告设计是如何利用联想律的？

案例讨论

为什么雕牌天然皂粉广告紧急更改？

"你泡了吗？泡了。你漂了吗？漂了。"雕牌天然皂粉的这一广告播出后，引发了诸多消费者的不满。有人认为这则广告打了色情广告的擦边球，让人联想到的内容很不健康。近日，纳爱斯集团市场部一名经理透露，在全国统一播出的该广告10月底前将改头换面，新的产品形象广告将代替这一有争议的广告。

据了解，这则广告是按照洗衣服先浸泡再漂洗的有效程序进行创意的，广告词只是想告诉消费者如何使用本产品才能达到最好的效果，并没有过多可供人联想的含义。

说到广告播出后出现的争议，公司认为，"我们比较冤枉"。不管从

案例讨论

广告字面还是创意本身,他们并没有打擦边球的初衷,市场的反响是他们始料不及的。9月初广告制作播出后,就有消费者反映有负面影响,作为全国知名的公司,没有必要通过这种哗众取宠的广告方式引起人们的注意。

据了解,目前纳爱斯集团公司紧急制作了另一则广告,代替央视"泡泡漂漂"的宣传片。由于新广告片发往全国各省市的时间不同,所以有的地方台仍在播出旧广告。但估计到10月底前,各地方台的旧广告将全部换播完毕。

(案例来源:甘肃每日新闻网2003年10月10日转载《华商报》的报道)

讨论题:

从心理学的角度,谈一谈雕牌天然皂粉的"泡泡漂漂"广告为什么会紧急更改。

现代广告心理学

6

态度与广告说服理论

本章重点及学习要求

本章的重点是态度及其特性、态度形成的诱因论、学习和认知相符论、态度测量的语意差别和李克特量表，以及态度改变的ELM模型。学习本章内容，要着重了解消费者的态度改变是广告的重要目的之一，了解态度有3个结构成分：认知成分、情感成分和行为倾向成分，了解不同的理论是如何解释态度的形成的，改变态度的策略有哪些，精细加工可能性模型的基本观点是什么，以及如何根据态度形成、态度改变的理论，在广告活动中增强广告的说服力。

受众在接触广告信息的过程中,会对这些产品、服务以至提供这些产品、服务的企业形成某种态度。这种态度不仅决定着受众如何看待企业及其提供的产品和服务,而且在很大程度上影响消费者的购买行动。虽然态度反映的是一个人的内心状态和对事物的好恶倾向,但它往往是个体行为的先导,是预测个体行为的重要指标。要维持或者改变消费者的行为倾向,就必须设法维持、改变其态度。所以研究受众的态度及态度改变过程,对了解广告效果具有十分重要的意义。

第一节 态度及其特性

一、态度概述

态度是个体以特定方式对待人、物、思想观念的一种倾向性,这种倾向性可能是正向的,也可能是负向的。态度还有强度之分,比如,我们常常说,"我特别特别喜欢××",这就是非常强的正向态度,或者称为积极的、肯定的态度。

人们几乎对于任何接触到的事物都持有一种态度,态度不是生来就有的,而是后天习得的。比如,我们喜欢某一个品牌,可能是由于该品牌质量好,也可能是由于其价格便宜等等。不管是由于什么原因,这种好感都是通过接触、观察、了解逐步形成的,而不是天生固有的。

态度一旦形成,就会持续一段时间,相对持久和稳定。正是由于态度具有一定的持久性、稳定性和一致性,使得态度的改变具有较大的困难。

态度是人的一种内在的心理过程,不一定能直接观察到。但是可以通过人的面部表情、言谈举止、行为活动来进行推断。我们通常说的"察言观色",就是通过人的表情、言谈举止的细微变化来进行推断。态度总是要涉及价值判断,具有情感的色彩,所以观察人的情绪流露,也能获知其态度。

一般来说,态度是由情感、认知和行为构成的综合体。J. L. Freedman 在《社会心理学》一书中,就将态度理解为一种带有认知成分、情感成分和行为倾向的持久系统。

态度的认知成分是指个体对态度对象的观念、探究和知觉方面的特性,如观察和询问某个品牌电器的结构、功能、价格等等。在选购贵重物品时,态度的认知因素格外重要。

态度的情感成分表达了受众对具体对象的好恶。情感的强度实质上决定了态度的强度。

在广告心理中,态度的行为倾向指的是看过广告之后产生的购买意向。购买意向与购买行为的发生具有密切的关系。

上述态度结构中的3个因素是相互依赖、相互制约的。其中认知是基础。具体说,一个商品被认定是价廉物美(认知因素),消费者就会对它怀有好感(情感因素),并愿意去获得它(行为的倾向性);反之,该商品被认定是个冒牌次品,消费者就会表现出冷淡,甚至反感,自然也就不会有获取它的愿望。

二、态度的功能

受众对产品、服务或企业形成某种态度,并将其储存在记忆中,需要的时候,就会将其从记忆中提取出来,以应付或帮助解决当前所面临的购买问题。

卡茨(D. Katz)认为,态度有4种基本功能,即适应功能、自我防御功能、知识或认识功能、价值表现功能。

(一)适应功能

适应功能也称为实利或功利功能,指态度能使人更好地适应环境和趋利避害。如果受众(消费者)对某种商品或者服务形成某种态度,能够使其在下次遇到这些商品、服务的时候以前后一致的方式作出反应,从而节省花在购买决策上的时间和精力。广告的一个重要目的就是让受众形成正面的态度和好感,从而增加购买行为。

(二)自我防御功能

自我防御功能是指形成关于对某些事物的态度,能够帮助个体回避或者忘却那些严峻环境或难以正视的现实,从而保护个体的现有人格和保持心理健康。在现实生活中,如果人们基于某种原因难以得到一些产品,或者一些产品并不合用,在这种情况下,人们就会对这种产品形成一种消极的态度,这样就不会感到困扰。也就是人们常说的"吃不到葡萄说葡萄酸",从而保持了心理平衡。

(三)知识或认识功能

知识或认识功能是指形成某种态度,从而更有利于对事物的认识和理解。态度可以作为帮助人们理解世界的一种标准或参照物,有助于人们对外部世界赋予相应的意义。

通过这种方式,可以使外部环境简单化,从而使消费者集中精力关注那些更为重要的事件。态度的知识功能也可以部分解释品牌忠诚的影响。消费者对某一品牌形成好感或者忠诚,能够减少信息搜集时间,简化决策程序,并使消费者的生活更为稳定。

(四)价值表现功能

价值表现功能是指能够向别人表达自己的核心价值观念,能够表现自我形象。受众(消费者)努力把自己的价值观转化为实在的东西。比如,很多人希望自己成为一个成功的人,对工作之余充电的态度反映了人们积极进取的价值观。

第二节 态度形成的理论

西方学者对态度的形成提出过3种不同的理论解释,即学习论、诱因论和认知相符理论。这3种理论对态度形成所作的解释表面上看有很大不同,但它们并不相互矛盾和冲突,而是各有侧重点,并相互补充。

一、学习论

学习论又称条件作用论。该理论认为,人的态度是后天习得的,人们在获得信息和事实的同时,也认识到与这些事实相联系的情感与价值。比如,人们在看电视剧的时候,经常在看得津津有味时被广告所打断,感到大煞风景,于是受众对该广告就会产生反感。即通过学习获得对该广告的否定情绪与态度。

人的态度主要是通过联想、强化和模仿3种学习方式而逐步获得和得到发展的。在第五章我们讲过,联想是由一种经验想起另一种经验的现象。在态度形成的过程中,联想表现为由一种观点或概念引起另一种观点或概念的现象。比如,某个超市经常爆出负面新闻,如出售"问题"酱菜、农药超标的青菜,超过保质期的产品仍然放在货架上出售、绿豆糕里吃出虫子等等,如此超市的名称就会和"质量不过关"、"欺骗消费者"等观念联系起来,如果多次发生诸如此类的事情,这种联系就会非常牢固,发展为对该超市的一种态度。

强化对态度的形成同样具有重要作用。如果受众根据广告宣传购买某个品牌的产品后,产生一种满意感,感到"物有所值",那么他的这一行动就会得到强化,对该广告乃至广告媒体都会有好感,以后也更有可能重复选择该品牌。

态度还可以通过模仿而学习到。模仿是一种重要的学习方式,社会学习理论的代表人物班杜拉提出了行为的"模仿学习(观察学习)",这种理论同样也适用于态度的形成。人们不仅会模仿榜样所持态度的外部特征,如言谈举止,也会吸取榜样所持态度的内涵,如思想、情感和价值观念等。在广告活动中,受众会通过对名人和重要参照群体的模仿,形成自己对广告及广告产品的态度。现在广告几乎无处不在,导致很多人产生了反感,这种态度也会影响到他们周围的人,如亲朋好友、同学、同事等等。对于这些受到影响的人来说,他们的态度就是受到了参照群体的影响。

二、诱因论

诱因论是从趋近因素和回避因素的冲突看态度问题,即将态度的形成看做是在权衡利弊之后作出抉择的过程。受众的最终态度是由趋近和回避两种因素的相对强度来决定的。如果前者在强度上超过后者,则会形成总体上的积极态度;反之,则会形成消极态度。例如,当受众看到一则药品广告,正是针对自己的疾病的特效药,受众很动心,看到一个明星正在推荐这种药品,他就想去买一盒试一试。但是又转念一想,这则广告就登在一份普通的地方小报上,谁知道报纸和明星会不会为了赚钱不管真假就登广告?由于对药品品质的怀疑和价格比较贵等原因,受众就迟疑了。如果肯定的方面占优势,那么就会形成积极的态度;反之,就会对报纸和明星产生怀疑。

美国学者埃德沃兹(W. Edwards)(1954)提出了期望价值概念,并以此为基础对诱因论作出解释。他认为,由于诱因冲突的复杂性,人们在作抉择时,总是试图对每种可能出现的情况及其预期的价值作出评价,并尽可能趋利避害,使主观效用达到最大。为了精确说明自己的思想,埃德沃兹提出了用以测量主观效用(U)的公式,即 $U = V \times P$。其中,V表示预期后果的价值;P表示预期后果出现的概率。

诱因论把人的态度的形成看做是有理性的、主动决策的过程,人不是被动接受条件作用的,而是积极主动地对诱因冲突进行周密计算然后作出选择的决策者。

三、认知相符论

认知相符论也称为认知一致论,该理论的基本观点是:人的信念或态度如果与其他观点、自身原有观点发生矛盾,就会存在一种内在力量推动其进行自我调整,以达到或恢复认知上的相符和一致。认知相符论有3种主要的变式,即平衡理论、认知—情感相符理论和认知失调论。

平衡理论由黑德(F. Heider)(1958)提出。这种理论认为,认知的平衡状态是一种理想的或者令人满意的状态。如果认知上出现了不平衡,人就会产生心理上的紧张、焦虑和不愉快。改变现有的某个认知或者添加一种新的认知,可以使认知恢复平衡。

认知—情感相符理论认为,人们的信念或认知在相当程度上受其感情所支配。比如,父母有时会因为对子女的偏爱而不能很好地识别子女的缺点,甚至对子女的弥天大谎也信以为真,这就是情感支配认知与信念的典型事例。有的受众(消费者)非常喜欢某个品牌,对这个品牌产品的一些小瑕疵也能够忍受。

认知失调理论的提出者是费斯廷格(L. Festinger)。他认为,任何人都有许多认知因素,如关于自我、自己的行为以及环境方面的信念、看法等等。这些认知因素之间存在3种情况:①相互一致和协调;②相互冲突和不协调;③相互无关。当两个认知因素处于第二种情况即相互冲突和不协调时,人就会不由自主地驱使自己去减少这种矛盾和冲突,力求恢复和保持认知因素之间的相对平衡和一致。

消除认知不一致或认知失调的途径有很多,主要有:①改变其中的一个认知,使之与自己持有的其他认知相一致。比如,很多人喜欢吃甜食,但是又知道吃甜食容易使人发胖,而发胖会带来一系列健康问题,比如,高血压等。这时可以把"甜食容易使人发胖"改为"很多人吃了甜食也没什么关系",把"发胖会带来健康问题"改为"很多胖子的身体也很健康",这样,两个认知之间便协调一致了。②改变行为,使行为与其他认知相一致。比如,由吃很多甜食到只吃一点甜食。③在不改变原来两个认知因素的条件下,增加新的认知,比如,增加"甜食能让我心情愉快,而心情愉快有助于提高身体免疫力,有助于提高工作效率"等辩解理由,以减轻不协调压力。

第三节 态度的测量

通过测量受众对广告或广告产品(服务)的喜好和情感,可以用来预测受众对这一产品的购买行为。由于态度的各个成分往往是某一个广告营销活动的有机组成部分,我们有必要对每一个态度成分加以测量。表6-1显示了测量3种成分的方法。

表6-1 3种测量态度成分的方法

六神花露水
认知成分(用语意差别量表测量对具体属性的信念)

香味浓烈 ___ ___ ___ ___ ___ ___ ___		香味清淡
价格低 ___ ___ ___ ___ ___ ___ ___		价格高
酒精含量低 ___ ___ ___ ___ ___ ___ ___		酒精含量高
香味独特 ___ ___ ___ ___ ___ ___ ___		无独特香味

情感成分(用李克特量表测量对具体属性的感觉)

	很同意	同意	既非同意也非不同意	不同意	很不同意
我喜欢六神花露水的香味	___	___	___	___	___
六神花露水太贵了	___	___	___	___	___
酒精对皮肤不好	___	___	___	___	___
我喜欢六神花露水	___	___	___	___	___

行为成分(测量行动或行动意向)
最近一次我买的防蚊止痒产品是_____。 我通常用_____防蚊止痒产品。 下一次你购买防蚊止痒产品时,你买六神花露水的可能性有多大? 　　肯定会买(　) 　　可能会买(　) 　　或许会买(　) 　　可能不会买(　) 　　肯定不会买(　)

一、测量信念

在表6-1中,对于认知成分是用"语意差别量表"进行测量。语意差别量表又叫语意分析量表,是由奥斯古德(C. E. Osgood)等人于1957年提出的一种态度测量方法。

该量表列出目标市场关于该品牌的态度可能涉及的不同属性和特点。这些属性可以通过集中小组访谈（5～12名受众的深度访谈）、逻辑分析等来发现。各种属性用其可能有的相互对应的两极，如高低、贵贱、浓淡、快慢等来表现。

在两个极端之间划分出5～7个层次，要求被调查者在恰当的地方对所评价的事物标注"√"符号，在最两端表示"极为"，最靠近的位置表示"很"，再向里的对应位置表示"有一点"，最中间的位置表示"既不，也不"。

语意差别量表构造比较简单，适用范围广，几乎可以用来测量人们对任何事物的态度。其局限性是，这种态度测量方法还是属于被调查者的自我报告程式，而且量表中各评价项目的确定仍然带有一定的主观性。

二、测量情感

表6-3中测量情感采用的是李克特量表。运用李克特量表时，也需要找出目标市场关于品牌特点可能涉及的一系列属性和特征。这些属性的清单可以运用和语意差别量表所用的类似方法来获得。

在李克特量表中，品牌可能具有的各种属性通过一系列陈述语句表现出来。这些语句陈述该品牌具有某种特点或者被调查者对该品牌持有的某种情感。比如，"我很喜欢××产品"。测量中，要求被调查者对这些陈述表示同意或者不同意，并且表明同意或者不同意的程度。一般采用5个层次的同意程度就可以，我们常常称之为5点量表。有时也用6点量表或者7点量表。

在第九章中，我们还会介绍一些测量情绪反应的方法，这些方法也可以用来测量对于某个品牌或者活动的情感或情绪反应。

三、测量行为反应倾向

行为反应倾向通常用直接询问的方法来加以测量。直接询问对于大多数一般的行为倾向测量很有效，但是对于某些产品或者服务就不一定有效了，比如，喝酒、饮食模式或者对色情网站的浏览等。人们倾向于隐瞒或者低报这些可能会产生违反社会规范问题的行为，而夸大他们的"正向"行为。

如果遇到这种情况，问卷中可以采用比较委婉的措辞，或者采用间接询问的方法。比如，问被调查者对上述产品的消费情况，不如让他们估计与他们周围的人（比如邻居或者同事）对这类产品的消费情况。

第四节 态度的改变

很多案例说明,广告主或者广告商可以使受众形成或者改变对某种产品或品牌的态度。态度的改变可以通过态度的 3 个组成成分来进行。

一、改变情感成分

情感会影响判断和行为。因此,受众对产品的喜爱会增加其对产品的正面信念。一旦对该类产品产生需要,这些正面信念就会引起消费者的购买行为。或者,喜爱会直接促进购买,通过产品的使用,消费者会增加对该产品或品牌的正面信念。正是因为这样,企业也试图在不直接影响受众的信念或行为的条件下影响他们对品牌或产品的好感。

一般来讲,营销者通常是用 3 种基本方法直接增强消费者对产品的好感:经典条件反射、激发对广告本身的情感和"更多接触"。

(一)经典条件反射

关于经典条件反射,在第四章已经作了详细介绍。在这种方法中,企业将受众所喜欢的某种刺激,比如,一首歌、一幅图画或一个形象(如长城、熊猫)等,不断与品牌名称同时播放。过了一段时间后,与该歌曲(图画、形象)相联系的正面情感就会转移到品牌上。比如,很多观众原来就非常喜欢《雨中节奏》(Rhythm of the rain)这首歌曲,现在绿箭口香糖用它来做广告歌曲,并且配以和歌曲相应的画面,受众非常喜欢,对绿箭口香糖的喜欢程度也会随之上升。

(二)激发对广告本身的情感

喜欢一则广告能导致对产品的喜爱倾向,对广告的正面情感能提高购买介入程度或者激发有意识的决策过程,使用幽默、美感等情感诉求也可以增加受众对广告的喜爱。而引起恐惧、悲伤的广告也可以强化态度的改变。在后面"广告的情感诉求"一章中将对此进行详细讨论。

(三)更多接触

心理学的研究表明,人们对自己熟悉的事物有更多的好感。因此,持续不断地、大量地展示某种品牌也能使人们对该品牌产生更积极、正面的态度。当受众在商场或者超市中看到这个品牌的产品时,由于已经接触了大量的产品广告,受众对该产品的态度较为积极,选择该产品的可能性也会提高。因此,产品可以通过广告的反复播送增加受众对其品牌的喜爱。

二、改变行为成分

消费者的购买或者消费行为可以先于认知和情感的发展。比如,一个消费者从来没有购买过某个品牌的洗衣粉,她觉得这种产品比较便宜,可能效果不会好。在一次单位组织的活动中,她赢得了三等奖,奖品就是这种洗衣粉。为了不浪费,她还是用了这种产品。用了之后她发觉清洁效果居然不错,香味也比较淡雅。这样她就改变了以前对该产品的认知。

在改变情感或者认知之前改变行为,主要是以操作性条件反射为基础。现在商家经常使用的优惠券、免费试用、购物现场展示、搭售以及降价等等都是引导消费者试用产品的常用的方法。而消费者自己有时也尝试购买新的品牌或者新型号产品,大多数人这么做可能是新产品的促销策略很好,价格便宜,或者为了尝试新事物。但是这么做也是消费者的一个消费策略:"试试看,这种产品怎么样?"这样消费者就能得到很多的产品信息。

三、改变认知成分

改变态度的一个常用策略和方法就是改变态度中的认知成分。这种做法的理论基础是影响认知可以改变情感和行为。

(一)改变信念

改变信念策略是改变对于品牌或者产品的信念。要想改变信念通常要提供关于产品表现的"事实"或者描述。如很多消费者认为,国产的产品没有进口产品好,他们宁愿多花钱去购买进口货。但是现在很多国产产品的质量比进口产品一点都不差,价格却便宜很多。当越来越多的检测报告发布出来的时候,消费者开始相信国产产品也很好。

(二)增加新的信念

在消费者的认知结构中增加新的信念可以改变态度中的认知成分。比如,2011年央视3·15特别行动节目中报道说双汇火腿肠中含有"瘦肉精"。瘦肉精是一类动物用药,有数种药物被称为瘦肉精,如莱克多巴胺(Ractopamine)及克伦特罗(Clenbuterol)等。将瘦肉精添加于饲料中,可以增加动物的瘦肉量,减少饲料使用,使肉品提早上市,降低成本。但因为考虑对人体会产生副作用,各国开放使用的标准不一。它有很危险的副作用,轻则导致人的心律不齐,严重一点就会导致心脏病。"因为北京市场抽查没有问题,双汇食品现在已经在京客隆所有门店恢复上市了",2011年4月2日上午京客隆客服热线工作人员向有关记者证实。此前,"瘦肉精"事件发生后,北京的京客隆超市、华堂超市、超市发将双汇火腿肠等食品主动下架,不久,这几家超市均已恢复双汇产品的供应。但之后几天,双汇产品的销量比曝光前下降四成。

(三)改变权重

受众常常认为,产品的某些属性比其他一些属性更重要。而营销者就常常告诉消费者其产品相对较强的属性就是该类产品最重要的属性。比如空调产品,对能有效降低噪音的空调产品就反复突出其"静音"效果。

四、态度改变的 ELM 模型

20世纪80年代,心理学家佩蒂(R. E. Petty)、卡西奥波(J. T. Caccioppo)和舒曼(D. Schumann)提出了一种精细加工可能性模型(The Elaboration Likehood Model,ELM),用来解释态度的形成和态度如何在不同的卷入程度条件下发生变化。

ELM理论认为,品牌卷入程度是决定信息如何被加工处理以及态度如何改变的关键因素。高卷入程度能导致一条通向态度改变的"中枢路径",在中枢路径中,态度改变是消费者认真考虑和综合信息的结果。在此过程中,消费者主动考察广告的信息来源、商标产品信息等,收集和检验过去的有关体验,分析判断广告商品性能等,最后作出综合的评价。

而低度的品牌卷入程度只能导致一条通向态度改变的"边缘路径"。这时消费者只是对所获得的信息进行粗浅的处理,并依据信息中的一些显而易见的线索形成对品牌或者店铺的印象,比如,消费的环境、广告中的人物是否是名人、信息来源是否可靠、广告媒体是否是大型媒体以及包装是否精致等等。参见图6-1。

消费者态度的改变是经由中枢路径还是边缘路径,首先取决于对产品或者品牌的卷入程度,其次取决于消费者对信息进行加工的能力。如果消费者没有加工信息的能力,只能依据一些边缘线索,而不是通过对象本身的特性和证据来进行

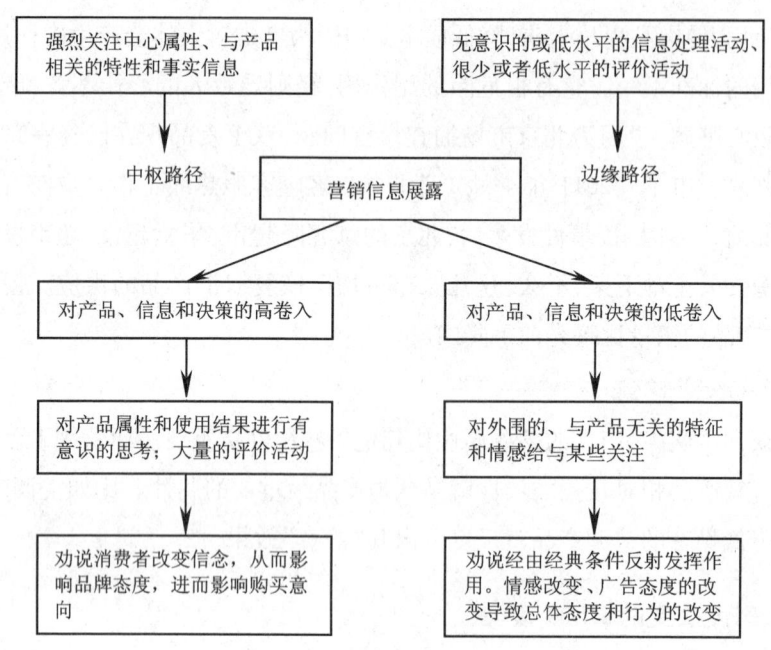

图 6-1 态度改变的中枢路径与边缘路径

判断分析,从而引起态度的变化。

从态度改变的效果来看,中枢路径所引起的态度变化比边缘路径要持久;中枢路径所形成的态度可能比边缘路径形成的态度预测后来的行为要好。

ELM 模型提醒我们,要进行有效的传播,对高卷入和低卷入的消费者应该采取完全不同的策略。一般来说,在高卷入条件下,广告应该多提供产品本身的特性、功能等有关信息,信息应该具体、富有逻辑性。而在低卷入条件下,要先给予有限的信息。比如图片性的广告,使得消费者能迅速地了解该产品的关键属性,或者可以采用营销措施来增加消费者的介入程度和信息处理水平。

五、如何增加广告的说服力

广告实际上是一种说服。说服是通过给予接收者一定的诉求,引导其态度和行为趋向于说服者预定的方向。如果通过大众媒体,旨在促进消费者对特定商品产生积极的态度和购买行为,就是广告的诉求。广告说服的具体化,就是诱发消费者的购买动机。所以可以把广告理解为是一种诱因(能够激发购买意向的外在刺激物)。如何增强广告的说服力？可以尝试以下方法。

(一)提高信息源的可信度

信息源也可以称为传播源，它可以是一个个体、公司或者组织，也可以是一个虚拟人物，比如卡通明星。同样的信息经由不同的信息源传递，效果大不相同，因此信息源十分重要。当消费者认为信息的来源高度可靠时，营销活动就比较容易影响消费者的态度。

什么样的信息源比较可靠？那些既有专业特长，又没有明显误导动机的人，是很有影响力的信息源。比如科学鉴定机构或者专家学者等。不过当消费者认为这些专业人员对产品的认可是因为收取了企业的费用时，这种影响效力就会减弱。

一个普通的消费者也可以是一个好的信息源，因为其和目标消费者有着很多共同之处，普通消费者的现身说法会使目标消费者感到很亲切、可信。

(二)提供双面信息

双面信息就是产品好的方面和不好的方面。而单面信息指的是产品好的方面、产品的优势等。

在广告和销售展示中，大多数营销者往往只展露单面信息，很少愿意尝试提供双面信息。但是，对于改变那些已有的强烈态度，双面信息往往比单面信息更有效。而且双面信息对于受过高等教育的消费者特别有效，单面信息则在巩固已有态度方面比较有效。

(三)给消费者以积极的情感体验

情感作用的直接效果是减少广告的强加印象。能激起温馨情感的广告能引起人的一种生理反应，比中性广告更能获得消费者喜爱，并使消费者对产品产生更积极的态度。

本章小结

态度是个体以特定方式对待人、物、思想观念的一种倾向性。态度有3个组成成分:认知、感情和行为。态度的认知成分是指个体对态度对象的观念、探究和知觉方面的特性。态度的情感成分表达了受众对具体对象的好恶。态度的行为倾向在广告心理中，指的是看过广告之后购买的意向。购买的意向与购买行为的发生具有密切的关系。

西方学者对态度的形成提出过3种不同的理论解释,即学习论、诱因论和认知相符论。这3种理论对态度形成所作的解释表面上看有很大不同,但它们并不相互矛盾和冲突,而是各有侧重点、相互补充。

对态度的测量可以采用语意差别量表、李克特量表以及对行为的直接测量等方法。

改变态度的策略可以侧重于情感、行为、认知或者它们的组合。ELM模型论述了态度改变的中枢和边缘两条路径。前者着重于信息内容本身,后者更倾向于信息内容之外的线索。

广告实际上是一种说服。可以采用适当的方法来增强广告的说服力。

思考题

1. 什么是态度?态度的功能和组成成分是什么?
2. 如何测量态度?
3. 态度的改变策略有哪些?
4. 什么是 ELM 模型?
5. 如何增强广告的说服力?

红罐王老吉品牌定位战略

2007年第一季度,国家统计局、中国行业企业信息发布中心发布的数据显示,王老吉已成为"2007年度全国罐装饮料市场销售额第一名"。其他数据显示,2007年,王老吉的销售额达到了80亿元。

罐装王老吉的巨大影响,甚至使其与在科技领域取得神话般成就的谷歌(Google)联系到一起。"我们休息室里的饮料都是王老吉",谷歌曾这样向社会公众传达它在中国的本土化努力。

这只是加多宝默默耕耘王老吉多年之后的"果",其"因缘",很多年前就开始了。

崛起的王老吉,就像突然在夜空中闪耀的巨星。

案例讨论

从 2005 年开始,"怕上火,喝王老吉"响彻了中国大江南北,一时间,喝王老吉饮料成了一种时尚,王老吉成了人们餐间饮料的重要组成部分,而这句广告语也成了家喻户晓、路人皆知的口头禅。

王老吉何许人也?广东人都知道,这是个凉茶品牌,据说创始于清道光年间,距今长达 175 年,被公认为凉茶始祖,有"药茶王"之称。

20 世纪 50 年代初,由于各种原因,王老吉凉茶铺分成两支:一支完成公有化改造,发展为今天的王老吉药业公司(2004 年之前的羊城药业);另一支由王氏家族的后人带到香港。在中国内地,王老吉品牌归王老吉药业公司所有;在中国内地以外的很多国家和地区,王老吉品牌为王氏后人所注册。

1995 年,港资公司加多宝在广东东莞建厂,经羊城药业特许,在中国内地生产、经营王老吉罐装凉茶(食字号)。

2003 年以前,从表面看,红色罐装王老吉(简称"红罐王老吉")是一个活得很不错的区域品牌——在广东、浙南地区销量稳定,有比较固定的消费群,盈利状况良好,销售额连续几年维持在 1 亿多元。

但发展至此,加多宝管理层发现,要想把企业做大,走向全国,就必须解决一连串问题,甚至原有的一些优势也成为困扰企业继续成长的障碍。

而所有困扰中,核心的问题是:红罐王老吉是应该当"凉茶"卖,还是当"饮料"卖?

因为广东、浙南消费者对红罐王老吉的产品认知混乱。它拥有凉茶始祖王老吉的品牌,却长着一副饮料的面孔——锡罐包装,让消费者觉得它"好像是凉茶,又好像是饮料";而且,发展了 7 年,红罐王老吉无法走出广东、浙南两个区域,因为在中国的很多地区,人们没有凉茶的概念。

这导致加多宝在推广产品时概念模糊,因为如果用"凉茶"概念来推广,担心其销量受到影响;但作为"饮料"推广,又没有找到合适的品牌区隔。

这个现实的难题,终于在 2003 年得到突破。

突破的机缘很偶然。2002 年年底,加多宝找到了一家营销顾问公司,想为红罐王老吉拍一个广告片,以期推动销售。但这家营销顾问公司

案例讨论

研究后发现,红罐王老吉的销售问题不是通过拍广告片就可以解决的,它首先要解决的问题是品牌定位。正如广告大师大卫·奥格威所说:一个广告运动的效果更多地取决于你产品的定位,而不是怎样写广告(创意)。

2003年年初,王老吉新的品牌定位出炉了:明确红罐王老吉是在"饮料"行业竞争,竞争对手是其他饮料;品牌定位是"预防上火的饮料",独特的价值在于喝红罐王老吉能预防上火,让消费者可以无忧地尽情享受生活:吃煎炸、香辣美食、烧烤,通宵达旦看足球……

这样的定位为王老吉带来的益处是显而易见的:

其一,有利于红罐王老吉走出广东、浙南。因为"上火"是一个全国普遍性的中医概念,不像"凉茶"局限于特定的地区,这就为红罐王老吉走向全国扫除了障碍。

其二,避免与国内外饮料巨头直接竞争,形成独特区隔。

其三,成功地将产品劣势转化为优势。淡淡的中药味不再是饮料销售的口味障碍,而成功转变为"预防上火"的有力支撑;3.50元的零售价格,因为"预防上火"的功能,不再"高不可攀";王老吉品牌悠久的历史,成为预防上火"正宗"的有力支撑。

在传播上,尽量凸显红罐王老吉作为饮料的性质。在第一阶段的广告宣传中,红罐王老吉以轻松、欢快、健康的形象出现,避免出现对症下药式的负面诉求,从而把红罐王老吉和"传统凉茶"区分开来。

为更好地唤起消费者的需求,电视广告选用了消费者认为日常生活中最易上火的五个场景:吃火锅、通宵看球赛、吃油炸薯条、吃烧烤和夏日阳光浴。广告画面中人们在开心享受生活乐趣的同时,畅饮王老吉。结合时尚、动感十足的广告歌反复吟唱"不用害怕什么,尽情享受生活,怕上火,喝王老吉",促使消费者在吃火锅、烧烤时,自然联想到红罐王老吉,从而促成购买。

(案例来源:《哈佛商业评论》中文版,2004年11月号)

讨论题:

请用本章所学的关于态度的有关内容,分析王老吉是如何建立人们对"凉茶"的态度,从而促成购买的。

7 广告的理性诉求

现代广告心理学

本章重点及学习要求

广告诉求的基础在于消费者的需求，只有在了解了消费者的优势需要，掌握了消费者需要的动态变化，并对竞争对手的广告主题有所把握的基础上，才能够有针对性地确立广告诉求点。消费者需求、USP理论、理性广告的说服理论及其说服效果的制约因素是本章的学习重点。通过本章的学习，学员应能树立根据产品特点、目标消费群的特征和竞争对手的广告策略来选择特卖点、点（USP）的意识；在说服理论中主要应掌握功能一致性理论及其应用，并应了解约理性广告的说服效果的主要因素，学会如何扬长避短、恰当地使用理性广告。

第一节 理性诉求与消费者需求

理性诉求是广告诉求的一种主要形式。广告诉求（Advertising Appeal）是指用什么样的广告内容和表现方式对消费者进行说服，它要解决的是"说什么"和"怎么说"的问题。理性诉求（Rational Appeal）是指这样一种广告诉求，它以商品功能利益或相关属性为主要诉求点。不过，无论何种诉求，都必须针对消费者的需求说话，才能够起到说服效果。

一、广告诉求的需要基础

消费行为源于消费者的消费需要。消费者的需要有外显的和潜在的两种。外显的需要是消费者可以明确感知到的，并且由于需要未得到满足而产生行为动机；潜在的需要指的是在许多场合下消费者的需要处在一种朦胧的、未能明确感知的状态。在后一种情况下，唤醒或激发消费者对自身潜在需要的意识或感知，使潜在需要变成外显的需求，就成为广告诉求的基本目标。

（一）人类的基本需要

人类的一切活动都是以需要为基础。在正常情况下，个体的生理和心理状态是趋向均衡的，这种均衡是个体维持其生存所必需的条件。如果个体生理或心理上出现某种缺乏，便会导致均衡状态的破坏。在此种情形下，个体会感觉到一种不舒服的紧张状态，只有减少或消除这种紧张，才能恢复到原来的均衡和满意状态。一句话，由于维持生存和发展所必需的条件的缺乏引起个体的紧张状态，需要就是个体对这种紧张状态的反映。

动机是当个体的需要有了明确的对象时，宽泛的需要便成为具体的促发和推动机体活动的动力。比如说，个体由于缺乏水分而感觉到渴，但这只是一种需要；当个体想要喝一杯果汁来解渴时，需要就成为了动机。所以，动机就是推动个体发动某种行为，并使其行为指向特定目标的内部动力。动机在活动过程中发挥两方面的功能：一是唤起身体的能量，对行为产生发动、加强、维持的作用直至活动过程终止；二是使个体的行为指向个体所处环境中可以满足需要的对象，并离开其他对象，使行为表现出明显的选择性。

动机是在需要的基础上形成的。一般来说,有什么样的需要,就会产生满足这种需要的动机。需要的多样性,使得个体形成多样化的、不同强度水平的动机,形成复杂的动机系统。有的动机非常强烈,在整个动机系统中处于支配性的地位,这就是主导动机;其他动机此时则处于从属性的地位。主导动机决定着个体行为。

　　在某些情况下,个体可能同时追求多个目标,这些目标可能彼此间不能相容,就会产生动机间的冲突。动机间的冲突有以下4种表现形式:双趋式冲突、双避式冲突、趋避式冲突和双重趋避式冲突。双趋式冲突指个体同时面对两个有吸引力的目标,但由于种种原因只能够择其一,这时候在心理上形成的冲突叫做双趋式冲突。比如,一个人又想买车又想买房,但因经济水平所限不能同时进行,这时候他就会体会到内心的动机冲突。双避式冲突指的是面临两个都想回避的情境,但却只能回避其一。也就是我们通常所讲的"两害相权取其轻"。趋避式冲突指个体面临的是一个积极条件与消极条件并存的情境。比如,某消费者看见一件T恤,款式、颜色都令她非常喜欢,可是料子却不是她喜欢的纯棉质地,不免心里踌躇,这时内心的冲突就是趋避式冲突。双重趋避式冲突指的是个体面临的两个目标都各有利弊。这种冲突情境最常见的就是当消费者需要某种商品时,"物美"与"价廉"不可兼得,所以就会在同类商品的两个甚至多个品牌间进行比较,形成双重乃至多重趋避式冲突。

　　个体的需要、动机与行为的关系可以用图7-1表示。在这个模型中,个体由于接受到来自外界或是自身内部的刺激,从而产生某种需要。这种需要使个体处于心理的紧张状态。由于学习和认知过程的提示,个体意识到什么对象能够满足自己的需要,于是形成推动个体行动去获取目标物满足需要的动力,也就是动机,然后实现指向该目标对象的行为。达到目标后,需要得到满足,紧张状态得以缓解或消除,恢复平衡。当新的需要出现后,这个过程又开始进行,产生新的动机和行为,如此循环往复。

　　(二) 需要的分类

　　按照需要的起源分类,需要可以分为自然需要和社会需要(或心理需要)。自然需要是个体对保护和维持自己生命及延续其后代所需条件的要求。具体说,是人类对衣食住行以及异性、安全等的需要。这些需要若得不到满足,便不能维持个体的生存及后代的延续。社会需要是指个体对文化艺术、道德、知识、交往及

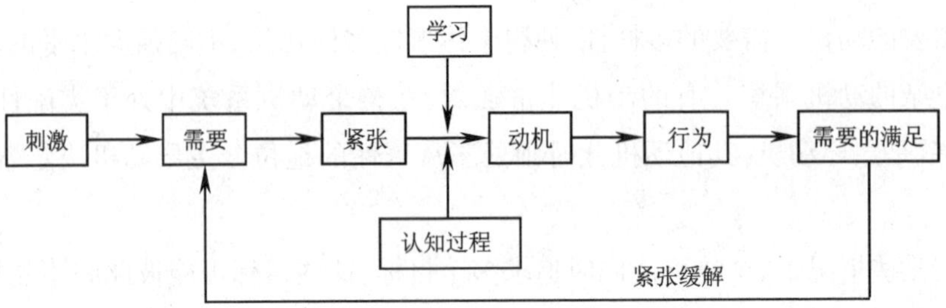

图 7-1 需要、动机与行为的关系

劳动等的需求。这是对维持和发展社会正常生活所必需的条件的反映。

按照需要的对象来分类,需要可分为物质需要和精神需要。物质需要包括对自然需要和社会需要中的物质对象的需要;而精神需要是指对观念对象(如道德、情感、求知、审美等)的需要。

以上不同需要之间是相互渗透和相互制约的。自然需要打着人类文明的印记(社会性);而社会需要又是在自然需要的基础上形成和发展的。在物质需要和精神需要之间,前者是后者赖以发展的基础,而它本身又渗透、折射着后者的影响。

(三) 需要层次理论

需要层次理论是美国心理学家马斯洛(A. H. Maslow)于 1943 年提出的。其理论假设可以概括如下:

第一,人类至少有 5 种基本需要:生理的需要、安全的需要、归属与爱的需要、尊重的需要以及自我实现的需要。

生理的需要包括个体对食物、水、空气、住所、衣服以及异性等的需要,它是其他各种需要的基础。马斯洛认为:"对于一个处于极端饥饿的人来说,除了食物,没有别的兴趣。就是做梦也梦见食物。甚至可以说,这时(只有这时)充饥才成为独一无二的目标。"

安全的需要包括有秩序、稳定、熟悉和各种保险,避免各种威胁,诸如野兽、极端的温度刺激、犯罪、袭击、谋杀、专制以及失业等威胁。

爱与归属的需要是指追求与别人交往,渴望在群体中与同事处于一种团结友爱的关系中,给人爱与关怀,也接受他人的关怀和爱护。

尊重的需要是指希望自己有稳定、牢固的地位,需要自尊和被别人尊重。这种需要又可分为内在取向和外在取向两种。内在取向指希望自己有实力、有成就、能胜任工作、有信心,要求独立和自由。外在取向指关注名誉或威信、受人赏识和重视或高度评价。

自我实现的需要是希望使自己的潜在能力得以实现,或是能够完成自己能力所及的一切事,使自己成为自己所期望的人。

第二,上述基本需要相互联系,并且每一种需要相对地组成层次,由低级(生理性)需要向高级(精神性)需要逐次发展,形成一种金字塔式结构,如图7-2所示。

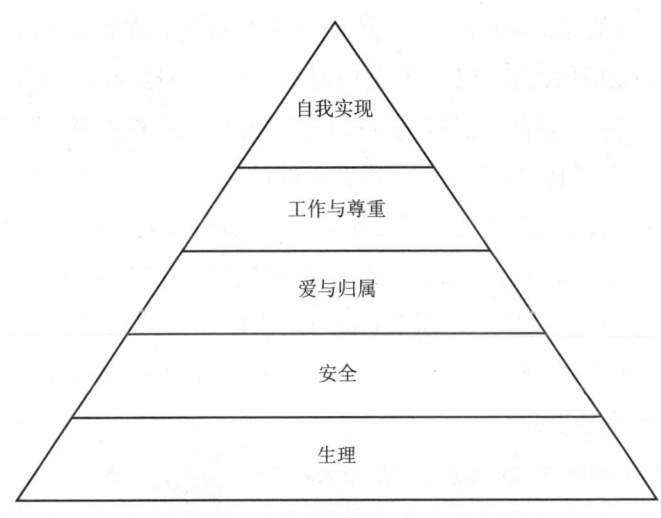

图7-2 马斯洛的需要层次理论

第三,未满足的需要将支配意识,调动有机体的能量去获得满足。已经满足的需要就不再是活动的推动力,新的需要会取代已满足的需要,而成为待满足的需要。只有当人们的一些低层次需要基本得到满足后,才会有动力促使高一级需要的产生和发展。

应当指出,马斯洛的这一理论在哲学上是有缺陷的,因为它过于强调自我而忽视了社会因素的作用。但它对于了解消费者的动机是有价值的。消费者购买商品时总是期望商品的特性能够满足其一定层次的需要。具体说,消费者购买食物、衣服是为了满足其生理需要;购买防护用具和设施、存款、购买保险是为了满足安全需要;购买美容美发用品和装饰品是为了满足其社会的需要;接受教育、参加培训,以及一切智力投资,则是出于满足自我实现的需要。

二、消费者需要与广告诉求策略

(一) 消费者的优势需要与广告诉求点的选择

消费者的需要是多种多样的,不过其中往往有一种是优势需要。能否满足优势需要,直接影响到消费者对面前商品的态度和购买行为。消费者的需要是通过所购买商品的诸多属性的综合效用得以满足的。因此,相应地,在广告诉求中,究竟选择特定商品的诸多属性中的哪个或哪些作为广告主题,则是广告策划的重要问题。

广告的作用就是在商品的特性与消费者的优势需要之间建立最佳匹配,把商品特性"翻译"成提供给消费者的利益或好处。能否根据商品自身的特性和目标消费者的优势需要,选择恰当的诉求点,是广告成功与否的关键。

例如,国外有家制鞋商认为,消费者对鞋的关注顺序首先是式样,其次是价格、料子及小饰件,于是将广告主题设定在鞋的式样上,但销路一直打不开。后来进行实地调查,询问了5 000名消费者,结果发现,消费者们对鞋的关注点按人数比例依次是:穿着舒适(42%)、耐穿(32%)、式样好看(16%)、价格合理(9%)。厂商根据调查结果,当即改变了广告主题,由原来突出鞋的式样改变为突出舒适、耐穿,结果销路直线上升。

(二) 对不同消费群体的广告策略

不同性别、年龄、职业、教育背景和社会经济地位的消费者往往有不同的消费倾向。如何对这些具有不同兴趣点的消费群体采取有针对性的广告诉求策略,直接影响广告的效果。比如说,社会经济地位高的消费者与社会经济地位低的消费者相比,前者对商品的心理附加价值更感兴趣,而后者更关注商品的实用价值,因此广告诉求点的选择对这两种不同人群自然就应有所侧重。

(三) 需要的动态特征与广告主题的变化

动态需要,是指需要随时间变化的动态特征。随着时代的变迁、社会经济的发展,甚至是季节性的变化,人们的需要会不断发生变化,对同类商品的要求和关注点也会有所不同,甚至优势需要和非优势需要之间也会相互转化——总体来说是由低级的需要层次逐渐向高级的需要层次发生转移。因此,必须根据需要的这种动态特征及时更新广告主题,才能达到促销目的。

消费电子产品的流行从根本上来说是取决于两个因素：一是它是否能够从根本上满足消费者的需求；二是它是否符合时下的应用趋势，能不能够跟得上潮流。如今，随着移动互联网的逐步发展，轻薄便携、数字墨水、手写识别输入功能以及对关键数据的最高级别的保护都成为消费者迫切的需求，这是平板电脑兴起的基础。

2010年1月27日，苹果公司发布了iPad平板电脑，它集浏览网页、收发电子邮件、音视频播放、阅读电子书和游戏等多种功能于一体，吸引了无数人的眼球。与此同时，更有人断言，纸媒的冬天真的要来了，因为iPad的出现对其来说将是最致命的一击。参见图7-3。

图7-3

（四）根据竞争对手的广告主题选择适当的广告诉求点

需要层次理论认为，没有一种需要是已经完全得到满足了的。因此，广告人要善于从众多竞争对手的产品广告中，寻找尚未被占领的位置，从而期待消费者能被自己的广告产品所吸引。例如，许多高级轿车的广告，经常定位在针对消费者表明身份地位的需要上（如"给您的朋友留下深刻的印象"），或者定位于社交的需要（如"全家能乘坐高级舒适的轿车"），但却很少有突出安全需要的广告。发现了这一点后，奔驰的广告果断占领了这一空档，把安全需要和社交需要结合起来："当您的妻子带着两个孩子在暴风雨的漆黑夜晚开车回家时，如果她驾驶的是奔驰轿车，您尽可放心。"

三、理性诉求的概念和判断线索

前面已经讲到,理性诉求是以商品功能利益或相关属性为主要诉求点。

在广告中突出自己的商品所具有的特性及优越性,提出事实或进行特性比较,通过展示商品的固有特性、用途和使用方法等,提供关于商品的事实性信息而使消费者形成一定的品牌态度,这种广告诉求方式即是理性诉求,这种广告策略被称为"硬销售"(Hard Sell)。以理性诉求为主的广告叫做理性广告。由此,也有必要介绍一下商品属性的概念。商品的属性主要体现在有形产品与附加产品两方面,前者包括名称、质量、价格、式样、包装等,后者包括送货和信贷条件、安装、售后服务承诺等。在商品的诸多属性中,消费者追求的利益点所在被称为核心产品。产品概念的内涵如图7-4所示。

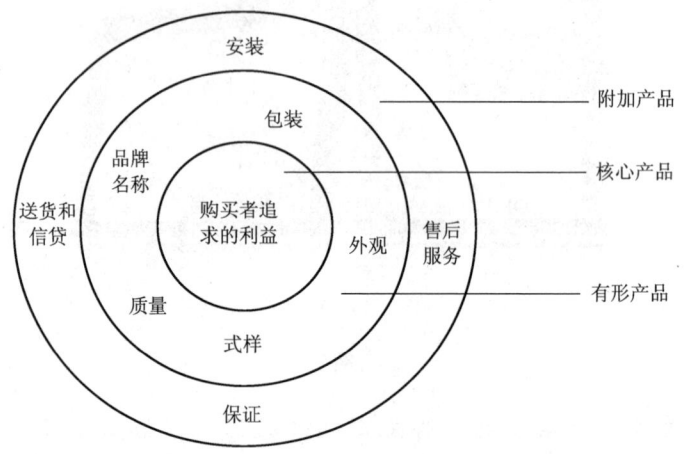

图7-4 产品概念的内涵

如何判断一个广告是否采取了理性诉求?瑞斯尼克(Resnik)和斯特恩(Stern,1977)指出,当广告中包含了14个关于产品的事实性信息线索中的一个或一个以上时,该广告就是理性广告①。这些线索有:①价格;②质量;③性能;④配料;⑤销售时间、地点及联系电话;⑥特价销售;⑦口感;⑧营养;⑨包装;⑩售后服务;

---

① A. Resnik, B. L. Stern. An analysis of information content in television advertising. Journal of Marketing, 1977, 41(1):50~53.

⑪产品安全特点;⑫独立研究(即由独立研究机构进行的研究);⑬公司研究(即由广告主进行的研究);⑭新产品概念。

第二节　独特销售主张或独特卖点说
——USP 理论

USP 理论(Unique Selling Proposition)是由罗瑟·瑞夫斯(Rosser Reeves,1961)在其著作《Reality in Advertising》中提出的,意即独特的销售主张或独特卖点。其核心内容是:第一,每一则广告必须向消费者传达一个销售主张,这个主张必须让消费者明白,"买这样的商品,你将得到什么样的特殊利益";第二,这一主张必须是竞争对手做不到或没有、无法提出的,在品牌和诉求方面都是独一无二的;第三,这一主张必须聚焦在一个点上,集中强力打动、感染和吸引消费者来购买广告商品。

根据 USP 理论,选择什么样的商品特性加以传播,对广告效果影响很大。任何商品都有许多特性,但消费者的记忆能力是有限的,因此,广告中对所有商品属性不可能面面俱到地加以介绍。只有找出最能吸引消费者的商品特性,才能够最大限度地发挥广告效能。你的广告中商品特性越独特,就越能够从众多的品牌中脱颖而出。消费者一旦将这种特性与特定的品牌联系起来,USP 就会使该品牌得以持久受益。M&M 巧克力豆的广告语就是罗瑟·瑞夫斯运用这一原则而声名大噪的经典案例。他一接手就发现,M&M 在当时是第一种用糖衣包装的巧克力,于是创造了一条"只溶在口,不溶在手"的广告语(M&M's melt in your mouth, not in your hands)。8 个字鲜明地点出产品不粘手的特点,这条广告语只用了 10 分钟就创意出来,但一直流传至今。国内的"农夫山泉,有点甜"在其他矿泉水广告千篇一律地强调纯净、卫生、含有矿物质等特性的信息包围中独树一帜,强调其产品特有的口感,营造一种亲切、温馨的感觉,也是抢占 USP 的成功案例。即使其他厂商制造出同样的产品,在广告中强调这种特性,也很难在消费者心目中取而代之了。

在广告实践中,不仅要善于找出竞争对手的品牌所没有的特性,还要善于发现在各品牌的共有特性中,竞争对手所忽略的特性,将其作为自己品牌的 USP 加

以传播。例如,现在市场上常见的洗衣液一般可以分为三种:普通洗衣液、高档无磷洗衣液和概念型洗衣液。概念型洗衣液是目前最流行的,在原有基础上加上各种流行的消费概念,比如抗菌杀菌、消毒卫生、柔软、温和不伤手等,其价位要比其他类型的洗衣液每升高出几元钱。在众多的洗衣液中,主妇们明显地对新型洗衣液较为感兴趣,注重使用的安全性,如洗后不刺激皮肤、洗衣液本身就含有护肤性元素等,不过,这类产品也是目前市场上价位最高的。

另一个著名例子是:当各种品牌的啤酒都在宣传自己口味的时候,美国施利茨啤酒在广告中鲜明地宣称"每一个瓶子都用蒸汽清洗过"。其实,当时各啤酒厂都是用蒸汽清洗瓶子,只不过都没有在广告中强调这一点。结果,广告推出后,施利茨啤酒的销量从第五位一跃而至第一位。可见,USP的作用不容低估。

USP的基本前提是将消费者视为理性思维者,认为他们在作出购买决策时追求利益最大化。由此出发,广告应建立在理性诉求上,宣传能带给消费者的实际利益。也就是说,应当对准消费者的需要,承诺提供给他们实惠,同时给出这种承诺的事实性支持理由,以回答消费者的疑问:你们为什么能有这样的实惠?因此,USP的语法结构是:特有的承诺+事实性理由。

例如,安眠药的理性广告自然要强调对失眠患者带来的福音。但是,这样的诉求可能难以奏效,因为对西药的副作用的顾虑可能使患者产生趋避式冲突,甚至宁愿忍受辗转反侧的煎熬,也不愿吞服安眠药。在此背景下,一种新的纯中药安眠药被研制出来。该药品广告把不用吞服、通过自然呼吸达到安睡的效果作为独特卖点进行诉求,其广告语"不用吞服的安眠药"让人耳目一新。其文案为:"鼻吸后,经呼吸道迅速吸收,明显改善精神失调症状,减低其反射兴奋性,因而能更有效地诱导平静而舒畅的睡眠。"这段话表达了对其特有承诺的支持理由。

在这个理论看来,承诺与理由之间并不一定要有严格的科学论证。例如,一种狗粮产品在广告中许诺:延长寿命,理由是该食品含有骨髓成分。该成分与延寿的关系并无科学论证。但是,狗爱啃骨头并从中获取骨髓成分的行为,使人推断它对狗有好处。所以,在瑞夫斯看来,信念与人的愿望之间的相关远胜过信念与证据之间的相关。

第三节 理性广告的说服理论及其效果制约因素

一、理性广告的说服理论

(一)系统加工理论

系统加工理论的基本假设是,消费者在接受理性广告时,是一个积极的信息加工者。其信息加工过程包括:对信息的获取、评价、权衡,与其他信息综合,然后对不同品牌的同类商品所能够提供的利益作比较,最后作出购买决策。鉴于此,广告诉求应立足于商品的功能利益。系统加工理论包括以下三种从属理论:

1. 功能一致性理论。理性广告的说服过程是消费者把从广告中了解到的产品特性信息与其心目中预期的产品特性相匹配的过程,这个过程就叫做"功能一致性"过程[①]。消费者对商品性能特点的期待和要求,可能是从若干个维度上来评价的。例如,购买笔记本电脑,消费者考虑的因素一般都包括 CPU 速度、硬盘容量、内存大小、显示屏尺寸、厚薄和轻重等,有的人还会仔细地关注电池支持时间、光驱类型、光/软驱内置还是外置、质保承诺等其他诸多方面。在每一个方面,消费者对商品都有一定的要求,广告中所强调的商品的某方面特性与他的要求越一致,消费者对这一特性就越满意。如果消费者对某一商品各方面特性都感到满意,购买该商品的可能性就最大。但是,在现实生活中往往很难达到这样的情形。而且,不同的消费者对商品的各个特性重视程度也往往不同,厂家在设计生产产品的时候也往往不能——照顾到每个人的口味需求。消费者在多品牌之间的选择决策,也是其对不同品牌的特性综合比较的结果,哪个品牌的商品特性的综合评价与消费者预期的一致性程度高,它就有可能被购买。相应地,强调消费者关注特性的广告,说服效果更好。

如何测量和计算消费者对广告商品的功能一致性程度评价呢? 首先,可以通

[①] J. S. Johar and M. Joseph Sirgy. Self Expressive Versus Utilitarian Advertising Appeals: When and Why to Use Which Appeal. Journal of Advertising, 1991, 3: 23~33.
M. Joseph Sirgy, J. S. Johar, A. C. Samli, and C. B. Claiborne. Self - Congruity versus Functional Congruity: Predictors of Consumer Behavior. Journal of the Academy of Marketing Science, 1991, 19(4): 363~375.

过访谈或问卷调查了解目标消费者对某一类产品所关注的特性,然后根据这些特性,编制语义评价量表或李克特量表。用这些量表测量消费者对产品的评价,并且获得消费者对商品各特性的重要性评价,然后可用公式 7-1 计算功能一致性指标:

$$FC = \sum_{i=1}^{n} S_i W_i / n \qquad (7-1)$$

式中:FC——消费者所期望的产品特性与其所了解的产品特性的一致性;

S_i——消费者对产品第 i 个特性的满意度;

W_i——消费者对产品第 i 个特性的重视程度;

n——消费者购买该类商品时所考虑的商品特性维度的数目。

这是对某一个消费者所了解的商品特性与其预期的商品特性之间的功能一致性计算模型。如果要计算某一消费者群体对该类商品的功能一致性评价值,则可使用公式 7-2(其中,m 指该消费者群体中的消费者人数)。

$$FC = \sum_{j=1}^{m} \sum_{i=1}^{n} S_{ij} W_{ij} / n / m \qquad (7-2)$$

用这一公式可以计算不同商品对某一市场的消费者所具有的功能一致性指标,以及同一个商品对不同细分市场的消费群体所具有的功能一致性。通过这些指标可以预测具体商品在不同市场上的销售前景或同品类的竞争品牌在同一市场上各自的竞争力大小。FC 值越大,说明消费者对该商品的评价越高,购买可能性也越大。

这个模型是一个可补偿性模型,即商品在某一特性上的不足可用其他特性上的优点予以补偿,只要综合评价达到一定水平,就可能被消费者接受。此外,还有非补偿模型,即消费者对商品的某些特性规定了一个最低可接受水平。当消费者接受广告刺激时,会将广告中的商品特性信息与其心目中的最低可接受水平相比较,只要有一个特性未达到最低可接受水平,该商品就不会被消费者接受,其他各特性再优也不能补偿这个特性上的不足。当然,每一种商品都包括诸多方面的特性,消费者作购买决策时未必能全部加以考虑,在实际中往往只是能够对其中的少数加以关注,其他方面则会被有意无意地忽略,因此功能一致性模型的重要意义,更多地在于寻找消费者的这些关注特性并综合评价。但是,也可能对某些商品消费者采取的决策模式既包含可相互补偿的方面,也包含不可补偿的部分,也就是说这是个混合决策模型,这时候就需要广告者仔细探讨。至于消费决策,是一个复杂的话题,在这里不做过多展开。

功能一致性对营销实践的意义还在于,可以通过了解广告商品的功能一致性指标来更新产品或改变广告诉求。功能一致性程度低,可分为两种情况:一是消费者对商品特性存在误解,这时要通过理性诉求加强宣传,实事求是地介绍企业或产品的优势,改变消费者对本品牌的消极看法;二是消费者对商品特性若不存在误解,则有两种解决办法:①改进产品的某些属性,使之接近消费者的预期水平,或者通过与竞争对手的指标相比较,了解自己产品的优劣,从而作出竞争性改进;②通过广告宣传,适当引导和改变消费者对产品不同特性的重要性评价,使消费者对本公司产品占优势的特性给予更大的重视度。不过对于后一种方法要特别慎重,因为消费者在特定阶段的价值取向往往是由于商品特性对于其生活意义的适宜性所决定的,具有一定的稳定性,即使一时被说服而改变,最后可能觉得受到了欺骗,反而会使品牌声誉受到损伤。

2. 认知反应理论。该理论由心理学家格林沃德(A. G. Greenwald)提出,认为真正的说服力不在于说服信息本身,而在于信息所可能带给说服对象的认知反应。信息接收者对信息的赞同或是对论点的进一步支持,或者对信息和论点的反驳等等,都是认知反应。如果信息引发的认知反应多是支持性的,接收者就会被自己的反应所说服而改变立场;反之,如果信息接收者的反应是对信息的反对乃至嘲笑,他/她就不会改变原有的态度,甚至会强化原态度。在这个理论看来,说服过程实质上是一个自我说服的过程,说服信息只是提供自我说服的刺激而已。信息的说服力与信息立论的好坏有很大关系。立论出色的信息能够引发有利于信息立场的各种认知反应,信息接收者容易因此而自我说服。立论拙劣的信息则会引发反驳,从而巩固说服对象原有的相反立场,甚至使得原来对信息立场持赞成态度的人也走向其对立面。

根据认知反应理论,消费者接触到理性广告时产生的思考,会对说服效果产生中介作用。也就是说,消费者并非被动地被说服,而是主动地评价广告信息,并在此过程中说服自己。具体来讲,消费者在评价广告信息时,会产生和记住赞成或反对信息论点的想法,从而中介态度的变化。因此说,消费者在接受理性广告的信息时,可能会自发地产生对有关商品的功能利益赞同与否的想法,这些特有想法会影响消费者的信念,使得态度发生变化。依据这一提示,广告可以刺激人们去记住甚至推论有关广告品牌或产品的信息,而该信息并不一定包含在广告本身之中。

3. 认知失谐理论。人们往往会倾向于使自己对某事物新形成的态度与原有的态度、价值观和个性相一致。如果感知到的新信息与原有的经验、信念或态度不一致,就会体验到失谐并由此产生态度的改变。比如,消费者在购买活动中常会遇到这种情形:根据过去的经验,甲品牌比乙品牌好,但眼前却受到乙品牌产品的积极信息的挑战,于是引起认知失谐。此时,解决失谐的办法就是要让甲品牌的产品广告,重新给予消费者信心,提供减少失谐所需的信息,以加强消费者对甲品牌商品的积极信念和(或)弱化对甲品牌的消极信念。反之,也可加强消费者对乙品牌产品的消极信念和(或)弱化对乙品牌的积极信念。这两种方法都可以减低失谐感,增加消费者未来购买甲品牌产品的可能性。

(二)启发式加工理论

当消费者时间紧迫,不可能或无意对大量信息进行系统加工时,便常常会依据一些简单的线索或规则作出决策,尤其是在决策风险较低的情况下更易如此。

什么是启发式加工?柴肯(Chaiken, 1980)、佩蒂、卡西奥波和休曼发现,在许多场合下,人们没有察觉、理解和评价那些支持性的论据,也能够发生态度改变。这就是所谓的启发式加工。消费者接触广告时,若时间紧迫或由于缺少必要的知识而不能仔细思考广告中的产品信息,或在低卷入条件下无意对大量信息进行系统加工,便会采取一种启发式策略,即不去仔细思考广告中的那些支持性论据,而只是根据广告中的一些线索,比如,广告诉求点的多少、是否专家评价、广告中名人的声望、广告者的吸引力和可靠性等而形成一定品牌态度。这样的线索被称为启发式线索。它并非广告信息本身,也无须和难以在逻辑上作论证。这种启发式的信息加工策略,有利于消费者在面临大量广告信息时省时省力地作出决策。

启发式加工通常发生在消费者低卷入的情况下。克鲁格曼(Krugman, 1977)是最早涉及低卷入概念的作者之一①。这一概念作为广告说服的一种模型,预计广告的目标对象可能只有最简单的启发线索,比如,除了品牌名称、标识或包装会留下印象外,其他一切都易被遗忘。这种现象往往发生在购买活动中人们无须作更多努力的场合。换句话说,在较少努力的低卷入购买活动中,人们常常依赖于

---

① Krugman, H. E. Memory without Recall, Exposure without Perception. J. Advertising Research, 1977, 17:7~12.

这样的启发式线索。因此,广告中常常用充满情感的刺激,诸如色彩和想象,来加强品牌名称、标识和包装的特点。在这种情形下,一则立足于启发式线索的广告可能促发购买行为,仅仅是因为消费者更可能记住了广告品牌或容易识别它们,并不涉及对该品牌的信念或态度。正如购买者所说的:"我买它是因为我熟悉它。"

二、制约理性广告效果的因素

理性广告以承诺带给消费者实惠并提供事实性信息为主要特征,其优点是便于消费者比较不同品牌的特性,具有较强说服力;其不足则在于形式上往往显得单调而难以引起消费者的注意。由于其要求消费者具有一定的有关商品的知识,因此说服效果也会受到一定限制。理性诉求的说服效果主要受以下两方面因素的影响。

(一)与商品有关的因素

1. 产品的生命周期与同质化程度。对于处于成长期的产品来说,产品的同质化程度较低,不同品牌的产品之间质量、性能、价格等方面的差异较大,因此厂商可以通过理性诉求手段,选择消费者较为关注、且自己产品占有明显优势的特性,作为 USP 加以传播,可望收到较好的广告效果。但对处于成长期后期或是成熟期的产品,由于同质化程度较高,要寻找这样的独特优势且为消费者关注的卖点就比较困难,理性诉求会受到较大限制。

2. 购买风险水平。消费者购买商品时往往面临一定的购买风险,包括经济风险、安全风险、社会风险、心理风险等等。一般来说,价格较低的、经常购买的、制造技术较为成熟的商品,其购买风险较低;价格昂贵、购买频次低、新开发的商品,购买风险相对较高,这时消费者往往会多方收集信息,仔细权衡之后才作出购买决策。因此,对后一类商品采取理性诉求往往具有较好的广告效果。

3. 商品的吸引力。商品是否引人注目是影响消费者购买决策的重要因素。对于容易引起他人注意的商品来说,消费者更注重其社会和心理价值;而对于不太引人注目的商品,消费者往往重视其实用价值。因此,对于后一类商品来说,理性诉求的广告说服效果较好。

(二)与消费者有关的因素

1. 消费者对有关商品的知识和经验。消费者对有关商品的知识和经验越多,

越关心商品的技术指标,也越少出现冲动性购买。商品的性价比往往是这类消费者作出购买决策的重要依据。如果广告没有传达有关商品特性的信息,他们会觉得广告只是在营造气氛而没有实质内容。对于这类消费者,理性诉求的广告效果比情感诉求的广告效果更好。

2. 消费者的社会经济地位。社会经济地位高的消费者更重视商品的心理附加价值,而社会经济地位低的消费者更关注实用价值,因此,对后者更宜采取理性诉求。

3. 消费者的购买预期。在近期内打算购买的消费者与近期无意购买者相比,前者更加关心商品的性能特点和技术指标,因此更易受理性诉求的影响。

4. 消费者的个性心理特点。研究表明,消费者的认知需要(Need For Cognition)和自我监控(Self-monitoring)是影响理性广告说服效果的重要因素。认知需要高的消费者比认知需要低的消费者更容易受理性广告的影响,后者则更易被情感诉求的广告打动。而在自我监控方面,自我监控程度低的消费者更加喜欢理性诉求的广告,愿意花更多的钱购买这类广告的商品,并且更愿意试用它们。①

本章小结

本章介绍了广告诉求的需要基础,分析了需要、动机与消费行为的关系。说明只有针对消费者的需要选择合适的广告诉求点和诉求方式,才能收到预期的广告效果。在广告策略选择上,应当根据目标消费者的优势需要来选择诉求点,对不同群体的消费者进行广告诉求时要注意他们之间的差异,并能根据消费者需要的动态变化及时更新广告主题,同时还必须兼顾竞争对手的广告诉求特点。本章还具体阐述了理性诉求的概念、判断线索以及 USP 理论。在介绍理性广告的说服理论时,本章着重介绍了近年来西方广告心理学研究所重视的功能一致性理论,并对其在营销应用方面的作用进行了探讨。最后,对影响理性广告效果的因素进行了总结。

---

① Venkatraman, M. P., Marlino, D., Kardes, F. R. & Sklar, K. B. The Interactive Effects of Message Appeal and Individual Differences on Information Processing and Persuasion. Psychology & Marketing, 1990, 7(2): 85~96.

Snyder, M. & Debono, K. G. Appeals to Image and Claims about Quality: Understanding the Psychology of Advertising. Journal of Personality and Social Psychology, 1985, 49(3): 586~597.

思考题

1. 什么是广告的理性诉求？理性诉求广告的效果受哪些因素的影响？
2. 需要与动机有什么差别？需要层次理论对我们把握不同消费群的差别有何意义？
3. 功能一致性模型的含义是什么？请指出其实践意义。
4. 请举出3个理性诉求的广告，说明判断线索。
5. 试举一个应用USP的成功广告案例。

案例讨论

海飞丝与清扬
男人之间的战争终端战：创新VS坚持

2009年7月，清扬重金邀请世界足球先生"天价C罗"代言新清扬男士系列洗发露，铺天盖地的广告来势汹汹，占据全国各大重要媒体及终端；同年9月，海飞丝跟风推出了甄子丹代言的男士强根健发洗发水，旨在男性去屑市场分一杯羹。剑拔弩张的"双雄争霸"正式擂响战鼓，一场关于男人之间的品牌战争已呈愈演愈烈之势。

策略战：进攻VS防守

牢牢把握品牌年轻基调的清扬，目标锁定年轻精英白领。这与以去屑为主要诉求的消费者息息相关。相关研究表明，20～55岁年龄段的消费者中，有83%的人正受到不同程度的头屑困扰。头屑的滋长与新陈代谢有关，20～30岁的男人正值新陈代谢旺盛之际，此年龄段的消费者才是去屑市场的消费主力军。

从去屑概念的全新定义到终端促销战略，从斥巨资邀请"天价C罗"代言到创新运用清扬科技2.0的男士系列升级上市，清扬坚信不疑地坚持自己的年轻、张扬、专业的品牌个性，凛然霸气彰显无疑。

而这显然与海飞丝坚持多年的去屑功能定位正面相对。作为进入中国市场已近20年的元老级去屑品牌，海飞丝在众多消费者心中已逐渐成为"老一辈洗发水"。大敌当前，面对清扬令人窒息的连番挑战，"沉稳"

的海飞丝依旧"沉着应战"。海飞丝通过成熟代言人这一符号,力图维护忠诚的中老年主顾。宝洁相关人士曾表示:"新品牌最大的市场武器是新,新是代表了新鲜、新颖、个性;但我们认为海飞丝20年积累起来的口碑、培养出来的用户忠诚度和强大的品牌信任度,无可替代……"2007年,以成熟稳重的形象深入人心的梁朝伟成为海飞丝的第一位男代言人,虽然期间海飞丝也尝试转型,效仿清扬选用阳光活力型的代言人王力宏,最终还是回归"熟男"形象,启用年近50的甄子丹为海飞丝男士新品代言。

广告战:功效当道 VS 情感选择

策略战场上硝烟滚滚,广告的PK也在不断升级,并呈现井喷现象。

Rain在清扬广告片上的一句"我喜欢黑色,它让我更酷",征服了无数的女性消费者。而新代言人C罗,拿什么来征服中国的消费者?

"做有销售力的广告",是许多企业评判广告片好坏的标准。清扬广告片旨在寻找到最能打动目标消费者的功效诉求,即专注于具有双重强健头皮,持久去屑功效的清扬科技2.0上,加以运用C罗时尚、健康、活力的形象来呈现,无疑十分符合清扬品牌定位及所要传达的高效去屑概念,精湛的球技及其在事业上的巨大成功使其成为众多球迷争相效仿的偶像。而清扬此次重金邀请C罗为品牌代言人,正是意在征服更多年轻、有作为的消费者。不仅成功要趁早,去屑也要像C罗一样"抢占先机"的明确定位为"双雄之争"增加了竞争筹码。最后不忘彰显清扬固有的张扬个性,"去赢、去征服"一句话,道出年轻精英白领内心的呼喊,找到消费者的买点。

而相比清扬年轻的品牌定位与清晰的去屑功效定位,海飞丝此次由甄子丹代言的男士广告,诉求点则稍显模糊。由于最能打动目标消费者的去屑功能诉求已经被对手把持,并传播得火热,海飞丝选择挖掘目标受众心中的第二需求点予以应对。然而,全新提出的"强根健发"概念似乎削弱了海飞丝作为老牌去屑洗发水的一贯定位,更让人不禁有"防脱发产品"之联想。由甄子丹代言的男士广告,以"男人专心于大事"的职场男性心理切入,由此与男人的感性选择对话,力求在情感战中有所斩获。然

而，面对知天命的年龄，再去谈论把握爱情、事业等所谓大事的话题，不免显得过于牵强。

对于同样擅长"心理战"的清扬来说，无论是进入中国伊始就倾力主张的"信任宣言"，还是日前启用C罗年轻时尚的偶像影响力与成功形象，都更具说服力。两年间清扬始终坚持打彰显品牌挑战个性的情感牌，依然牢牢吸引着目标受众的持续关注。

终端战：创新 VS 坚持

广告战已让此次双雄争霸进入白热化阶段，而终端市场才是短兵相接的前线。自清扬向海飞丝宣战那天起，终端战场一直"高烧不退"。不管哪个卖场，我们都不难发觉，清扬的货架产品陈列几乎全部紧挨海飞丝。一时间，各个终端货架上通用与男士系列蓝白分明，令人炫目，清扬也逐渐通过视觉上的差异化在终端吸引并巩固起自己的用户群体。

清扬统一且具张力的瓶身颜色，第一时间吸引了前来购买的消费者眼球。这无疑为清扬在终端站增添了进一步扩大了男性市场的竞争优势。与此同时，清扬也将其品牌主色调黑色做得更为深入人心，无论是代言人的系列广告还是渠道宣传的品牌曝光及店内陈列，黑色酷炫的形象设计随处可见，对于消费者而言，这无疑也大大增加了清扬品牌的良好记忆度和辨识度。

相对来看，自2007年海飞丝全新包装的月牙形流线设计面市以来，市场曾经一片哗然，销量也提升显著。而海飞丝推出的新品男士强根健发洗发水仍旧沿用了月牙形流线设计，采取了和以往去屑系列同样的包装设计。

然而，不少消费者反映，海飞丝男士洗发水的包装与其他系列相比，并没有过多的区别，"经常需要花不少时间才能从货架上找到新品"。其实，为保持海飞丝固有形象，其新品的设计避免与其他产品有所脱离是情有可原，也是保守稳妥的做法。针对市场反应，海飞丝在男士产品的瓶子上，立即贴上了代言人甄子丹的标识以弥补产品包装上的不足。山西某商场品牌经理也表示，虽然不知道目前海飞丝的销售情况，但从市场上来看，海飞丝显然已经感受到了巨大的压力，很多配套的促销活动，也是针

对清扬做的。

比较性广告

联合利华旗下第三大洗发品牌——"清扬",继"力士"、"夏士莲"之后,于2007年上市。联合利华大中华区总裁薄睿凯直言:"清扬的上市,将彻底颠覆国内去屑产品市场,打破20年来中国人头屑持续泛滥的现状,而清扬的目标,将是通过3年的时间,在总量达百亿的去屑洗发水市场中占据领袖地位!"其野心可见一斑。

既然要冲击洗发水市场,就不能避开宝洁,主打去屑品牌也就不能绕开"海飞丝"。多年来,联合利华和宝洁在洗发水市场的争夺一直没有平息过。然而无论是在品牌数量还是品牌深度和市场占有率方面,联合利华与宝洁都存在一定的差距,尤其是去屑品牌的缺失,这或许是联合利华一直以来的痛。

去屑,当然海飞丝让宝洁多年来一直笑傲去屑洗发水市场。联合利华此番出击,显然不能大意,首先在广告投入上可谓用心良苦,除了数亿元的广告投入来塑造清扬品牌外,在广告创意和诉求上也是"绵里藏针",杀机微露!从3月25号开始,清扬在内地的电视广告全面投放。"清扬"的电视广告用了"小S"徐熙娣,唯美的画面显得十分有张力,小S出场便媚态十足,广告语更是出口不凡:"如果有人一次又一次对你撒谎,你要做的就是立刻甩了他……"这明显是对其他去屑洗发水品牌的挑战,更是对"海飞丝"的挑战。

去屑已经成为洗发水的重要诉求之一。数据显示,近20年来,国内去屑类洗发产品层出不穷,但是人们的头屑问题并未降低,反而还持续恶化,头屑人群从原有70%上升到了83%。这直接导致了消费者对洗发水产品的不满。清扬的广告正是瞄准了这个机会,其他品牌也诉求去屑,要想更胜一筹,单纯的功能诉求似乎也很难脱颖而出,况且要想占有更大的市场,也必须争夺其他品牌的消费者。于是,联合利华出了"狠招",既然消费者对去屑洗发品牌不满意,那就劝消费者"甩了它"。这让人自然联想到"海飞丝"。多年来,"海飞丝"的去屑诉求广告已经深入人心。但是使用过的消费者中,有很多对海飞丝的去屑效果是不满意的,对其他去屑类洗发水更是如此。"清扬"在告诉消费者,"海飞丝"们在一次次骗你们,要做个像"小S"一样有个性的人,果断甩了它。这招确实够狠!除了电视广告的巨额投入,在平面广告和终端上,联合利华也下了不少工夫。

去屑市场空间很大,但是长期以来,洗发水品牌的去屑功能诉求似乎也都大同小异。因此,想占领市场,仅仅只是功能诉求到位,招数狠一点,是不够的。联合利华当然更清楚这点。于是"清扬"品牌再次将洗发水市场进行细分,首次提出了性别区分概念,提供男士专用去屑产品。并且提出"深度头皮滋养"去屑方案,这主要基于中国人面对头屑问题时的四大误区:"洗发水男女混用、重冲洗轻滋养、头皮营养失衡、洗发护发习惯不良"。清扬对性别区分的细分策略肯定能够引来洗发水市场的一次革命,但前提是要对消费者的消费习惯进行正确的教育和引导。也就是让消费者充分认识到对待头屑问题的四大误区,改变消费者以往对待去屑洗发水的消费观念。要做到这点并不容易,毕竟中国的消费者能够真正理性对待洗护消费习惯的很少。就像"刷牙时牙膏要挤出一点点就够、牙刷要顺着牙齿方向刷……"这些知识并不能改变很多消费者"牙膏偏要挤出很长一块、牙刷垂直于牙齿更容易用力……"的习惯。想法是好的,知识是对的,消费者理解了是一回事,能够照着做又是另外一回事。对消费者的知识教育、改变消费者消费习惯的过程是漫长的,需要耐心,搞不好就成了"先烈",为别人铺好路,自己先倒下了。

(案例来源:http://biz.ppsj.com.cn/2010-1-20/235642440.html)

讨论题:

1. 清扬是如何把握消费者的理性诉求来做广告的?

2. 面对清扬的崛起,海飞丝是否应该继续坚持"去屑"的诉求点?

3. 通过上述比较,在对消费者的理性诉求的把握方面来看,海飞丝和清扬哪个做得更好?

现代广告心理学

8 广告的情感诉求

本章重点及学习要求

情感诉求的广告诉求的另一种基本方式。情感广告起作用的方式与过程、情绪情感的特性与分类、广告中常见的情感类型及其适宜性是本章的重点。通过本章的学习，学员应能够深入了解情感广告说服的作用方式和过程，理解相关的情绪和情感的基本理论知识，熟悉现代广告诉求中经常采用的一些情感维度并通过论论尝试应用，并初步了解情感词、颜色、字体等元素在情感诉求中的运用；同时，要认真思考在采用情感诉求时应注意的问题。

情感诉求与理性诉求并称为广告诉求的两大基本方式。如上一章所述,广告诉求的基础是消费者的心理需要。消费者不仅有物质需要还有精神需要,如尊重的需要、爱与归属的需要、自我形象表达的需要,等等。消费者对商品的需求,除了功能层面的需求和期待之外,往往也还有情感或其他精神层面的需求。因此,在广告创意中,通过富于情趣的情感诉求方式,去激发消费者积极的情感体验,引起共鸣,从而产生积极的品牌态度和购买倾向,也是一种重要的广告诉求策略。在当今广告实践中,感染力已经成为消费者评价广告优劣的一个要素。[1] 而许多成功的广告表明,富有情感色彩或人情味的广告更具感染力,更能让人接受。

第一节 情感广告的说服作用

"人非草木,孰能无情"。"触景生情"一词说明了情绪体验很容易由特定的对象唤起。"一朝被蛇咬,十年怕井绳"更是形象地说明了类似的对象也可引起相同或相近的情绪情感体验。因此,对于人们由于生活经验或是遗传本能所形成的一定的情感反应模式,可以在广告策略中加以利用,通过一定的表现手段,引发人们特定的情绪情感体验,从而达到预期的影响效果。

一、感性消费时代呼唤情感广告

著名市场营销学家菲利普·科特勒把社会大众的消费行为大致分为3个阶段:第一阶段是量的消费阶段。这一阶段商品短缺,人们追求量的满足。第二阶段是质的消费阶段。这一阶段商品的数量变得丰富,人们开始追求同品类中的高质量商品。第三阶段是感性消费阶段。在这一阶段,由于产品的同质化程度很高,不同品牌的商品在质量、性能方面已经难以区分高下。这时消费者看重的已经不是商品的数量和质量,而是最能体现自己个性与价值取向的商品,是消费的个性化阶段。在第三阶段,消费者作出品牌选择可能更多的是为了追求一种情感上的满足或自我形象的展示。当商品具有这样的心理附加价值时,它在消费者心目中的价值会远远高出其实体价值本身。质优价廉的商品在这时候就未必是最好的了。例如,人们戴名

---

[1] 马谋超等:《广告作品评价系统的心理学研究》,心理学报,1993(4)。

表、开名车,不仅仅是为了计时准确和交通方便,更是为了作为身份和地位的象征,以展示自我,获得自尊的满足。用树皮和原木搭建的小屋,在农村可能只是做羊圈之用,但在大都市里却成为特色餐馆,给人回归自然的感觉,从而吸引了食客。在人们追求消费个性化的情况下,一味介绍产品功效的理性诉求广告,反而容易使人觉得是"王婆卖瓜,自卖自夸",既显得单调、机械,又容易使人产生逆反心理。而富有人情味和艺术情趣的广告,通过激发受众积极的情感体验,可以有效地克服受众对商业广告的心理抗拒,使其在潜移默化中接受广告影响,达到"润物细无声"的效果。

中国市场正处在由第二阶段向第三阶段转变的过程中,许多商品种类已经进入个性化消费阶段,情感诉求广告的作用将在今后体现得更为明显。

二、情感广告的说服作用

情感广告的说服作用具体表现在积极的情感反应会导致对广告中品牌/商品的积极态度。也就是说,一则令人兴奋或充满亲切感的广告会使受众对广告商品产生好感。情感广告可以通过直接的方式起作用,也可以间接地起作用。

(一) 直接作用方式

情感影响态度的直接方式是指积极或消极的情感直接造成态度的变化。这种方式容易发生在人们较少了解对象和较少信息加工机会的情境中。

1. 经典条件反射作用过程。研究表明,对客体的积极态度是可以通过经典条件化引起的。① 富有吸引力、令人高兴的言语刺激或非言语刺激(无条件刺激)能够引起愉快的情感反应(无条件反射),最终将导致无条件刺激与特定广告品牌/商品之间的联系。也就是说,情绪反应本来是由于广告引起的,但如果反复给消费者暴露这些广告,最终广告品牌或商品本身同样会激发相应的情绪情感,这就是所谓的条件反射或者称为"移情"(Plummer and Hecker,1984)②。在这里,消费者有意无意习得的积极态度和行为,并没有改变其对品牌的信念。而引起情感反应的广告刺激,也并不需要在逻辑上与广告品牌或商品发生联系,只需要将情感

---

① A. W. Staats & C. K. Staats. Attitudes Established by Classical Conditioning. J., Abnormal and Social Psychology, 1958, 57: 37~40.

G. J. Gom. The Effects of Music on Choice Behavior: A Classical Conditioning Approach. Journal of Marketing, 1982, 46: 91~101.

② J. T. Plummer & S. Hecker. Consumer Empathy and Advertising. in D. W. Stewart, ed., Proceedings of the Division of Consumer Psychology, APA 1984 Annual Convertion, Toronto, Canada, 3~4.

刺激同特定的品牌或商品同时呈现即可。

2. 社会学习。它是指通过观察、而不是通过亲身体验或操作性条件反射来学习。一些学者如佩蒂、卡西奥波、诺德等人认为，通过模仿学习，人们可以习得新的、更强的态度和形体的行为。[①] 具体说，借助于观察和模仿，即通过广告中人物的活动和情感体验使自己得到同样的体验和感受，而广告中的人物的活动和情感体验是同使用或不使用特定的产品联系在一起的。如图8-1，空荡的房间里，一只玩具熊被孤零零地放在地板中央的椅子上，小熊上方是寥寥几个字——"别让孩子的孤单成为习惯"。

图8-1

不长的一行字，却发人深省。现在的孩子的家庭经济条件越来越好，却也越来越孤单。物质上的富足真的就可以弥补现代社会儿童孤独的缺憾么？当孩子的孤单成为习惯，忙碌的父母又该如何为孩子找回那些纯真无邪的笑颜呢？

这则广告简单却又给人心灵以强烈的震撼，直击人们的情感。

社会学习这一立论还指出，学习必定由情感反应来中介。虽然起初只是广告人物在体验一定的情感，如高兴、害怕或轻松，但随之它又成为唤醒观看者类似情感的刺激物。

---

① Petty P. E. & Cacioppo J. T. Attitude and Persuasion: Classical and Contemporary Approaches. Dubuquo Iowa: William C. Brown Company, 1981.

Nord W. R., and Petty R. E. Behavior Modification Perspective on Marketing. Journal of Marketing, 1981, 44: 36~47.

（二）间接作用方式

间接作用方式指的是情感通过对信息加工过程的影响,间接地影响态度的变化。情感对信息加工过程的影响,一种表现是当呈现的信息(材料)同受众的情感体验一致时,人们对呈现信息(材料)的回忆成绩要比对不一致的信息(材料)回忆得更好。[①] 而且,在记忆的提取方面,积极的和消极的两种情感体验会导致不同的倾向性,即各自倾向于不同性质的记忆内容。另一种表现是,在信息加工程度上对于令人振奋的说服信息,积极的情感体验者比消极的情感体验者了解得更多;而对于令人沮丧的说服信息则相反。这些都表明情感影响信息加工过程的认知反应,进而影响其态度变化。[②]

近年的研究工作(Zajonc,1998)进一步指明,情感在说服过程中的作用与受众的精细加工水平密切相关。当受众的精细加工水平较低时,情感直接影响态度的变化;当受众的精细加工水平较高时,说服信息受到仔细思考,情感的作用则在于通过影响认知反应而中介态度的变化。[③]

三、受众对广告的情感反应模型

消费者在对广告反应的时候,其中的情感反应是怎样跟品牌态度发生联系的?一种对广告反应的模型显示,消费者对广告可能产生两方面的反应:认知的反应(也称思维的反应)和情感的反应。通常,认知的反应导致对该广告信息的了解,即学习、记忆和评价。而广告引起的情感反应,又分为肯定的和否定的两类。肯定的情感反应(也可理解为积极的情绪体验),如热情、快乐、精力充沛、轻松、主动等;否定的或消极的情绪体验,则如沮丧、懊悔、压抑、焦虑、愤怒、恐惧等。对广告反应的模型如图8-2所示。

在该模型中,情感的影响有4个方面。

第一,它们能够影响认知的反应,进而间接地中介消费者对商标的态度。

第二,这些情绪情感体验,通过经典条件反射过程与特定品牌相联系,其结果影响到品牌态度或品牌选择行为。

---

① Gordon, Bower. Mood and Memory. American Psychologist, 1981, 36(2): 129~148.

② D. T. Wegner, et al. Positive Mood can Increase or Decrease Message Scrutiny: The Hedonic Contingency View of Mood and Message Processing. Journal of Personality and Social Psychology, 1995, 69: 5~15.

③ R. B. Zajonc. Emotions, in Gilbert, Fiske, Lindsey, (eds) the Handbook of Social Psychology(4th Edition). London: Oxfoxd University Press, 1998, 591~625.

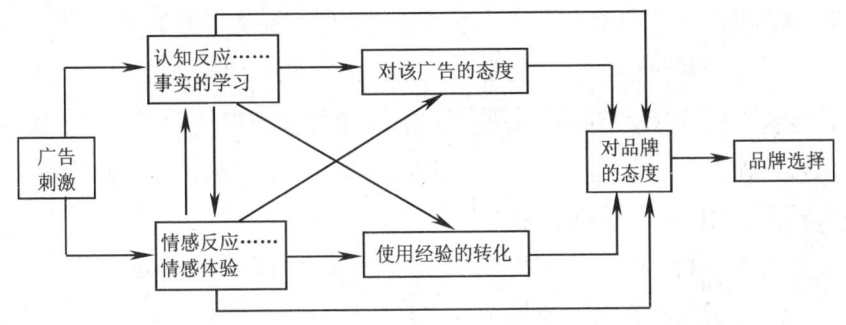

图 8-2　受众对广告的反应(含情感反应)模型

第三,由广告引起的情感,进而导致对广告的态度。例如,"买、借都可以"是一家起重机厂的路牌广告,它使客户对该企业及其产品颇有好感,相应地对该广告也给予很高的评价。这种高度评价正是由好感所导致的积极态度。

第四,情感的作用还可以转化到使用体验上。具体来说,人们感受到广告主人公使用特定商品产生的积极情感,并通过该广告与自己的使用体验的重合,由该广告引起的同感就可能融入到自己的实际体验中去。而且,广告可能引起受众有关过去经验的回忆并促发有关该情感的新的想象,这种想象又为广告中的情景增添了新的细节。例如,如今的广告纷纷大打情感牌,以亲情、友情、爱情拨动人的心弦,保健品、化妆品、服装、药品等各类生活用品广告都在围绕着"情"字做文章,如柯达胶卷的"分享此刻,分享生活"、麦氏咖啡的"好东西要与好朋友分享"等都在传递着浓浓真情。情感类广告有时像一篇隽永情深的小散文,有时像一部感人肺腑的短剧,一则"妈妈,洗脚"的广告就是其中的典范。一位30岁左右的母亲在为婆婆洗脚,七八岁的孩子看到了,也端来一盆热水送到母亲面前,用童稚的声音说道:"妈妈,洗脚",然后是画外音:"其实父母是孩子最好的老师"。整则广告充满了亲情与温馨,同时将一种育人理念传达给消费者,从而提高品牌的知名度与美誉度。

广告中融入与产品相和谐、真实的情感,能为产品获得消费者的认同和接受创造更多的可能性。

支付宝正式发布了一则全新形象广告宣传片——《郑棒棒的故事》,广告打的是人性牌,旨在传达"支付宝,知托付"的品牌责任形象。

一则简单的广告,诉说的是一位家中支出繁重的挑货老人无意中与货主走失,即使家徒四壁也坚持把价值上万元的货物完好交到货主的手里。故事基调平和而又哀伤,老人终于找到货主的那一刻让人忍不住红了眼圈,老人的那句"我缺钱不缺德",实在是振聋发聩。通观广告全篇,支付宝品牌甚至都没有入镜,可是由于在此之前已经有了支付宝广告的心理暗示,老人在天寒地冻中苦苦寻求失主的形象悄然与支付宝的形象融为一体。

采用情感诉求的广告其实并不少见,但是成功的例子就鲜少了。用讲故事的方法去激发观众或者用户的情感共鸣和认同,同时又能让人觉得真实自然、不矫揉造作,支付宝这则广告确实是将以上要求体现到了极致。在产品推广之外,树立强大的品牌形象,向消费者传达其精神内涵,建立价值认同,巩固用户的忠诚度,支付宝无疑做得非常好,这则广告发布之后好评如潮,传播效果非常好。见图8-3。

图8-3

图8-2显示的模型表明,情感体验、对广告的态度以及使用体验的转化,也都可能受到认知活动的影响。具体地说,当人们通过回忆有关亲身体验来解释广告中的情景时,相应的情感就可能被激发出来。一则与人们密切相关的告知性广告,即使在字面上根本没有情感的因素,也可能导致人们对该广告的喜好或厌恶;同样,一则广告也可以传递这样的信息:茅台酒是在朋友聚会这种特殊场合下的饮品,使得人们逐渐把茅台酒视为特殊场合的象征,形成特定的情感联系和新的使用体验。

第二节　情绪和情感的基本理论

在上一节中我们讲到了情感广告的作用，大量地提到情绪反应和情感。那么，究竟什么是情绪，什么叫情感，它们之间的关系是什么？关于情绪、情感有哪些理论呢？

一、情绪和情感的概念与关系

在现实生活中，人们对外界对象是否满足自己的需要会产生不同的主观体验。一般来说，凡是能符合需要或愿望的对象，引起的体验具有肯定的或积极的性质；相反，不能满足需要、违背愿望的对象，则会引起否定或消极性质的体验。我们会对别人生气，往往也就是因为对方不能达到自己的期望或违背了自己的意愿。肯定的体验表现为喜悦、喜爱、愉快等，否定的体验则为悲哀、愤怒、恐惧等。对于那些与人的需要无关或无意义的中性对象，人们自然没有什么情绪和情感体验。所以，情绪和情感是客观对象和主体需要之间关系的一种反映。

情绪和情感是十分复杂的心理现象，西方心理学著作常常把无限纷繁的情绪和情感概称为感情。这样，感情的概念就包括了心理学中使用的情绪和情感两个方面。

情绪和情感从不同的角度来表示感情这种复杂的心理现象，要想把它们作严格的区分比较困难。

情绪是与有机体的生理需要相联系的体验。比如，进食的满足所引起的愉快的体验、危险情境引发的恐惧、和搏斗相联系的愤怒等。这些体验往往伴随着生理的变化和外部表现。因此，情绪为人和动物所共有。但是，人的情绪在本质上与动物的情绪有所不同。即使人类最简单的情绪，在它产生和起作用的时候，都受人的社会生活方式、社会习俗和文化教养的影响和制约。由于这个原因，人在满足基本需要的生活活动中，那些直接或间接地与人的这些需要相联系的事物，在人的反应中都带有各种各样的情绪色彩。例如，难闻的气味能引起人厌恶的感觉，素雅整洁的房间使人产生恬静舒适的心情。

情感是人类在社会历史进程中所产生的与社会性需要相联系的体验，诸如道德感、集体感、荣誉感、责任感、美感、求知欲、亲情友情等。它们都是人们在社会生活条件下所形成的高级情感,具有社会历史性。但是,情感也往往伴随着外在的情绪反应。

由于情感大都与人的社会需要相联系,情感的性质常常与稳定的社会事件的内容方面密切相关。因此,情感这一概念较多地用于表达感情的内容,它一般具有较大的稳定性和深刻性。而情绪,则常用于感情的表现形式方面,它具有较大的情景性、激动性和短暂性。因此,当谈到狂热的欣喜、强烈的愤怒或持续的忧郁等的时候,常常用"情绪"一词来表示;而对诸如高尚的道德情操、精湛的艺术感受之类的体验,则用"情感"一词来表达。一句话,情绪更多地用来表达即时的外部反应,情感则常用来表达更为复杂、内在和持久的心理内容。

但实际上,无论情感或情绪都有内容和形式两个方面,因此这种区分不是绝对的。情绪和情感的关系是如此密切,许多时候,情绪是情感的外在表现,而情感是情绪的本质内容。例如,当一个事件激起人们的民族自豪感(情感)的时候,往往就伴随着明显的外部反应,或兴高采烈,或义愤填膺(情绪)。人类体现的情绪和情感是统一在人的社会性本质之中的。正因为如此,在西方心理学中,常常对情绪和情感不作严格的区分。

二、情绪和情感的两极性

人的情绪和情感有一个重要的性质,就是它的两极性,即对立性。比如,爱—恨、喜悦—悲伤、满意—不满、喜好—厌恶,每一对构成一个维度,而每一个维度上又存在着强度上的差异,可分为不同强度的情绪或情感。

普拉切克(R. Plutchik)曾经设想把各种情绪概括成3个基本特征:强度、相似性和极性。这三者之间的关系可由8个扇形组成的空间模型来表示,如图8-4所示。

图8-4中,每一垂直扇形代表一类基本情绪,模型中共分为8类基本情绪。位于扇形顶部的情绪是本类别中最强烈的一种,越往底部,强度越弱。而情感的强度越大,人的行为受其支配的可能性就越大。扇形的排列位置还表明了各种基本情绪之间的极性和相似性。互为对顶角的两个扇形代表情绪维度上的两极,如狂喜和悲痛。相近的扇形意味着它们之间的相似性大,如恐惧比惊奇更接近于悲痛。

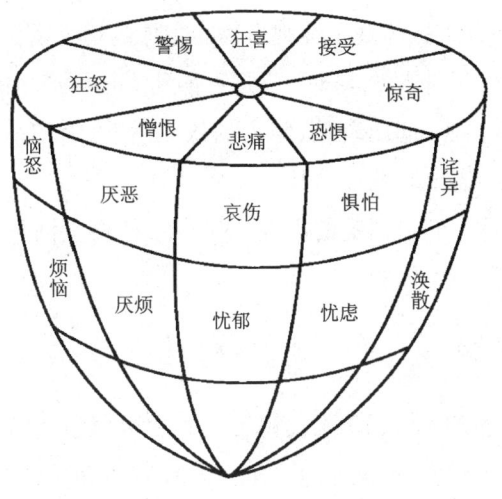

图 8-4 情绪的三维模式图

三、情绪与情感的类型

（一）根据情绪与情感的性质分类

根据情绪与情感的性质分类，长期以来说法不一。我国古代有喜、怒、忧、思、悲、恐、惊的七情说，美国心理学家普拉切克提出了 8 种基本情绪：悲痛、恐惧、惊奇、接受、狂喜、狂怒、警惕、憎恨。还有的心理学家提出了 9 种类别。虽然类别很多，但一般认为有 4 种基本情绪，即快乐、愤怒、恐惧和悲哀。

（二）根据情绪与情感的强度以及持续时间分类

根据情绪与情感的强度以及持续时间的长短分类，可分为：

1. 心境。心境是一种比较微弱而平静又在较长时间里持续存在的情绪状态，它不是关于某一个事件的特定体验，而具有广延、弥散的特点。

2. 激情。激情是一种迅速强烈地爆发而时间短暂的情绪体验。

3. 热情。热情是一种强有力的、稳定而深刻的情感。

4. 应激。应激是出乎意料的紧张情况所引起的情绪状态。

（三）根据情绪与情感的社会性内容分类

根据情绪与情感的社会性内容（也即通常所说的人类的高级情感），情绪与情感可分为：

1. 道德感。道德感是个人根据社会道德准则评价自己或者别人的言行举止时所产生的情感,并且直接体现了客观事物与主体的道德需要之间的关系。

2. 理智感。理智感是人的求知欲望是否得到满足而产生的高级情感,是同人的认识过程和智力过程一起出现的,与人的认识活动、求知欲、认识兴趣的满足、对真理的探求等社会需要联系在一起。

3. 美感。美感是人们根据美的需要,对自然、社会生活和它们在艺术上的反映进行评价时产生的情感体验。

四、情绪三因素说

情绪三因素说是 20 世纪 70 年代初美国心理学家沙赫特(S. Schachter)提出的。他认为,情绪的产生不是单纯地决定于外界刺激和机体内部的生理变化,而应归因于 3 个因素的综合作用,即刺激因素、生理因素和认知因素,其中认知因素起着重要的作用。如图 8 - 5 所示。

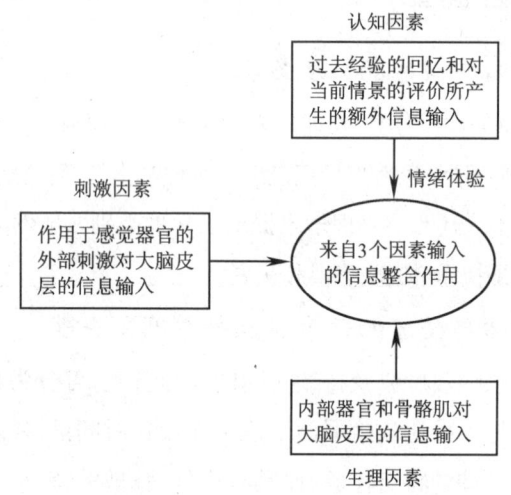

图 8 - 5 情绪三因素说图示

情绪三因素说强调认知作用的见解是受到实验支持的。他们的实验如下:把受试者(大学生)分成 3 个组,各组的受试者都接受同一种药物注射(肾上腺素),但受试者并不知道注射的是什么,然后,分别给 3 组受试者不同的说明。第一组被告知,该药物将使你感到心悸、手抖和脸部发热(肾上腺素注射后的通常反应);第二组被告知,该药物将使你感到身上轻度发痒,手脚有些发麻,此外并无其他作用；对第三组则不作任何解释。注射后，各组受试者都进入两种特殊的情境中休息：一是有人作滑稽表演，令人发笑；二是强制受试者回答繁琐的问题，并吹毛求疵，横加指责，极易引人发怒。根据注视者的观察和受试者的自述，发现第二组和第三组的多数人，在头一种情境中显示出愉快的情绪表现，而第一组却很少有类似现象。在后一种情境中，第二组和第三组成员显示出愤怒的表情，而第一组仍然没有类似现象的出现。这些结果说明，尽管3组被试者均处于相同的情境中，药物引起的生理状态也相同，但是对生理反应的认知性解释不同，于是有不同的情绪体验。

按照沙赫特的学说，认知因素中对当前情境的估计和过去经验的回忆在情绪形成中起着重要作用。例如，某人在过去经验中遇到过某种危险的情境，但能平安度过，当他再次经历这种险境时，回忆起过去的经验，便能泰然自若。也就是说，当现实情境与过去建立的经验模式相一致，相信能加以应付时，人就没有明显情绪；当现实情境与预期和愿望不一致，感到无力应付时，人就会产生紧张情绪。这种学说更加强调人的认知过程对情绪的调控作用。

情绪三因素说的理论和实验结果提示我们，在传播活动中，采用情感诉求手段时不能忽视认知因素的作用。

第三节　广告中常见的情感类型

从喜、怒、悲、忧到道德感、荣誉感、成就感，人类的情感可分为多种基本类型或者说多个维度。在广告中，最为常见的是美感、亲热感、幽默感和害怕感。

一、美感

美感是人们按照一定的审美标准，对客观事物包括人体在内进行观赏、评价时所产生的情感体验。美感包括自然的、社会的和艺术的3类。一切符合需要的对象都能引起美的体验。

这种体验由弱至强经历着不同的程度。它具有两个特点：一是愉悦的体验，包括喜剧和悲剧引起的美感；二是倾向性的体验，即对美好事物的迷恋和对丑恶事物的反感。

美感具有客观性、社会性和阶级性。对于不同的历史时代、不同的社会制度、不同的社会阶层的民众,其审美标准也往往不同,因而对美的感受也不同。

美感是一种积极的情感体验。追求美是人所共有的心态,尤其是年轻人。因此,善于进行美感诉求,也可能获得以情动人的效果。一个令人赏心悦目的广告,可以通过搭配和谐的广告色彩,通过使人心情舒畅的音乐,通过丰富的广告想象力和优美的背景等广告元素,给人带来美的享受。也可以通过对自然、轻松、青春活力等美感体验的追求来设计广告情境,达到美感诉求的效果。图8-6的香皂广告在这两方面可谓兼而有之。

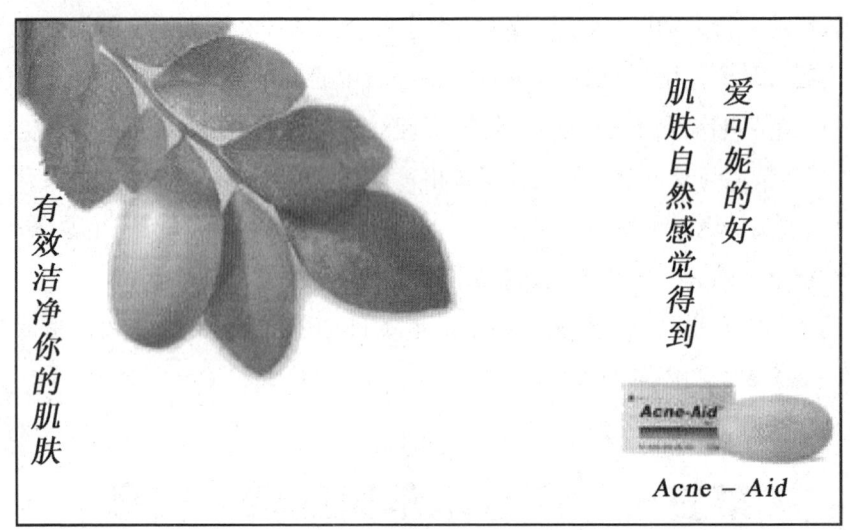

图8-6 爱可妮(Acne-Aid)香皂的美感诉求

这个香皂广告通过柔和清透的绿叶来使人联想到洁净清爽的肌肤,在构图、字体、颜色、空白上使人感觉到简洁、自然、轻松、活力的美感,同时也蕴含了人们对洁净肌肤的身心两方面美的追求。

二、亲热感

亲热感这一维度反映着肯定的、温柔的、短暂的情绪体验,它往往包含着生理的反应以及有关爱、家庭、朋友之间关系的体验。在这个维度上,经常使用的形容词有:和谐的、温柔的、真诚的、友爱的、安慰的,等等。广告画面中人物的亲热关系,比如,深情的恋人、嬉戏的母子,都容易使观看者产生同感。

其中,爱的诉求是常见的一种。比如,针对孩子们的各类商品就常建立在母爱的诉求上。如图8-7所示,中国平安的广告,体现了一家三口的温馨生活,力图激起人们对家的温暖的渴望以及对家人健康平安的需求。

图8-7

亲热的程度是可以通过实验来测定的。在屏幕上呈现出一定的广告,用一份评价量表供收视者观看广告时表明自己的主观感受。该量表可以由若干亲热等级构成,比如,激动得含泪—热情—中性——缺少亲热感。皮肤电(GSR)作为亲热度的生理指标也曾被使用。艾科(D. A. Aaker)等人曾测试了6幅广告,结果表明亲热度与皮肤电之间的相关系数平均达到了0.67(相关系数为1表示完全相关,0表示完全无关)。他们的实验表征了一系列广告有效地改变着所感受的亲热度,而且亲热感又确实有提高广告效果的作用。借助于广告显示后的如下测量——对广告的喜爱、对文案的回忆以及购买的意向,该研究还观察到,亲热的广告要比幽默的或不受欢迎的广告其效果明显得多。

亲情、友情、爱情等情感的融入,往往更容易让广告和产品打动受众,引起共鸣。

腾讯的广告《亲情篇》(见图8-8)2011年在央视春晚前播出:"她,是我最亲近的人,但也许正因为相距太近,反而有了距离,好想逃开。有一天,她突然在QQ上出现,当与她相隔在地球两端,我才逐渐读懂生活,读懂她。偏见,因为距离而消失,爱变得清晰,唠叨变得动听。距离远了,弹指间,心却近了。12年相伴,腾讯。"朴实的语言和平常的画面,在除夕夜触动了亿万观众的内心。央视广告中心

审查总监冯惠表示:"我们在看到小片时,一致认为这则广告无论是立意还是表现都特别优秀、感人。"亿万中国网民也在微博上为该广告投出了一票。

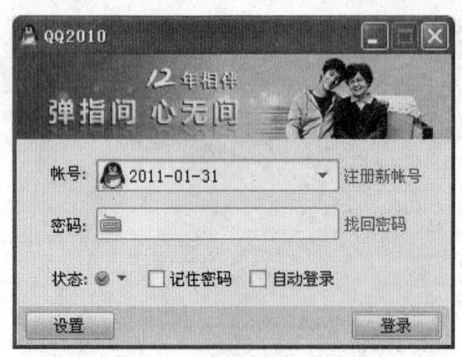

图 8-8

孔府家酒在《北京人在纽约》热播全国的时候,以其主题曲"千万里,千万里,我回到了家……"和主演王姬的一句"孔府家酒,叫我想家"打动了全国的观众,这正是以亲情动人的典型例子。贵州青酒厂请香港影星代言的广告以"喝杯青酒,交个朋友"为其诉求点,则是诉诸热诚无羁的友情,因此而受到消费者青睐。

三、幽默感

幽默广告使人发笑,产生兴奋、愉快等情绪体验。它可以导致这些积极体验潜在地与特定品牌发生联系,从而影响受众对品牌的态度,还可能影响到人们对品牌的联想、信念等。另外,它可能潜在地影响信息加工。麦柯克伦·施皮曼研究机构对500则电视广告作过调查,结果表明,逗人发笑的广告容易记忆和更有说服力。

法国克隆堡啤酒在广告中写到:"法国的阿尔萨斯(啤酒产地)人十分惋惜地宣告,珍贵的克隆堡啤酒正在源源不断地流向美国,阿尔萨斯人诚恳地要求美国不要喝完我们的克隆堡啤酒,阿尔萨斯人真舍不得让克隆堡啤酒离开他们。"这种幽默的表达正符合美国文化的特点。法国一家化妆品商店的广告词更加夸张:"千万不要向从本店走出来的少女递媚眼儿,小心她是你奶奶!"

一则餐馆广告是这样的:请来本店用餐吧! 不然你我都要挨饿了。一语双关的幽默,使人发出会心的微笑。再看图8-9的发胶广告,使用该发胶后,狮子的"爆炸头"变柔顺了。

图 8-9

图 8-10 是奥林匹克运动会的广告,其广告语是"if you don't move, you get fat.",利用变胖的大卫雕像表明如果不运动,就会发胖。

图 8-10

但是,幽默广告也有一些危险性。一是逗人发笑但可能缺乏说服力,这将会直接影响促销的效果;二是可能使人觉得应当严肃对待的事情却被当成儿戏。资料表明,银行、保险公司等较少采用幽默广告。因为金钱、财产、生命和死亡都不是取笑的对象。正因为如此,美国一家著名的保险公司取消了一批对死亡持不严肃态度的人寿保险广告。

四、害怕感

害怕的诉求,是指通过特定的广告引起消费者害怕及有关的情绪体验,如惊恐、厌恶和不适等,利用广告中的不幸事件,敦促人们要听从广告的劝告,来免除这种不幸的发生。对这类广告应用最多的是那些有关人身安全和免受财产损失的商品。具体地说,家庭保险的广告诉求旨在提醒人们免受财产损失,而各种药品、保健品和护肤品的广告诉求,则是为了满足人身安全或身体健康的需求。还有一些商品广告涉及危害友谊、身份、职业的一类轻微的恐惧诉求,诸如防狐臭剂、防晒霜、安睡枕、防盗门以及一些保健食品、药品等。

很多戒烟广告都用了人的骷髅、过度吸烟导致的病变肺部等为广告元素,令人感到恐惧。参见图8-11。

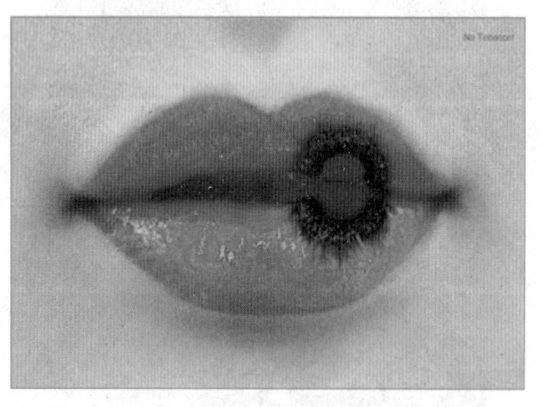

图8-11 戒烟广告

当然,并不是所有"害怕"诉求的广告都能达到预期的效果,它的有效性取决于诉求的适宜强度。有一项试验通过适宜不同强度的威胁,考察说服效果是否有差异。前两种强威胁分别是:"牙齿的保养差,就无法补救","牙齿的保养差,定会坏掉两三颗蛀牙";第三种威胁是中等程度的;第四种是无威胁。结果受到强威胁(第一种)的被试真的表现出害怕,但一星期后,只有中等程度威胁的受试者,最服从说服的内容;受到最强威胁的被试组和无威胁的被试组之间说服效果没有差别。这说明,威胁太强时,反而无效果。① 研究结果表明,当害怕的诉求引起的恐惧程度很低时(如图8-12情景1),不足以使被说服者产生较大的心理压力,未能引起对问题更大的注意和关心,因而说服效果不大。如果害怕的或威胁的诉求太强(如图8-12情景3),可能激发消费者知觉防御机制,从而导致他们对面临的问题产生回避反应,拒不接受说服信息,这样也不会产生较好的说服效果。极端的例子是人们不愿目睹各种惨状的照片。一般情况下,中等强度的威胁说服效果最好(图8-12情景2)。综合起来,说服效果与威胁强度呈倒"U"形关系,如图8-12所示。

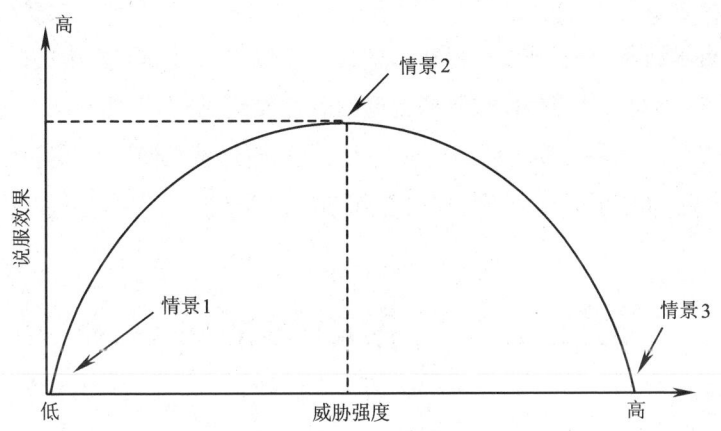

图8-12 威胁强度与说服效果间的关系

心理学家琼斯等人探讨了什么样的恐惧程度最能改变人们对抽烟的态度。他们设置了两个实验组,一组引起高度恐惧,一组引起中等程度恐惧。实验中给高度恐惧组的被试看一部彩色科教片,电影介绍一个抽烟厉害的人得了肺癌而接受手术的过程,让被试看到患者被打开的胸腔中糜烂的肺;中等程度恐惧组的被试看这部电影时,上述镜头被剪去了,被试只看到患者胸部的X光片和医生的口头说明。比较两组被试对抽烟的态度改变情况,结果是前者态度改变的人数少于后者,比例分别是36.4%和68.8%。②

然而,说服过程中威胁的"适当"也是依目标消费者和产品的不同而转移的。例如,应用害怕的诉求于戒烟宣传,如果目标群体是青少年(不会吸烟者),强诉求更可能有利于他们遵照宣传中的要求去做;如果目标群是那些有烟瘾的吸烟

---

① [日]川胜久著:《广告心理学》,福州:福建科学技术出版社,1985年版。
② 时蓉华:《社会心理学》,上海:华东师范大学出版社,1989年版。

者,强诉求则就可能引起他们的心理防御和知觉回避机制。最典型的是美国的一则戒烟广告:美国著名光头演员尤伯·连纳身患绝症,面对摄影机说了一段话:"我将不久于世。我吸烟太多,吸烟会致癌,请不要吸烟。"他死后,电视台立刻推出这则广告。尤伯·连纳蜡黄的脸,深沉的语调,实在令人悲伤和恐惧,给人留下难忘的印象。美国另一戒烟广告则说:"为了使地毯没有洞,也为了使您的肺部没有洞——请不要吸烟。"对于烟瘾大者,这些强诉求广告容易造成他们的回避心态。对于低卷入(对消费者不太重要)的产品而言,比如口罩,则可能要很强的诉求才能引人注意。

害怕诉求通常还要伴随理性诉求,即需要提供解决问题的方法。我国的药品、保健品广告也常使用恐惧诉求,其最普遍的表达模式是:如果你不吃……药或保健品,你将缺少……某种营养,会得……病,解决办法自然就是使用广告产品了。不过,正如上面所述,恐惧诉求由于不易把握适当的度,易使人反感,所以使用时要慎重。

第四节 广告中的情感诉求

一、广告元素的情感诉求作用

在广告设计中,颜色、插图、字体、广告歌、文案广告语等元素,都可能与一定的情感体验发生联系,因此,它们常被用来诱发特定的情感。

(一)颜色

人类生活在一个明暗交织、五彩缤纷的世界中,每时每刻都在同颜色打交道。颜色能使人产生各种各样的联想和情感体验。不同的颜色,常常和一定的对象和心境联系在一起。综述有关的资料大致可以概括为:红色常同节日喜庆联在一起,给人以兴奋、激动、热烈的感觉,另外还可能与血、火、危险等建立联想;橙色、黄色引起阳光明媚、希望、轻松、幸福、朝气蓬勃的感受,容易使人联想到橘子、水果等;绿色使人想到春天、万象更新、青草、森林和田野,感受到生机和希望;蓝色与海洋、天空发生天然的联系,使人安静和轻松;紫色常使人联想到寂寞、不安、忧郁;白色象征着纯洁;灰色、黑色则令人感到严肃、不安和伤感,分别容易联想到阴天、灰色建筑物、黑夜、黑纱等等。

(二)插图

广告插图包括绘画和照片。它更易直接展示和唤起人们的各种情绪、情感体验。例如,在那张著名的"希望工程"招贴画中,小姑娘瞪大眼睛渴望求知的神情特写,表现出强烈的情感冲击力,深深地打动了千万人的心,如图8-13所示。

(三)字体

资料表明,广告中的字体和情绪色彩也有一定联系:愉快的心境往往与弯曲、明亮的美术体相对应;悲伤、严肃的心境则更易与角形的、粗体形的字体相联系。从图形与心理反应的关系来看,带有折线的图形容易使人联想到尖刻、不悦,而平缓弯曲变化的图形更能给人带来舒缓、快活的心境。

图8-13 希望工程巡回义演宣传画

(四)广告歌

优美的旋律,富有情趣的歌曲具有强烈的感染力。因此,其在广告中既可以用来表现广告主题,又可用做背景加强效果。过去的"燕舞,燕舞,一曲歌来一片情",近年的"更多选择,更多欢笑,就在麦当劳"和新近麦当劳的"I am loving it"背景音乐都是这样的例子。

(五)文案广告语

广告语常常具有鼓动人心的作用。其营造的氛围或其中蕴藏的真挚情感常引起人们的共鸣。心理学家发现,情感词对人的情绪会造成冲击,并造成一定的认知倾向和生理指标(如皮肤电)的变化。普拉切克(R. Plutchik)也曾提出过一份由40个情绪词组成的词表①,其中包括蔑视的、惊讶的、热情的、接受的、不高兴的、害怕的、犹豫的、愉快的、冒险的、探究的、深情的、羞怯的、困惑的、悲哀的、高兴的、厌恶的、期望的、奇妙的、失望的、烦恼的、令人振奋的、敌意的等情绪词。

在第三章"知觉过程及其影响因素"有关情绪因素的内容中,我们曾经介绍过,美国的推销训练专家发现一些字眼有利于推销而另一些却于此不利。其原因

---

① Robert Plutchik. A General Psychoevolutionary Theory of Emotion, in Robert Plutchik and Henry Kellerman (Eds), Emotion: Theory, Research, and Experience. New York: Academic Press, 1980.

主要也在于这两种字眼分别引起积极的或消极的情感体验,从而导致了不同的洽谈和购买意愿。

这里举一个利用商品名称和颜色来促发情感欲求的例子:Hardy 是澳大利亚的大型葡萄酒公司。该公司调查发现,澳大利亚葡萄酒消费者中的 44% 是 20～29 岁的女性,7% 是 30 岁以上的女性。于是,该公司就专为年轻女性设计了富有个性化、名为"淘气"的低酒精葡萄酒系列包装。这款包装由"热望"、"激情"、"酷妹"、"我爽"和"都要"组成,采用 750ml 流线型玻璃瓶,颜色各异。如"热望"是金黄色的,"都要"则呈红色,在玻璃瓶上极为均匀细密地涂有金属涂层,使酒瓶看上去更有光泽,更为精致,摸起来更感舒服。果然此包装推出一年来,许多年轻女性就像喜爱自己的口红和香水一样喜欢它,销量直线上升。

二、心境与广告播发

上述各种广告元素,甚至诸如形状、声音、线条、比例等线索,都可以用来引发一定的情绪体验。反过来,足够强烈的情绪体验,也并不会因为引起情绪的对象消失而马上终止。一部感人的电影、一场扣人心弦的比赛、一个隆重的典礼,都可能让人久久无法平静。在此期间,其他一切体验和活动都有可能染上同样的情绪色彩。利用这种心境的持续效应,在人们的情绪反应尚未平复的时候,适时地插入商业广告可望收到一定的情绪效果。例如,在转播精彩比赛或文艺演出的空隙,适时播放一则商业广告,其效果可能比平时好些,当然,广告的内容和情感氛围,一般应与活动场合相谐调以免令人反感。一些企业主为了使更多的消费者了解自己的产品,并对其产生好感,也不惜重金资助各种体育比赛,以获得广告传播的良机和知名度以及情感偏好的提高。

至此,我们已经对广告的理性诉求和情感诉求这两种基本的广告诉求形式分别作了介绍。应当说明的是,这两种诉求形式并非是截然分开的。一方面,理性广告虽然着重于认知评价,但情绪三因素说已经指明,认知因素将会对情绪、情感起作用。另一方面,理性诉求也可能隐含有情感的因素,比如,消费者在理性广告的说服下,想象到产品可能带来的实惠和满足感,产生积极的情感倾向;而情感诉求的广告也必须以商品的质量、性能为基础。由此可见,理性诉求与情感诉求只是侧重点不同而已,不可能泾渭分明。在广告实践中,这两者常常是结合出现的。比如说,国内某果冻广告,数年来坚持走情感诉求路线,强调品尝果冻时的亲情、友情氛围,以树立该产品独特的品牌内涵,但在广告中,仍然会鲜明地表现该产品的营养如何全面、口感如何爽滑,并配以令人心动的吸食果冻的声音,所有这一切,都是为了使情感诉求与理性诉求自然地融为一体,增强广告的说服效果。

本章小结

情感诉求与理性诉求并列为广告说服的两种基本形式。情感诉求的说服作用可以通过直接的或间接的方式起作用。直接的方式是指通过经典条件反射作用或是学习模仿而产生一定的情感体验,影响品牌态度;间接方式则是指情感体验影响认知加工,通过认知反应中介态度变化。在本章中,还介绍了情绪和情感的概念、关系、分类和维度等内容,并且专门列述了在广告实践中常见的几种基本情感类型。最后,对广告中各种元素所能产生的情感诉求作用作了说明。

思考题

1. 什么是情绪?什么是情感?二者有何关系?
2. 情感诉求是如何起说服作用的,试说明其原理。
3. 广告中常见的情感类型有哪些?试举广告案例分析其中的情感类型。
4. 广告中如何进行情感诉求?请选择一种商品尝试对其作情感广告创意(小组讨论)。

案例讨论

一汽奔腾的病毒式营销:让爱回家

2011年春节前夕,一汽奔腾投放的一则TVC视频感动了无数中国人:一个离家3年的年轻人准备开车回家过年,半途接到老板电话,让他立刻赶回公司。在远方的老家,母亲守着一桌菜,父亲独坐门外。年轻人独白:"我没算过这条路到底有多长,我只知道,我让他们等了很久!"这则广告结尾时的广告语——"别让父母的爱,成为永远的等待;让爱回家,一汽奔腾"更是触动了无数春节返乡人的思乡情结。

案例讨论

一汽奔腾"让爱回家"种子病毒视频广告语很快成为春节期间网民口中的热词,在网络上引发大面积的传播,引起社会舆论的广泛讨论。

剖析一汽奔腾"让爱回家"活动的推广轨迹,不难发现,"让爱回家"理念通过一系列情感包装、理念推广以及影响提升,最终被放大成为一个社会事件。网络媒体对事件的快速扩散功不可没,通过与腾讯平台合作,"让爱回家"理念在短短两个半月的时间内完成了发酵、爆发、二次爆发。

强势平台覆盖海量用户

无尽的工作、无聊的应酬、无理的老板、无情的员工,所有的一切,都阻止了人们回家的路,3年不回家看父母,忙碌绝对不应该是回不了家的理由,只是迷失在现代城市里的都市人逐渐迷失了亲情。一汽奔腾"让爱回家"视频广告片有力地刺向现代都市人的内心,引人深思。贴近目标受众的主题使这则广告有了强大的感染力和病毒性,但想让广告产生预期的影响力,就必须借助强势的媒介投放组合,确保目标受众的最大化覆盖。

腾讯网在门户网站中无论是流量还是用户体验都名列前茅,是"用户体验最佳的媒体之一"。与上海世博会合作,对南非世界杯、广州亚运会、达沃斯论坛、博鳌论坛报道形成的绝对优势,进一步确立了腾讯主流媒体的地位。

12年不断积累,腾讯IM客户端已发展成为一个超级平台,拥有活跃

> 案例讨论

账户超过6.7亿，同时在线用户超过1亿，每天的信息传递超过60亿次，链接着中国网民的人际网络，平均每位用户拥有70个好友，更新签名、发表日志、点亮图标等等，QQ上的一切都牵动着用户的眼球。

用户通过春运专题和微博话题进入"点亮"页面，通过按钮点亮IM客户端上"让爱回家"主题图标。图标被点亮后，名字后方显示出相应的标志，每位用户的好友都能够看到。用户好友的鼠标划过图标会触发活动介绍框，内置"点亮"页面链接，可直接进入参与活动。腾讯通过IM客户端传播，"点亮"亿万用户关系链影响力，推动品牌传播由"广告"上升为"社会事件"，共吸引10 147 865人参与。

一汽奔腾选择腾讯平台，借助腾讯网、腾讯视频、腾讯QQ、腾讯微博等媒体平台，将媒体触点渗透至中国1~4线城市97%的网民。媒体资源使得"让爱回家"的关注度、影响力在短期内以几何倍数得到放大，一则种子病毒视频广告引发的蝴蝶效应由此拉开。一汽奔腾因此事件的广泛扩散将品牌信息传递给更多的消费者，随之而来的情感共鸣则将一汽奔腾的品牌提升到新的高度。

品牌营销历来注重广告和公关双管齐下，而此次一汽奔腾为了营造更大的品牌曝光量，更是在理念推广时进行了大量投入。统计数据显示：一汽奔腾"让爱回家"广告在短短半个月的时间里，总曝光量为26亿次，广告总点击量为163万次。

"让爱回家"广告以视频、平面、动画等形式出现于腾讯多个应用媒介平台，其中包括AIO—右侧竖栏、客户端—MiniBanner、娱乐频道—内容页—通栏和新闻频道—内容页—右边矩形等优质广告位，通过大范围品牌视频广告曝光，驱动用户关系链快速传播。腾讯网络媒体产品部助理总经理刘曈说："没有精心安排的推广和运营，品牌信息只会淹没在信息海洋中。"他认为，将海量信息覆盖海量人群的做法，使得一汽奔腾品牌信息快速扩散走出了第一步。

互动传播驱动情感传递

海量的广告信息虽然能对网民进行一轮轰炸式的告知，但要让品牌信息深入人心，甚至将品牌信息转换为网民主动传播、驱动用户关系情感链传递,则需要进行公关包装与情感互动推广。

腾讯将"让爱回家"春运专题,通过"回家大调查"、"全家福照片征集"、"对父母说出我的爱"等栏目,推出了情感互动三部曲,充分调动网民春运回家的情感,为后续互动预热。其中,共有 17 069 041 人参与春节是否回家调查、2 001 589 人上传了全家福、608 659 位网友留言感恩父母,与名人一起送上对亲人的问候,形成了一面"让爱回家"祝福墙。统计数据显示,"让爱回家"TVC 在腾讯视频等平台上的主动观看为 8 465 793 次。这些活动,丰富了"让爱回家"的表现形式,将一汽奔腾品牌融入到亿万中国人最为关注的社会性大事件中,一汽奔腾"让爱回家"对 2011 年中国人的春运情结进行了温馨的诠释。

在媒介组合方面,一汽奔腾巧妙运用了核心传播资源腾讯 QQ 客户端 Tips,将曝光与网民关注度推向高点,结合春运语境,有效地调动用户情感关系链自发传递,让种子病毒视频有了"生命力"和"穿透力"。统计数据显示,"让爱回家"Tips 的点击率为 3.78%,真正将广告信息包装成公关信息,让品牌信息锁定更多的消费者。

负责执行一汽奔腾项目的新势整合传播机构客户总监高胜宁告诉《新营销》记者:"广告资源投放集中在春节前,节后主要依靠微博话题及春运专题等软性推广,延续拉高品牌传播声量和受众关注度。正是节后大量的互动传播,才将'让爱回家'的热度拉高到全网热议的程度。通过对话题进行引导以及对内容契合 UGC 内容进行编辑和推荐,产生了大量与'让爱回家'理念相关的内容,因此产生的互动信息直接影响了中国网民对'让爱回家'诉求的关注度。"

名人分享推广事半功倍

"'让爱回家'没有将营销诉求放在具体的车型、功能上,而是以春运为切入点,传播一汽奔腾的品牌理念和价值观,借助名人及媒体推广,配合微博、QQ 空间等社会化媒体平台,最终通过腾讯媒体的影响力,引发社会共鸣。"刘曜说。

腾讯微博借助名人影响力,整合数十位各界明星及草根领袖,加入到一汽奔腾"让爱回家"行列中,带动其庞大的追随者群体,将品牌价值观

引向更为广阔的社会化媒体平台。随着刘翔、韩乔生、刘晓庆、羽泉等拥有话语权的明星开始关注并参与到品牌事件中,带动了更多粉丝响应,使一汽奔腾"让爱回家"在更大的范围内引起了网民关注。

除了名人,各种媒体平台整合传播的效果也很明显。比如,中央电视台《王凯读报》重点解读了此次微博活动,新华社刊发《临近春节"让爱回家"蹿红成网络最热门词语》,而《新华每日电讯》、《经济参考报》等国家级媒体和《北京青年报》等数十家都市报都对此进行了报道。同时,腾讯网新闻频道《今日话题》栏目推出"让爱回家"专刊,集中推广"让爱回家"活动,进一步强化用户认知。

此外,腾讯网"让爱回家"春运专题还内置了分享功能,为有分享需求的网友提供分享途径,充分挖掘腾讯网民互动传播的潜能,引发病毒式扩散。一汽奔腾在腾讯媒体平台采用了多种社会化媒体手段,其中包括跨平台主题活动、腾讯网春运专题、微博春运话题讨论、IM客户端图标点亮、腾讯视频等,平台多元,形式多样,每一项都在交互影响不同层面的网民。"超过65%的专题流量来自用户分享,入口主要集中在IM、QQ空间、腾讯微博等应用。"刘曜说。

大众的认同与传播显然更能够衡量品牌营销的价值。"让爱回家"活动举办两个月,腾讯微博与一汽奔腾"让爱回家"相关的话题数总计高达25 551 715条。上千万用户点亮"让爱回家"主题图标,将品牌价值观带入其个人关系网扩散传播,使得品牌影响溢出网络,最终成为社会性热点话题,"让爱回家"也被互动百科评为2011年1月的互联网十大热词之一。

腾讯提供的数据显示,共有6 000万人次深度参与此次品牌互动活动,远远超出了最初的预期。对参与此次品牌互动活动的人群进行分析可以看出,男女比例基本相同,符合品牌传播主题的全民性特征;25岁以上核心目标群体的比例为66%,20岁以上春运人群的比例为88%;73%的覆盖用户在家里和办公室上网,正是一汽奔腾"让爱回家"品牌诉求的目标人群。而一汽奔腾认为,目标人群的成功锁定正是由于腾讯平台具有社交网络属性,通过社交媒体的有效分享,最终精准而有效地覆盖了年轻群体。

（案例来源：《新营销》，2011年第7期，作者：于文）

讨论题：

1. 请用一些形容词来概括本广告能够引起的情绪情感反应。

2. 根据本章内容简要分析一汽奔腾的这则广告是怎样进行情感诉求的，试分析该广告案例的情感类型。

9

现代广告心理学

广告效果测评

本章重点及学习要求

广告的效果不仅仅体现在经济效益上,还包括其心理效果和社会效果。由于社会效果和经济效果有多重影响来源,将广告效果的测量放在心理效果的层面上将更具针对性和有效性。本章的重点在于广告效果测评的理论模型、测评的类型和相关方法和技术。通过本章的学习,学习者应掌握主要的广告效果测评理论(AIDA说、DAGMAR模型、广告的六阶梯说),能够分析不同观点之间的异同;还要掌握广告效果测评的主要类型,以及广告效果测评的相关方法和技术,在实践中应能根据测评目的选择合适的测评方式。

国内现在有许多企业不惜巨额资金投放广告以及请咨询机构策划和实施，但对广告效果的评价和追踪却不太重视。美国著名企业家约翰·华纳梅克曾感叹道："我知道我的广告费有一半是浪费的，问题是我不知道浪费掉的是哪一半。"如果能使巨额投入事半功倍，从成本和效益的角度来说无疑对企业有巨大吸引力。显然，对广告效果的评估和反馈，有助于企业和从业机构更好地改进广告策略与实践，这方面的方法探索和相关研究从19世纪末20世纪初开始，就一直没有停止过。对广告效果进行测量，是广告活动必不可少的环节。在一些广告业发达、规范的国家，一个广告代理商拿出的广告企划案，必定包括"广告评价"一项，而且，对评价计划也要拿出一套具体的办法，说明用什么方法、采取哪些指标进行广告效果评估与追踪。效果评估的结果也必须有量化的数据来说明。

广告活动是一个连续的过程，广告效果的测定也往往是多次性的，是连续性和多样性的统一。

第一节　广告效果测评理论

一、广告效果的分解及其特征

（一）广告效果的分解

广告效果是广告对其接受者所产生的影响以及之后由人际传播所产生的综合效应。具体来说，广告效果可分为广告的心理效果、经济效果和社会效果；从时间的角度，又可分为即时效果和延时效果（潜在效果）。

广告的心理效果也称广告的接触效果，是指广告呈现之后使接受者产生的各种心理效应，包括对受众在知觉、记忆、理解、情绪情感、动机与行为等诸多心理特征方面的影响。这是广告效果最核心的部分，对它的测定最能反映出广告宣传效力的大小。

广告的经济效果最直接的即是广告销售效果，就是由于广告活动而造成的产品和劳务销售量的变化，以及相应的利润变动。但客观地说，它还应包括由此引发的同类产品的销售、竞争情况的变化，以及相关市场中经济活动的变化。比如说,由于广告活动的作用,某品牌商品的市场份额上升,推动了本企业的市场开发、新产品的研制推广,同时也加剧了与对手的竞争,促进了对方在改进产品、加强管理、人力促销等各方面的积极变化。也有可能广告同时引起广告商品和同类商品的销量增加,即对整个品类的销售都起到拉动作用。

广告的社会效果是指广告活动不仅对人们的消费行为、消费观念的变化起作用,也会对整个社会的文化、道德伦理等方面造成影响。例如,美国的可口可乐经过长时间的、跨越不同历史时期的各次广告活动(许多是与竞争对手的广告大战),它的商标、包装、品牌形象已为广大的美国人民所接受,并同苹果馅饼、热狗、星条旗一样,已成为美国文化象征的一部分。

广告的即时效果是指广告活动在广告传播地区所造成的即时性反应,如即时的促销效果。广告的潜在效果则是指广告对受众的观念的冲击,如消费者对产品及企业印象的变化。这些观念上的影响可能一时难以看出,但经过广告活动的重复、巩固、加强之后,便会逐渐表现出来。

（二）广告效果的特征

广告效果有什么样的特征呢？概括而言主要有以下两点:

1. 复合性。广告效果是心理效果、经济效果和社会效果的统一。商业广告的目标往往放在经济效果上面,忽视了广告的心理效果和社会效果。比如,国内某著名品牌保健品的电视广告,广告频率高,但是创意却不怎么样,播出之后观众们很不喜欢,该广告被评为2002年十大恶俗广告之一。但是由于广告播出之后产品的销量很好,所以如今企业还在继续沿用以往的广告设计风格,并做了产品的系列广告。据笔者课堂上的多次调查显示,观众对该产品的广告厌恶情绪很高,不少观众认为,"如果有别的品牌可以选择,那我一定不买这个产品！广告做得太让人厌烦了！"这种广告播出之后受众的情绪反应恐怕是广告主没有考虑到的。

2. 累积性。广告活动是一个连续的、动态的过程,它具有一定的时间和空间的延续性。消费者从接触媒体到完成购买,中间有一个心理积淀的过程。广告的不同组合、重复发布就是对这种心理积淀的促发、巩固和加强,在此过程中广告信息逐步转化为消费者的意识。随着广告活动的进行,消费者被打动、说服的程度逐渐加深,由注意到兴趣、信任,整个态度都发生改变,行动上由偶然的尝试购买到认牌购买,甚至影响周围人群的观念及行为。这些都体现了广告效果逐步累积的特点。

所以,广告效果的形成与实现,具有一定的周期与时空距离。因此,在广告活

动中,既要讲究战术,也要放眼长期。这样,企业才能得到最佳的广告效益。

由于广告效果的以上特性,在广告效果测定中,我们应当坚持测试的有效性、可靠性和相关性(目的性)3个原则。有效性是指我们所测得的结果应确实是我们想测的,力求准确、具体、典型。可靠性是指测试结果真实可信,具有连续性(通常指在一定时期内的多次或不同的测定中应得到的一致结果)。相关性指测试的内容必须同预期目的相关,这就要求测试者应细致划分,明确要达到的目标,列出相应的测试内容,有针对性地设计和实施测试。

二、有效广告的 AIDA 说

1898年由美国的路易斯(Louis)提出了AIDA说,它是广告理论中比较经典的观点。路易斯认为,AIDA既是消费者接受广告的心理过程,又是广告作品创作时应遵循的原则。该理论认为,广告是为了达成AIDA 4个阶段的效果。其中:

A 代表注意(Attention),指广告吸引了受众的注意力,使得消费者开始关注广告中的产品或品牌。

I 代表兴趣(Interest),指广告成功地使受众对广告和广告中的商品或品牌感到兴趣,愿意了解相关资讯。

D 代表欲望(Desire),指受众开始产生购买商品的欲望和动机。

A 代表行动(Action),指消费者在动机和欲望的驱使下,实施购买商品的行动。

这就是AIDA法则,如果再加上一个S(Satisfaction),便是AIDAS理论。

后来,人们注意到广告效果的累积性,特别是迟效性和延续性的特点:消费者的购买行为在许多情况下不是在广告暴露后立即进行,而是在之后的某个情境中,受一定刺激才发生的。在此过程中,消费者对广告的记忆是产生迟效和延续的心理基础。于是,在AIDA的基础上,加进了Memory(记忆)因素。这样,广告的心理过程就成为了AIDMA:注意—兴趣—欲望—记忆—行动。

AIDA说提出的时间比较早,而且比较符合人们对广告的心理过程的一般认识,在广告文献中经常被引用和介绍,因而在理论方面的影响比较大。但是这个理论忽略了人对刺激反应的主动性,没有充分考虑到消费者本身的需要所起的作用,因而并不能概括所有的广告心理过程。

三、DAGMAR 模型

DAGMAR 是《Defining Advertising Goal for Measured Advertising Results》一文

标题首字母的缩写。该文由美国的柯里(R. H. Colley)于1961年发表。文中将广告作用的心理过程分为如下5个阶段：未觉察某商标或企业→觉察到该商品或企业→理解(如理解商品的用途、价值等)→信念(引起购买商品的意向或愿望)→行动(即购买行为)。

罗杰(E. Rodger)则强调评价在消费者加工广告信息过程中的作用，于是在1962年提出新的阶段：未觉察→觉察→引起兴趣→作出评价→接受刺激→尝试购买→重复购买，最后也即形成品牌忠诚度。

DAGMAR模型认为，要测评出广告效果，就要事先确定广告目标。由于广告有传播信息的任务，所以广告目标中必须规定广告传播任务完成的程度。这里的"广告的传播任务"，指的是向消费者传达信息，使其记忆品牌或企业等，并促使其态度向期望的方向转变。DAGMAR模型将广告传播效果阶段称为传播谱(Communication Spectre)，如表9-1所示。

表9-1 传播谱

知名(Awareness)	受众知悉品牌或者企业名称等
理解(Understanding)	理解产品的特色、功能、价值等
确信(Conviction)	确立选择、购买、使用该品牌的信念
行动(Action)	索取说明书、参观展销会、咨询销售人员等

在广告活动开始前，就"知名"、"理解"、"确信"、"行动"4个项目对消费者进行调查，调查结果被称为初始的"基点"。广告活动期间或之后，定期、反复对此4个项目实施同样的调查，所得结果与"基点"之差异，即可看做传播效果。传播效果与最初设定的广告目标比较，借以判定实现广告目标的程度如何。以上过程可扼要表示为：①根据传播谱设定广告目标；②在不同时期实施受众调查；③根据结果，判断广告目标达成程度。比如，企业希望某次广告活动能提高其品牌知名度5%。广告活动前对"基点"进行调查，发现被调查者中有25%的人知道该品牌。广告发布后，又进行了同样的调查，结果发现被调查者中，知道该品牌的人数比例提高到了31%。与"基点"相比，提高了6%，这就是广告传播的效果。与最初设定的广告目标相比，完全实现了预定任务。

目前，商家推销产品主要依赖的手段就是广告。尤其是新产品上市时，广告所起的作用尤为重要。所以，考虑到在市场营销中广告所占的比重，DAGMAR模型可以说是十分有效的方法。

DAGMAR 模型对广告作用的心理过程划分,似乎与 AIDMA 说大同小异。但是,AIDMA 把广告视为作用者,受众为广告的作用对象,受众受到广告影响,被动地产生一系列心理活动。而 DAGMAR 则把受众视为作用者,广告为作用对象,消费者主动地对广告作一系列的信息加工。而且 AIDMA 持"以卖方为中心"的观点,DAGMAR 模型则是"以买方为中心"的市场观。应该说 DAGMAR 模型比 AIDMA 说更符合当今的市场实际。

四、广告作用的六阶梯说

勒韦兹(R. J. Lavidge)和斯坦纳(G. A. Steiner)注意到了情绪因素在决策中的作用,认为消费者对广告的反应包括3个部分:认知反应、情感反应和意向反应。因此在广告作用的心理过程阶段中,增加了"喜欢(Liking)"和"偏好(Preference)"两个过程。见图9-1。

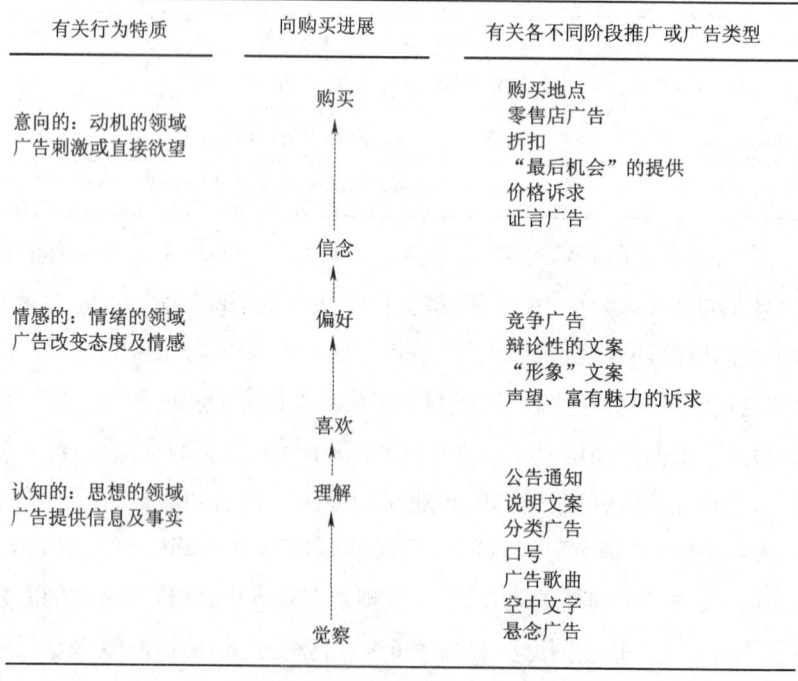

资料来源:D. E. 舒尔茨等著:《整合行销传播》,(台)滚石文化,1994年版。

图9-1 广告对消费者的效果:从觉察到行动的进展

勒韦兹和斯坦纳提出的观点比较符合心理学传统的"知、情、意、行"观点,在广告界被广泛认可,简称广告的六阶梯说或者 L&S 模式。而且该模式成为许多企业及广告代理公司制定广告目标的理论基础。

但是,和其他模式、观点一样,由于消费者加工广告信息、作出购买决策的复杂性,六个阶梯也不能概括所有的广告心理过程。有时消费者并不需要获得全部的信息,也不一定经历全部的阶梯。

第二节 广告效果测评的类型

一、按执行时机和目的来分

目前经常运用的广告效果测定的方法,根据执行的时机和目的来看,主要有 4 类。

(一)广告效果的事前测评

在广告发布之前,对广告创意、广告作品脚本及媒介组合进行评价,预测广告活动的实施效果,并据此对策划、设计进行改进。

1. 广告创意的事前测定。对广告的设计方案进行检验、测定,包括定位是否准确,主题是否鲜明突出、有冲击力,能否激起消费者的购买欲望等。

2. 广告作品的事前测定。广告制作人员的作业流程表现为根据创意方案付诸实现,形成作品。那么,在广告发布之前就应检测作品脚本传播信息的效力,具体说,就是它的吸引力、震撼力会引起受众什么样的信任感、喜欢度和购买欲望,以及广告的构图、色彩、表现手法是否恰当,等等。实际上,它既检验作品表现是否符合创意方案,也是对广告创意作进一步审定。

3. 媒体组合、刊播频率及区域的事前效果预测。在广告活动中,一般 80% 以上的费用都用来购买媒体的时间和空间,因此,媒体的选择和运用是一个极为重要的问题。通过对媒体效果的事前测定,能更有效地实施媒体计划,避免浪费,扩大效益。对媒体运用的事前测定一般要分析媒体的特性、媒体的覆盖率与持续性、产品特性、目标市场的特征、目标消费者使用媒体的习惯等。

(二)广告效果的事中测评

事中测评的优点在于:可以直接、及时地了解消费者在实际环境中对广告活动的反应,使得出的结论更加准确可靠。而且,可以根据事中测评的结果,调整以后的广告策略、广告播出进度等。事中测评的时间和次数要根据广告活动周期来确定。

(三)广告效果的事后测评

在广告活动结束后,往往需要对其效果进行全面的评估,主要是对广告的销售效果和心理效果进行测定。因为,广告活动目标不外两大类:①提高商品的销售额,增加利润,使企业获得经济效益;②改变商品(企业)在消费者心目中的印象——改变消费者的品牌态度,从而树立企业的良好形象,为企业的长期发展奠定基础。

1.广告销售效果的测定。广告销售效果的测定基本上采用调查法,即根据广告宣传的商品在市场上的占有率、销售量、消费者使用情况等方面的统计资料,结合同期广告量进行分析比较,把握广告的总体效果。

(1)销售额增长比值法。它反映了每增加1元广告费的投入可给企业带来多大的效益。所得数值越大,效益也越高。公式为:

$$广告效益 = 销售额增长量 \div 广告费增长量$$

(2)广告费用比值法。广告费所占比例越小,广告效果越大。公式为:

$$广告费比例 = 广告费总额 \div 销售总额 \times 100\%$$

(3)增长速度比较法。用企业销售额的平均增长速度与同期广告费用的增长速度进行比较,一般以年为单位。公式为:

$$平均增长速度 = \sqrt[n]{\frac{本期数额}{基础期数额}} - 1$$

其中:n——比较期时间跨度(以年数计)。

(4)增长比率比较,也即比较增长速度。通常是将当年与上一年进行比较求出增长率。比值越大,说明广告效果越好;若比值小于1,则说明广告效果比以前下降了。公式为:

$$广告效果比率 = 销售量(额)增长率 \div 广告费增长率$$

2.广告心理效果的事后测定。从广告主的角度来说,其最关心的是广告后的销售效果,在实际的广告活动中,它也最经常地被测定。但我们已经知道,由于广告效果的复杂性,我们必须从广告的传播角度入手测定广告的传播效果,更确切地说,也就是广告的心理效果,这样才能更客观地把握、衡量广告效果的大小。

广告的心理效果测定,包括消费者对广告信息的注意、兴趣、情绪、记忆、理解、信任、欲望、行动等心理活动的不同侧面,概括起来说,就是要了解消费者的态度和行为反应。测量的主要项目有:注意度、知名度、理解度、记忆度、信任度、购买动机、视听率、行动率等。实际上,对广告的心理效果的测定,在事前、事中、事后测评中都要涉及,这也反映出它在广告效果测定中的重要地位。

(四)追踪测评

广告活动过后,可以进行持续的追踪测评。追踪测评是对产品持续的销售情况进行一段时间的测查,以及对企业或者品牌在消费者心目中的变化进行测查,即对广告的长期效果进行评定。

二、按测评对象和广告受众的心理过程来分

按照广告测评的对象和广告受众的心理过程来进行划分,广告效果的评定可以划分为以下几种。

第一,接触率的测评。要测评的指标是受众日常接触各种广告的状况,因为受众对广告的接触是对广告信息进行加工的前提。接触率的测评包括受众能接触的媒体情况测评,如订阅的报纸杂志,收听收看的广播电视等。

第二,认知率测评。对广告信息的注意、感知、理解和记忆程度的测评,统称为认知率的测评。

第三,态度测评。广告的目的也可以理解为是要引起受众态度的改变。因此,对态度的测评是广告效果测评中的重要方面。通过对广告的接触和认知,受众对产品、企业或者品牌的态度会产生一些变化,这些变化需要用专门的测量技术进行测评。

第四,行为测评。广告受众的心理过程最终要落到行动环节。广告播出后,对受众购买商品的行为以及相关行为进行评定,即为行为测评。

第三节 广告效果测评的技术与方法

广告效果测评的技术与方法很多,每种方法都可以单独使用,也可以组合使用,要视具体情况而定。一般来说,广告效果测评的方法与技术可以大致分为以下几种:实验室客观测量技术、不借助特殊仪器的心理实验法和调查(问卷)法。

下面对各种方法进行具体的描述。

一、实验室客观测量技术

实验室客观测量技术需要借助特殊仪器,随着科技的进步,各种可以测量人的生理指标的仪器测量值越来越准确。目前应用到广告领域的借助仪器的技术有:

第一,速视器(Tachistoscope)。通过它,可按要求在1/1 000秒至数秒间,向被测者显示广告海报、实物广告之类的文案,让被测者予以辨认,由此判定广告作品的辨识度与记忆度、理解度,鉴定广告作品传播信息的效力。

第二,眼动仪(Eye Camera),又称视向测验仪。从侧面向被试者的瞳孔投射光束。利用眼球运动所折射的光线记录下被测者注视广告作品的眼球移动的顺序和在作品各部位停留的时间,由此分析广告作品各部分的吸引力,并据此安排恰当的表现方式。

第三,瞳孔记录器(Pupil Recorder)。当人们看到感兴趣的事物时,瞳孔会放大。在不同的情绪反应下,瞳孔也会出现放大或缩小的变化。因此科学家们研制了一种测瞳仪来记录瞳孔的变化情况,鉴定广告作品对人的吸引力和对人的情绪的影响。

第四,生理多导仪(Physiological Galvanometer)。测试被调查者在接触广告作品时的皮肤电、脑电的变化,以判断人们对作品的情绪反应及强弱程度。因为人在兴奋时,往往会心跳加速、出汗,从而导致皮肤电、脑电的变化。

第五,节目分析器(Program Analyzer)。它实际上是一种大机器,可由许多被测者同时操作,主要是以按键反应表示自己对广告作品的喜欢与否。仪器通过记录、统计不同类别的反应数目,就可判定该广告受欢迎的程度。

第六,双眼竞争技术。该技术可以用于比较两个广告设计草案的吸引力。实验时,同时在受测者的左右视野中分别出现一个广告。利用双眼的竞争来确定哪个广告占主导地位(在规定时间内被看到的次数多的广告占优势),从而判定它们的相对优劣。

二、不借助特殊仪器的心理实验法

目前的很多实验都要借助计算机,而不借助特殊仪器的心理实验法往往也要用计算机来完成。较常用的有评分法、比较排序法、淘汰法、形容词选择法、投射法等,下面进行简单介绍。

第一,评分法是由消费者对广告作品的各要素进行逐项评分。

第二,比较排序法是请消费者对参评的多幅广告作品的指定特性排出次序,由此选择出最佳广告作品。

第三,淘汰法是让消费者每次淘汰最差的作品,最后优选出一幅或几幅佳作。

第四,形容词选择法是列出许多形容词,由消费者对照广告作品,根据自己的感觉选择形容词,并对消费者的选择结果进行统计。

第五,投射法。如果直接调查消费者的态度,可能因其害羞、掩饰、敷衍、紧张等心理而不能了解到真实情况,或是因为其自身态度本来就不明朗或者未条理化而无法作答,这时候就可以采取投射法,间接地使被测者在不知不觉中表露出自己的真实想法。投射法包括:

(1)文字联想法:将与调查内容相关的词、句选择或摘要列出,由被测者自由联想或在一定范围内联想,加以回答。它有心情联想、动作联想、场所联想、要素联想、印象联想等多种,些方法较多地用于商品、企业的命名调查方面。

(2)语句完成法:结合调查项目,设置一些未完成的文句,由被试者完成,从中分析他们的本来感受、态度或特殊反应等。

(3)绘画测验:一般是画出几个人物,将其中一人的讲话内容置为空白,由受测者加以填充。

(4)主题统觉测验:可用一幅画或一段简短(含义模糊)的文字,由被调查者想象、描述、解释其中的情景、人物关系及心理等。

三、调查(问卷)法

调查(问卷)法往往通过编制测量量表来进行。可以通过书面问卷或者访谈来了解消费者对广告作品的态度,包括注意、兴趣水平、理解的程度、情绪情感倾向等。编制的量表可以采用已经有的专门量表,但更多的是根据实际的广告和广告效果测评的方面进行编制。编制心理量表的技术比较复杂,可以参看专门的心理测试书籍,这里不作细述。

也可以通过专家小组进行评价。如将广告学专家、心理学家、行销专家、企业营销主管集中起来,对广告创意进行多角度的审视与分析评价。专家小组评审带

有很强的主观性,但往往有效,并且简单快捷,花费不高。

实验法和调查(问卷)法两者实质上都是选择具有代表性的消费者进行调查,了解其意见和反应。它们的区别是:前者可更严密地控制条件,要求确定各种变量之间的因果联系;后者则可更好地照顾消费者的心态,使之与实际消费者的心态更接近和一致。因此,这两种方法可结合使用,也可针对具体情况进行取舍。

本章小结

广告效果的测评是广告活动不可或缺的一个重要环节。广告效果由内而外、由个体到群体到社会,依次为心理效果、经济效果和社会效果。广告效果具有复合性和累积性的特征。广告测评理论主要包括 AIDA 说、DAGMAR 模型和广告的六阶梯说等,这些理论观点对广告效果的测评具有指导意义。广告效果的测评根据测评的时机可以分为事前测评、事中测评、事后测评和追踪测评;根据测评的对象和广告受众的心理过程来进行划分,则可以分为接触率测评、认知率测评、态度测评和行为测评。相关的测评技术包括:借助特殊仪器的客观测量技术、不借助特殊仪器的心理实验法和调查(问卷)法。对广告效果的评价要根据广告测评的具体情况,选择合适的测评对象和测评指标,采用恰当的测评技术和方法。

思考题

1. 什么是广告效果?可否将商品销量的变化归结为广告的效果?
2. 什么是广告的心理效果?如何测评广告的心理效果?
3. 广告效果的基本特性有哪些?
4. AIDA 说与 DAGMAR 模型的核心差别是什么?这对广告效果测评有什么指导意义?
5. 试用表格整理广告效果测评的类型、方法和常用技术。并指出各种方法的适宜性。
6. 选定一个品牌的电视广告,试分析,如果对该广告进行测评的话,应该选择什么样的测评指标和测评技术、方法。

案例讨论

脑白金广告——烦归烦,效果才是硬道理

"如果脑白金让你睡得更香,请你告诉10位亲友脑白金好;如果脑白金让你精力充沛,请你告诉10位亲友脑白金好;如果脑白金对你没效果,那就请你告诉100位亲友脑白金不好"。相信很多人对上述广告语已经不会陌生,在"今年过节不收礼,收礼只收脑白金"之后,脑白金的广告诉求已经从送礼转变到疗效。新广告场面恢弘,热闹至极,在一直表现平静的电视广告中依然个性十足。广告的最后,一片欢呼声中,脑白金用强有力的声音喊出了"有效才会有道理"、"脑白金请广大市民作证"的口号。

新广告:脑白金形象能否真正转折?

脑白金从来都是新闻的产生地,其广告更是争议的焦点。脑白金曾因"送礼篇"这个"不受欢迎的广告"而首度在四川打出广告向电视观众致歉,并承诺不仅要制造好产品,更要拍摄较高水准的电视广告。也许这一次就是脑白金为观众制作的高水准的电视广告。但许多受众反映,这

个广告并不能改变脑白金已经在消费者心中形成的品牌形象。"广告是打得多,但就因为太多了,所以人们对此有了免疫力,所谓物极必反也。该调整一下广告策略了,也让脑白金休息一下,它不累,我们都看着累啊!一件事物看久了都会对它产生反感,品牌广告播久了,只会让人讨厌它。虽然知名度高,但顾客也跟着慢慢没了。"一位网友这样评价脑白金的新广告。还有人说:"其实脑白金采用如此招数,无非是想让人们记住它,从这一点上来说,厂家的确达到目的了,但让观众铭记就是好广告吗?起码我和我的同事们就不会去买脑白金的产品,即使它的效果的确很好,但品牌的好感度还是不行,何况效果只是它自己在吹嘘,广告的可信度并不是很大。"

创意不好并不意味着效果不好

厦门大学新闻传播系朱月昌教授认为,新版广告在创意上,仍然没有跳出王婆卖瓜的圈圈,仍然是先入为主,给人一种强加于人的感觉,广告依然是立足于"脑白金就是好"的结论上。虽然风格较之过去有了很大的变化,但风格的变化是否会提升产品的形象,是否会取得更好的效果很难说。对脑白金广告与该产品品牌理念的关系,朱教授说,脑白金的广告从一开始就是原始的形式,即为了促销,它还没做到品牌的阶段,没有一以贯之的品牌理念,更别说对品牌培育能起什么作用。

中国广告教育研究会会长、厦门大学新闻传播系主任陈培爱教授说,脑白金广告创意确实难以恭维,但创意不好并不意味着效果不好,而且对创意的理解每个人都有不同的看法。从脑白金以前的广告来看,其创意也差强人意,但脑白金舍得花钱,以量取胜,以频繁的露面和全国范围的大规模投放,收到了良好的效果,销量节节攀升。他们非常了解保健品广告的运作之道。这次新版广告虽然风格有所变化,但广告为的就是提高销量这种理念没有变,所以做出这样的广告来不足为奇。

影响就是硬道理

创意是广告的一个方面,但可以肯定的是脑白金尽力营造的绝对是它产品及企业的影响力。影响力之一就是脑白金广告的播放频率,高频率地在地方台曝光,给受众的感觉无非是脑白金非常有实力,能够不惜重

金在电视台投放如此高频度的广告。而事实上,据记者了解,如果广告主购买的时段和时间很长,那么电视台尤其是地方台给予企业的折扣会非常可观,有的甚至能够达到一折的程度。

从这一点上看,脑白金不但没有"破财"做广告,反而做了一件"一本万利"的事情,而且在全国造成了很大的影响力。

第二个影响力就是脑白金对消费者价值取向的影响。从整个保健品行业来看,这个行业很多产品都是不需要做成长线的,正如陈培爱教授说的,保健品与其他产品不同,大都是短命的,大概5年左右就要死掉,很难有活到10年的。保健品广告为的就是促销,为的就是在短期内赚大把的钱,这个行业很少有人去做品牌,从广告的特点来说,脑白金要的也许不是品牌,而只是在消费群中的影响。当对它的广告语耳熟能详之后,往往会在人与人之间造成一定的影响力,从而对消费产生影响。利用这种"卖点",广告量大而且制作场面宏大,从某种程度上说是延长了脑白金的生命周期。

(案例来源:《中国经营报》,2002年7月26日)

讨论题:

1. 你是如何评价脑白金广告的?
2. 谈谈你对脑白金广告对产品销售的作用的认识。
3. 根据本章所学的内容,如何对脑白金广告进行效果测评?

10 品牌建设与经营的心理基础

本章重点及学习要求

本章重点在于品牌识别特征的心理反应特点、品牌构建模式与品牌定位、品牌美誉度的市场策略以及品牌特质检测的理论模型。通过本章的学习，学习者要了解品牌价值的内涵所在，了解品牌识别特征及品牌的构建模式。另外，还要掌握品牌的知名度、美誉度和忠诚度之间的关系，懂得如何提升品牌的知名度与美誉度，同时需要掌握消费者"认牌购买"的心理过程及其与品牌忠诚度的市场策略，并初步了解品牌特质的概念、理论模型及其检测技术。

"未来的营销是品牌的战争——品牌互争短长的竞争。商界与投资者将认清,品牌才是公司最宝贵的资产。拥有市场比拥有工厂重要得多。唯一拥有市场的途径就是拥有其市场优势的品牌。"这是美国著名营销专家拉里·莱特(Larry Light)关于品牌的论断。在中国经济高速发展的今天,品牌时代已经到来。优势品牌的培育必须以对消费者的心理行为特点的把握为基础。

第一节　品牌识别特征与品牌构建模式

一、品牌价值

富有声誉或具有良好形象的品牌,是企业巨大的无形资产。在现代市场经济中,品牌的无形资产给企业带来的利益的比重将越来越大。也就是说,在企业的生产经营活动中,在赚取利润中,无形资产将发挥越来越重要的作用。表 10 – 1 和表 10 – 2 分别列出了世界 2011 年和我国 2011 年最有价值的品牌及其价值。

表 10 – 1　2011 年全球最具价值品牌(前 10 位)

排名	升降	英文品牌名	中文名
1	2	Apple	苹果
2	– 1	Google	谷歌
3	– 1	IBM	IBM
4	2	McDonald's	麦当劳
5	– 1	Microsoft	微软
6	– 1	Coca – Cola	可口可乐
7	15	at&t	AT&T
8	– 1	Marlboro	万宝路
9	– 1	China Mobile	中国移动
10	– 1	GE	通用电气

数据来源:http://www.adjia.com/article – 64340 – 1.html.

表 10-2　2011 年中国最佳品牌排行榜

排名	品牌	行业	品牌价值（百万美元）	价值变化（2010~2011 年）
1	中国移动	电信	57 326	9%
2	工商银行	金融	44 440	1%
3	建设银行	金融	25 524	22%
4	百度	互联网	22 555	141%
5	人寿	金融	19 542	新上榜
6	中国银行	金融	17 530	-20%
7	中国农业银行	金融	16 909	新上榜
8	腾讯	互联网	15 131	新上榜
9	中国石油	能源	11 292	-19%
10	中国平安	金融	10 540	新上榜

数据来源：http://www.wpp.com/wpp/marketing/brandz/brandz-2012.htm.

品牌的排名主要依据三个关键指标：①品牌价值：以美元计算的品牌经济价值；②品牌贡献：品牌对企业盈利能力的贡献，根据品牌对顾客购买决策的影响来计算；③品牌动力：反映品牌价值近期增长前景的指标。

BrandZ 最具价值全球品牌 100 强第六次全球发榜，苹果以 2010 年 84% 的惊人价值增长，成为全球最具价值品牌，并结束了 Google 连续 4 年雄踞 BrandZ 最具价值全球品牌 100 强榜单的历史。

跻身 BrandZ 全球最具价值品牌 100 强排行榜的 12 家中国公司分别是：中国移动(9)、工商银行(11)、中国建设银行(24)、百度(29)、中国人寿(33)、中国银行(37)、中国农业银行(43)、腾讯(52)、中国石油(78)、平安保险(83)、中国电信(91)和招商银行(97)。

二、品牌的识别特征

品牌的识别特征包含外部的和内部的两大类。前者有品牌名称、标识、吉祥物、形象代言人和其他视觉特征；后者有价值观、信仰、情感和其他个性特点，统称为品牌个性。

（一）品牌外部识别特征

1.品牌名称。品牌名称是消费者认识某种商品的重要线索。按照条件反射学说，语言文字也可以作为条件刺激，经过建立条件反射而在消费者心目中成为某种商品或企业的代表。一旦名称与某种商品之间建立起条件联系,那么,商品的名称就能代表这种商品,从而实现购买。研究表明,蹩脚的品牌名称不能体现商品的地位,也很少具有创造商品形象的潜力,甚至可能损害消费者对商品的正常感知。对于不熟悉的商品,品牌名称往往会影响消费者对商品的感觉。

在一项实验中,让消费者品尝两瓶相同的汽水。其中一瓶标名"熊猫"牌;另一瓶未标名。实验结果如图10-1所示。从中可以看出,虽然同是一种汽水,但是,因为品牌名称的影响,人们对它们的评价却是不同的。

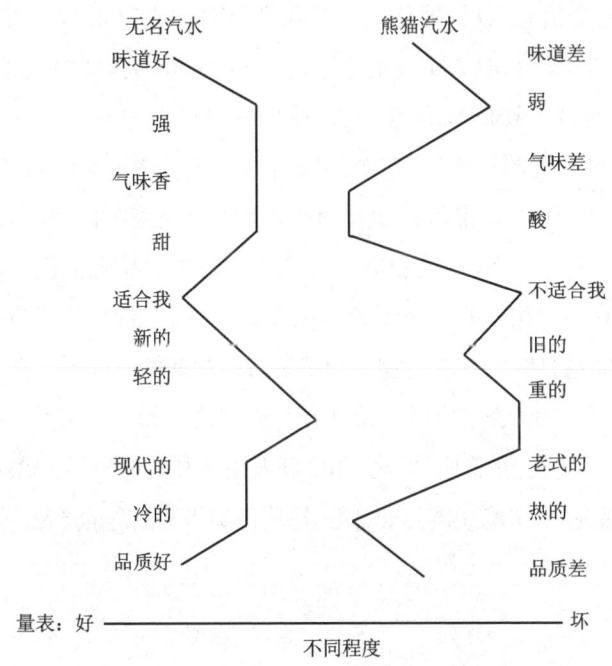

图10-1　品牌名称对商品感知的影响

在设计品牌名时应该防止以下两种倾向:

(1)雷同。有资料称,在全国注册的商标中,"熊猫"有331家,"海燕"有193家,"天鹅"有175家……又有资料称,有一年,某市210家注册商标中,用"西湖"命名的就有58家。尽管这些名称本身是美好的,但这样多的重名势必会给大众识别造成困难,妨碍在消费者心目中树立本企业或商品的鲜明形象。

(2)猎奇求偏。一味地追求独特,往往会走向猎奇求偏,陷入庸俗化。这一点尤以店名为最。像"浪人旅店"、"魔鬼酒家"、"旮旯网吧"之类的命名,完全是出于单纯考虑标新立异。这样的命名违背了消费者的正常心态,有损于民族情感和社会风俗。消费者看到这样的店名会望而生畏，或者望而生厌，哪还会有光顾的兴趣？真正的独特性并不游离于共性之外。这里所说的共性是指社会文明，更具体地说就是社会文化特征。它包括历史、风俗习惯、语言文字环境等的特征。如果一个出口商品在命名时忽略甚至违背了进口国的社会文化特征，那么，它就很可能在目标市场上遭到冷遇甚至是排斥。例如，美国通用汽车公司10年前向西班牙推出"Nova"牌汽车，"Nova"这个牌名的字面意思是"新星"，但波多黎各的汽车商对"Nova"牌汽车不感兴趣，原来，"Nova"在西班牙语中的意思是"开不动"。了解了这个信息以后，通用汽车公司把车名改成"Caribe"，结果销量就增加了。同样，美国汽车公司（AMC）生产了一种叫"Matador"牌的汽车，在美国，这个牌子使人联想到男子气概和力量，但在波多黎各的意思是"杀手"。对于这个交通事故死亡率很高的国家来说，这个品牌名的含义显然不会使人产生好感。

2. 品牌标识（图案）。品牌标识是消费者认识特定商品的另一种重要线索。对于不识字的消费者，这一线索就更有现实意义。出色的品牌标识不仅易于识别，而且还有助于大众确立相应的品牌形象。如果设计出的品牌图案与对应商品的基本属性和功能有联系，那么，它就可能引导消费者向预期的方向去作深层的联想。

施华洛世奇选用天鹅作为公司的标记，原因之一是，SWAROVSKI的前音与天鹅SWARO相同；其次，在希腊、罗马、印度和德国的神话故事里，天鹅象征着纯洁、力量和神圣不可侵犯，意义联想寓意非常好，适用于施华洛世奇的产品。见图10－2。

图10－2

3. 商标类型与心理反应差异。通常商品都会有其主要的目标消费者群。不同的目标消费者群，对不同的商标（品牌名称或标识经过工商部门注册之后，取得法律保护的专有权，称为商标）类型的反应，往往有所差异。

在我国市场上经常出现的商标类型，主要有以下 4 种：抽象型、具象型、汉字型和组合型。抽象型是由抽象的符号、图形，包括外文字母的变化组成的，如图 10 - 3(a) 所示。具象型是以具体事物为原型设计的标志，如图 10 - 3(b) 所示。汉字型是以汉字为原型展开的变体，包括标准体与美术体，如图 10 - 3(c) 所示。组合型是用图案或事物的原型与汉字或外文字母组成的复合体，如图 10 - 3(d) 所示。

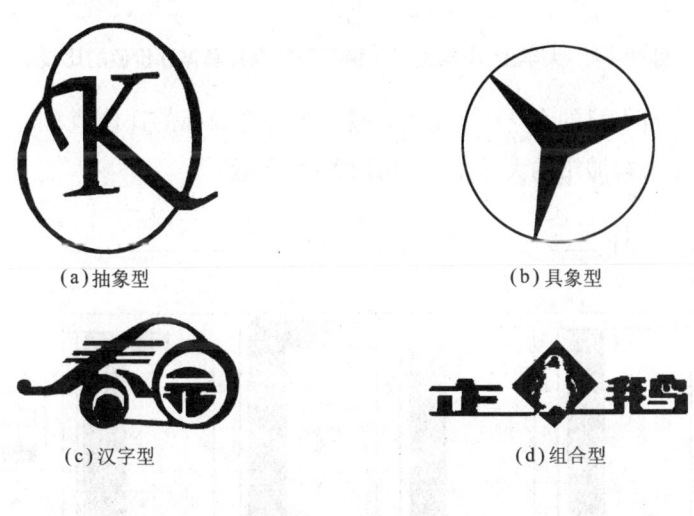

(a) 抽象型　　　　　　　　　(b) 具象型

(c) 汉字型　　　　　　　　　(d) 组合型

图 10 - 3　商标类型

研究表明[①]，对于具象型和组合型的商标，小学生的评价明显高于大学生；对于抽象型的商标，大学生的评价则明显高于小学生。图 10 - 4 对比了大学生和小学生对 4 种类型商标的评价。

统计检验的结果表明，对汉字型商标的评价，大、小学生没有显著性差异；而对其他 3 类商标的评价，其差异均很显著，统计上的差异显著性均达到 0.01 的水平。

来自城、乡大学生样本的比较表明，对抽象型商标的评价值，来自城市的大学

---

① 徐洁怡：《商标评价的要素体系及商标类型评价的反应倾向》，中国科学院心理研究所硕士论文，1996 年。

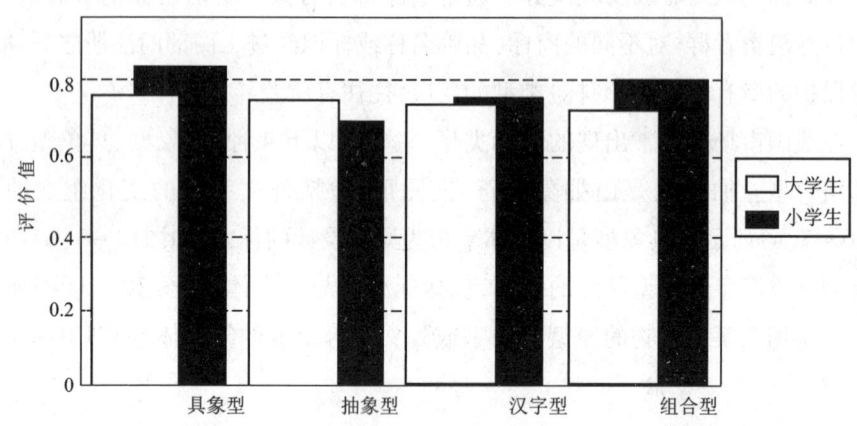

图 10-4　大学生、小学生对 4 种类型的商标总体评价值的比较

生明显高于来自农村的大学生;对汉字型和组合型商标的评价值,来自农村的大学生明显高于来自城市的大学生。如图 10-5 所示。

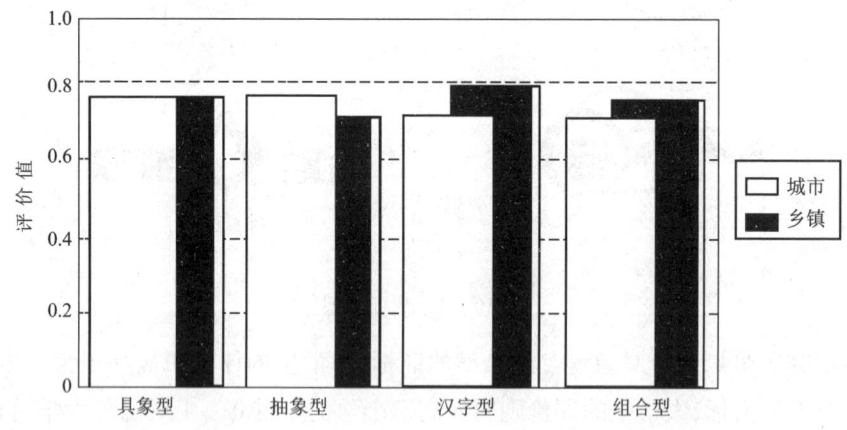

图 10-5　来自城、乡大学生对 4 类商标评价值的比较

统计检验的结果表明,对具象型商标的评价,来自城市和农村的大学生没有显著性差异;而对其他 3 类商标的评价,其差异显著,统计上的差异显著性达到 0.01 的水平。

研究中,商标的认知力和吸引力两个指标所反映出的趋向也与总体评价类似。所得结果的信度为 $\alpha = 0.82$。

(二)品牌内部识别特征：品牌的价值观体系

每一种商品都有其生命周期，即都要经历导入期、成长期、成熟期和衰退期。但是，品牌却未必会随着特定商品的衰退而消失，它会成为企业的无形资产。因此，深化品牌内涵——培育品牌特有的价值观，成为企业的重要任务。

价值观是指导行为和判断的最核心、最持久的信念。它也可理解为长期偏好的行为方式（操作性价值观）及信念（目的性价值观）。例如，"干净整洁"是操作性的价值观，而"幸福"则被视为目的性的价值观。

作为品牌内涵的价值观的形成是一个多层次、多方面的累积过程。所谓多层次指的是从品牌感受和体验，到建立品牌独特价值观体系的提升。前者是消费者对品牌（商品）个别特性的心理感受。例如，"××超市没有假货"、"××服务员的微笑服务让人感到温馨"、"我生日时还收到过××超市寄来的贺卡"。由这些一个个特别的心理感受（即品牌体验），逐渐提升到相应的精神（文化）层面概括，成为品牌的内涵。当然，消费者对品牌的认识深化过程应是企业品牌建设工作预期的结果。所谓品牌化的多方面则是指它的多方面活动，即广告、促销、公关活动、赞助、公益活动等。

品牌的特有价值观既可以是某些方面的价值观，也可以是全方位的价值观体系。例如，一家国际著名的香烟公司的品牌，其核心价值观包含以下内容：①国际最畅销的品牌；②美式混合型、全香味；③代表美国西部开拓者的传奇故事；④代表美国文化与价值—充满男子汉魅力—保持自我本性—勇于迎接挑战—把握自己命运—对未来充满希望。

三、品牌构建模式

通常，品牌的构建可以有下述3种模式。

(一)围绕产品功能和特色构建产品的品牌

品牌构建的功能化模式如图10-6所示。许多老字号品牌的构建是这一模式的例证。

(二)围绕品牌个性带动产品特性

品牌构建的个性化模式如图10-7所示。该模式的要点是使品牌个性与目标对象个性一致。例如，万宝路品牌将年轻人所追求的自我、坚强、独立、信心等作为其个性特点，借助"牛仔"形象的广告宣传达到品牌的构建。

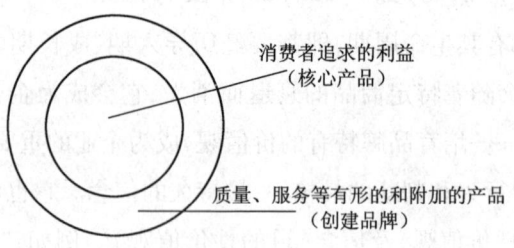

图 10－6　品牌构建的功能化模式

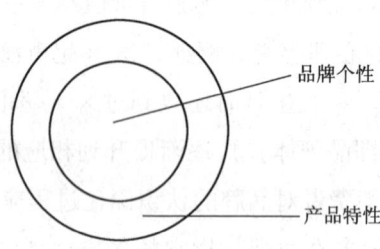

图 10－7　品牌构建的个性化模式

（三）理性与情感相结合

理性与情感相结合的品牌构建模式如图 10－8 所示。理性指的是产品的功能特点，如质量、服务、供应之类；情感是指个性、新鲜、轻松、独立、友谊、自由、时尚等情绪情感指向的特征。这两类特性相结合成了第三类品牌构建模式。例如，海尔品牌的构建，一方面突出服务，另一面又将"真诚到永远"传递到消费者心中。再比如"飘柔"洗发水，一方面诉求使头发飘逸柔顺，另一方面也强力表现飘逸柔顺的头发令人更自信。

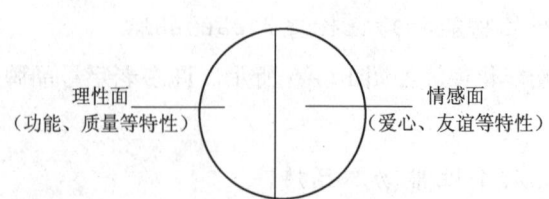

图 10－8　理性与情感相结合的品牌构建模式

一项以洗发水为对象的实验研究表明，把情感性诉求与功能性诉求结合起来,其效果比其中任何一种诉求都更打动人。后来对电视广告的研究同样证实了两者结合的优越性①。

四、品牌个性化

品牌个性化也就是品牌的差别化。从品牌内涵的情感层面来讲,消费者选购某品牌的商品,在很大程度上依赖于能否从该品牌中找到与自我观念相一致或相似的东西。品牌个性中所反映的内容同消费者的价值取向越相近,他们就越乐意购买这种品牌的商品。同样,在品牌个性中赋予情感内涵或人性化的内容,离目标消费者的个性越近就越受欢迎。心理学研究还揭示,使用同一品牌商品的人,往往有许多共同的个性特点。在产品同质化日趋严重的今天,创建具有与目标消费群相近个性的品牌将是一种有效的策略。例如:百事可乐在品牌推广活动中所展示的个性——年轻有活力、特立独行和自我张扬使"新新人类"们着迷,新一代年轻人饮用百事可乐不仅仅是喝饮料,而是认可、接受百事可乐的品牌个性,把百事可乐看做他们的朋友,通过百事可乐来显示他们与上一辈(他们喝可口可乐)不一样的个性。

在品牌建设中,无论采用上述哪一种模式,都必须明确一点:品牌差别化策略在产品日趋同质化的今天,有着普遍意义。因为,差别化能够使公众产生一个独特而清晰的品牌定位。值得注意的是,在品牌差别化过程中,仍然必须重视那些对市场具有基本价值的共同特性,诸如质量、服务、创新、诚信等。这是企业与其产品走向市场的立身之本,如果忽视这些共性,差别化策略是不可能奏效的。例如,旅游景点的建设,在别具一格上下工夫是差别化策略的体现,但如果基础硬件设施、服务、治安等差强人意的话,这个旅游品牌是不会被大众所认可和喜爱的。因此,差别化策略必须建立在品牌内涵中的共性因素满足的基础之上。

第二节 认牌购买及其对品牌建设的启迪

依据消费者行为学的知识,人们对品牌态度的发展,大致经历了如图 10-9

---

① 大卫·艾克等著:《品牌领导》,北京:新华出版社,2001 年版。

所示的过程。

品牌态度发展的第一步,是部分品牌从众多品牌中进入到消费大众"了解"的行列,从而获得了知名度。其中的一些又进一步深化,使人们相信它们能够提供某种或某些利益,因而对它们产生信赖和好感。这样它们便获得了美誉度,成为"可接受"的品牌。购买后的消费或使用,使消费者感到满意,从而获得正强化,形成对品牌的忠诚,产生了认牌购买,即"再购买"或"持续购买"。一言以蔽之,品牌态度发展的全过程可以用3个概念来表述:知名度、美誉度和忠诚度。

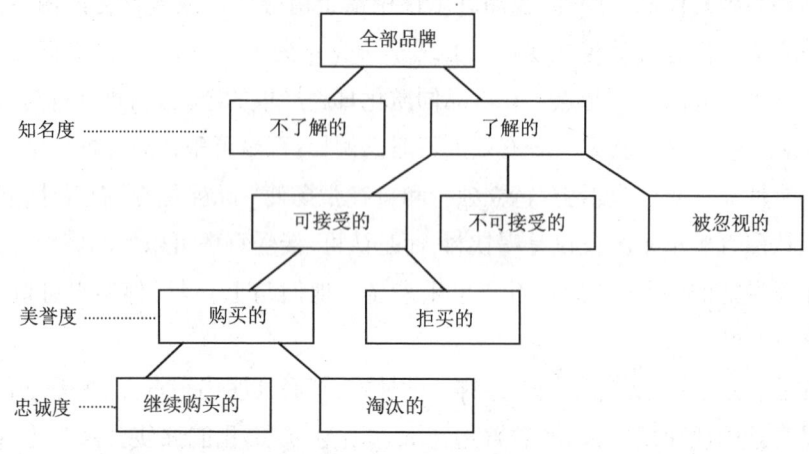

图 10-9　认牌购买的形成过程

一、知名度及其市场策略

知名度通常被理解为消费大众对企业及其品牌的了解程度。其中包括识别商品包装上的颜色、图案、符号等多种线索。这是一种浅层次的识别。在这个基础上进一步认知该品牌产品是怎样的,它有哪些功能和特点;企业是什么样的,其市场领先度、规模、理念文化如何。这一层次的识别,人们将其称之为认知度或知晓度。在消费行为中,知名度还表现为两种形式:品牌再认和品牌回忆。品牌再认是指当面对一个个品牌名称或标识时,能认出某个或某些曾经感知过的或使用过的品牌;品牌回忆是指在购买前,购买者脑中就有特定形象的品牌。这两种知名度的基本表现形式,为企业提供了制定不同的广告策略的依据。

第一,品牌再认策略。这种策略的要点是,要让顾客在购买时认出曾经购买过、消费过或感知过的特定品牌。为此,最好采用视觉媒体,如电视广告、平面印刷广告或网络广告。在这些广告中要呈现出商品的特征尤其是准确的视觉特征。

第二,品牌回忆策略。这种策略的要点是,借用电视、平面印刷广告或网络广告中的标题和文案,反复呈现特定品牌名称、标识等。这一策略的典型运用是电视广告中的"标王"。由于它对企业品牌的呈现频率很高,给消费者留下了深刻的记忆。

要获得知名度,按照心理学的观点,必须让特定的品牌从众多的客体(包括同类企业品牌或产品品牌)背景中分离出来,成为集中关注的对象。要满足这种心理条件,必须采取相应的市场策略和手段,并且要有足够的力度(刺激强度),即行话所说的"冲击力"、"轰动效应"。

在威尔士,受当地新开业的一家咖啡店之托,一位年轻的艺术家在贴满吐司片的墙壁上创作了他的作品。这些名人的头像由果酱等食材绘制而成,不仅绘制效果良好,这种新奇、充满创意的手段还招揽了附近的大批顾客。见图10-10。

图 10-10

二、美誉度及其市场策略

(一)什么是美誉度

美誉度是大众对商品品质或企业特质的反映。这种反映是在认知的基础上,一方面形成积极信念(相信这种商品或这个企业会给自己提供某种利益),同时又伴有美好的情感体验(好感度),产生了积极的评价。美誉度是引发认牌购买的直接动力。

《南方日报》报道：媒体公布LG的电视业务频频遭到消费者投诉，根据"3·15"消费电子投诉网统计，2010年上半年，LG电视机投诉量位列投诉榜榜首。而就在几个月前，面对一款高端手机频现质量问题，LG仅以软件升级的办法来解决，售后处理的冷漠态度已经饱受争议，一时间令消费者对LG品牌产生质疑。这些外来的和尚，可能不知道中国有句老话说得好："好事不出门，坏事传千里"，从产品质量到售后服务，任何一点瑕疵所造成的破坏力，是花多少钱、砸多少广告、做多少彰显企业社会责任的事情也很难修复的。

美誉度的形成是消费者主体或主观属性与商品客体或客观属性之间相互作用的结果。商品的客观属性是指商品的质量、外观、价格、品牌名称、标识和包装等等。主观属性典型地反映在消费者的价值观、期望水平等心理因素上。

诚然，任何一种商品都存在着诸多属性，但在消费者看来，一些属性比另一些属性更有价值，因而更受到重视；另一些价值较小的属性，则不被看重，因而不能成为其价值体系中的要素，尽管它们在实际中并非不重要。留在消费者价值体系中的商品要素，又被称为消费者对商品的关注特性。表10-3列举的是一份关于消费大众选购皮鞋的要素体系。消费者对商品的关注特性会随着时间的推移而变化，而且不同的消费群体对商品的关注特性也往往有差异。在品牌形象形成的过程中，消费者本身的价值观、期望、态度等主体的特性会自然投射到这种品牌上，从而产生主客体之间的相互作用。其结果是使这一品牌具有了鲜明的个性。

表10-3 不同年龄层的消费群体对皮鞋的关注特性按重视度排序

年龄 排序	第一位	第二位	第三位	第四位
20岁以下	耐穿	美观	舒适	价格
20～40岁	美观	舒适	耐穿	价格
40岁以上	舒适	耐穿	美观	价格

资料来源：马谋超等：《走出封闭，认真研究消费者》，《现代广告》，1994(4)。

图10-11是对3个皮鞋品牌各自特性的评价，将表10-3与图10-11联系起来不难看出，对于20～40岁的消费群体，品牌C最符合该目标群体对皮鞋的关注特性。正因为如此，品牌C在实际销售中占有优势。

（二）美誉度的市场策略

情感（好感度）是美誉度的主要成分。而情感是可以迁移的。俗话说："一朝被蛇咬，十年怕井绳"。意思是说，被蛇咬过后所产生的恐惧会扩散或迁移到形状

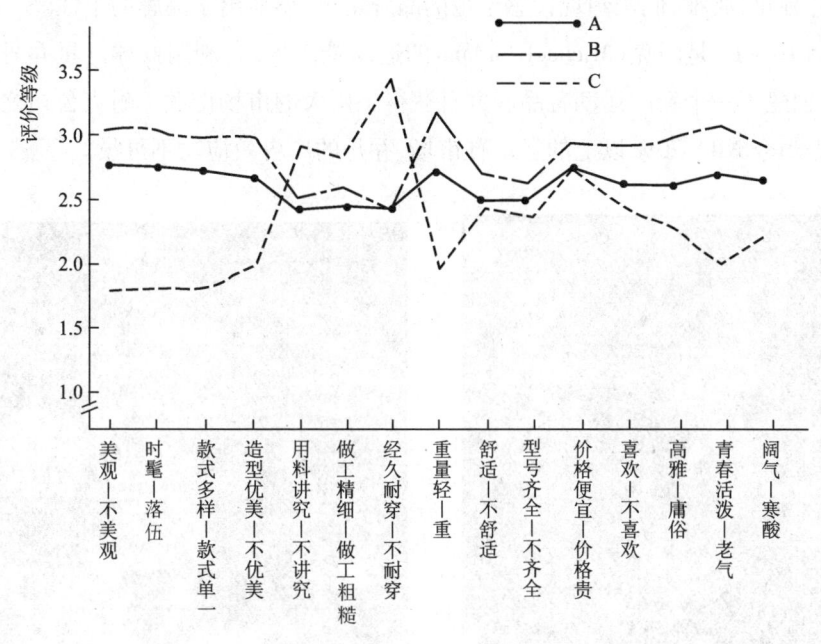

注：肯定→否定由 1～5 分表示。

图 10-11　消费者对 3 个皮鞋品牌的特性评价

像蛇的井绳上，以后哪怕见到井绳，都会引起恐惧感。古话说"爱屋及乌"，也是同样的道理，不过它是积极性质的情感指向的泛化。由此可见，借助于一定的中介物，让好感或美誉感迁移是可能的。这一点，在市场中最典型的就是名人效应。

所谓名人效应，就是通过将名人与产品联系，比如以名人为形象代言人，将公众对他的声誉的认识和好感度迁移到被他推荐或使用的产品上去，使人们对这种产品也具有了一定的积极倾向。依据以上原理，美誉度的市场策略可遵循两条途径：一是借助于他人的良好声誉来提高品牌的美誉度，"名人广告"和"名人品牌"就是与这个途径相应的市场策略；二是利用成熟品牌的声誉来创建新品牌，这种从已有的核心品牌而来的扩展或延伸，即通常所说的"品牌延伸"。

香奈儿香水、手包等均请来名模或知名女星代言，以突出其产品优雅高贵的特点。参见图 10-12。著名品牌香奈儿的创始人可可香奈儿曾经说过，一个人之所以优雅是因为其本身就优雅。香奈儿广告利用各种女明星和模特的优雅气质以及迷人的外貌，使得香奈儿品牌在香奈儿本人去世多年后依旧在人们心中保持着时尚先锋的地位。香奈儿广告的代言人们的个人形象和特质大都符合香奈

儿设计神秘、典雅、低调却现代感十足的品牌定位,彰显出了品牌的个性。

图10-13是耐克(Michael Jordan)的运动鞋广告,它利用篮球巨星乔丹的影响力,创建了一个新的运动鞋品牌并且获得了巨大的市场份额。耐克公司之所以能占据当今NBA 70%以上的运动鞋市场,乔丹的广告效应功不可没。

图10-12　　　　　　　　　图10-13　Michael Jordan 的乔丹鞋广告

1. 名人广告。据美国《商业周刊》(Business Week)1978年的估计,美国电视广告中含有名人的已经占到总数的1/3。在1936年德国举办的奥运会上,美国田径名将欧文斯,脚穿德国阿迪达斯运动鞋,连获4枚金牌。从此阿迪达斯运动鞋名扬全球,畅销世界。人们把这种现象称为意义(形象)的迁移。按照意义迁移模型[1],意义(形象)的迁移有3个阶段。第一阶段中,一定的文化环境赋予了特定名人某种象征性意义,即该名人形成了一定的形象,成为某种性别、年龄、社会地位、个性或生活方式的象征;第二阶段,当名人和商品一起出现在广告中时,这种象征性的意义或形象迁移到了这种商品上,使这种商品具有了某种象征性意义;第三阶段,消费者通过使用或消费商品获得了这种象征性的意义,因而重构自我形象。

---

[1] Carolyn Tripp Thomas P. Jensen and Les Carlson, "The Effects of Multiple Product Endorsements by Celebrities on Consumers' Attitudes and Intention". 1994, Journal of consumer Research, 23(1): 57~61.

名人广告指的是由名人在广告中充当商品的代言人。在这里,名人成了说服过程中的信息源,又称广告源。影视明星、歌星、笑星、优秀体育运动员、社会名流、政治家以及各行各业的突出人物,是名人广告中的常见人物。

因素分析的结果说明,信息源(名人)的4个要素影响着名人广告的效果,这四个要素是:品德、专业性、与商品的一致性和吸引力[①]。

"品德"要素表达的是做人。它涉及名人的社会形象和个人修养。

"专业性"是指名人对广告中所述问题(商品)具有的知识、经验及对商品的熟悉度。

"与商品的一致性"是指名人形象与商品特点之间的联系、名人身份与商品档次是否相称等。

"吸引力"则涵盖名人的外貌、举止和目标消费群对该名人的好感度或喜欢度。

不过,以上要素的重要性并不等同。

在一项研究中,参与者被告知:有一家唱片公司打算推出一套歌曲唱片,拟从甲、乙、丙、丁4位歌星中选择一人做广告代言人。要求大家独立地挑选一位自己认为最合适的人选,并分别对其外貌、唱艺和艺德方面作出评价。评价分为7个等级:1表示最差,7表示最好。评价结果见表10-4。

表10-4 受众对4位人选的选择与评价

歌星 \ 评价项目	外貌	唱艺	艺德	选择比例(%)
甲	4.232 81	3.682 9	4.325 0	2.4
乙	3.809 5	4.976 2	2.690 5	4.8
丙	3.928 6	5.333 3	4.071 4	26.2
丁	3.142 9	6.523 8	6.122 0	66.6

将表10-4甲与丁的两组数据对比,可以明显地看出,相对于"唱艺"和"艺德","外貌"并非最重要的影响要素。

该研究结果提示,在实际运作中必须注意:

(1)切勿过高期望名人的吸引力因素给商品带来的促销效果。

[①] 王怀明:《制约名人广告效果的因素探讨》,中国科学院心理研究所博士学位论文,1999年。

(2)商品特点与名人吸引力的关联程度究竟有多高,应当仔细考虑,切勿单纯追求名人的漂亮脸蛋和身材等外貌特点。

该研究还表明,名人类别与商品类别之间的一致性差异,会对广告信任度、品牌好感度、购买意向以及相信名人使用这种商品的可能性产生影响。如图10-14所示(其他指标也类似)。

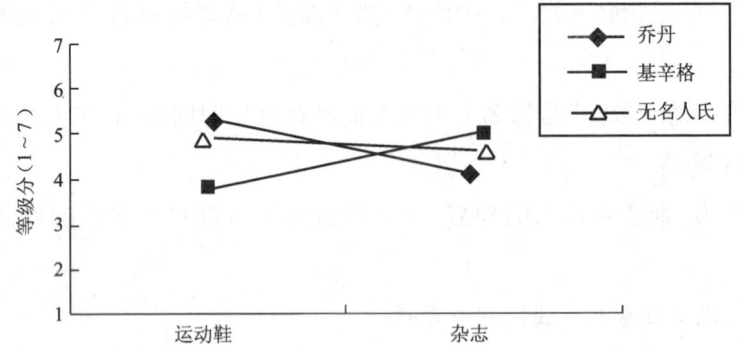

图 10-14 不同"一致性"条件下,广告受众的品牌好感度

另一项研究①是采用3个广告源类型(名人、专家和典型消费者)和3个商品类别(珠宝、真空吸尘器和饼干)作为自变量;将受众品牌好感度、对广告源的信任度和购买意向作为因变量。结果表明:珠宝与名人、真空吸尘器与专家、饼干与典型消费者,这3种配对在给定的各项变量指标上得分最高。

上述结果的启示是:

(1)在拟请名人做商品广告时,应依据商品类型仔细选择不同类型的名人,以便使名人与商品间具有更高的一致性,进而使广告获得正效应。

(2)谨慎对待同一位名人做多类商品广告。因为难以保证一位名人与多类商品之间都有一致性。如果一旦"错位",受众对名人的声誉和形象就会产生质疑,反而可能导致负效应。

如果把上述的名人条件及名人与商品类别间的一致性看做是影响名人广告效果的外部因素,那么,受众是否相信广告中的名人使用了该商品,则是属于受众

---

① Hershey. H. Friedman and Linde Friedman,"Endorser Effectiveness by Product Type". 1979,Journal of Advertising Research, 19(5):63~71。

自身的因素(简称"信任度")。

从表 10-5 中可以看出,"信任度"高低两组相比较,在给定的几个心理指标上都有非常显著的差异($P=0.000$,意味着推翻"两者间无差别"的结论可能出错的概率等于零)。

表 10-5 高、低"信任"组广告心理效应比较

项目	对广告信任度	对广告喜欢度	品牌好感度	购买意向
高"信任"组	4.508	4.818	4.971	5.381
低"信任"组	3.428	3.824	3.962	3.466
t 值	6.422	6.388	6.428	11.115
df	255	255	255	255
P	0.000	0.000	0.000	0.000

进一步考察该信任度与广告心理指标之间的函数关系,如图 10-15 所示,呈现出一条条直线。这说明,随着对名人使用该广告中商品的信任度增大,广告的心理效应亦相应提高。

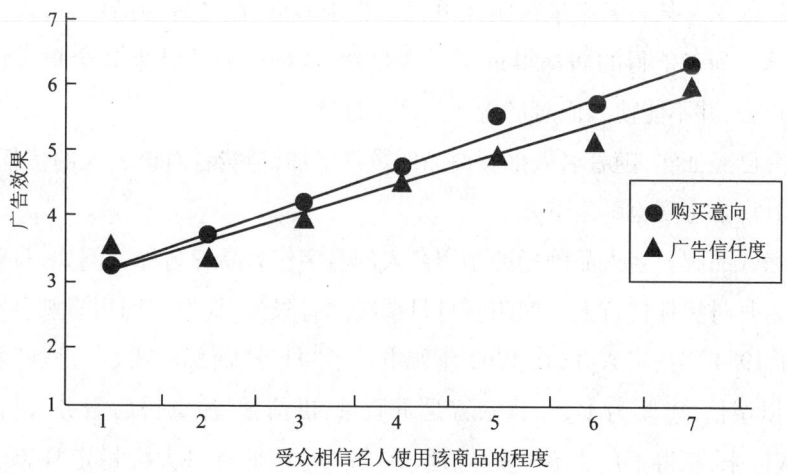

图 10-15 对名人使用该广告中商品的信任度与广告心理效应的关系

依据上述,人们有理由推断:对名人使用该广告中商品的信任度是中介名人广告效果的心理因素,这一点对实际运作具有以下积极意义:

(1)影响名人广告效果的因素颇多,诸如上述的专业性、吸引力、品德、名人类别与商品类别的一致性等。但对受众来说,这些都是外部条件,它们必然要通

过受众的内部条件起作用。对名人使用该商品的信任度，正是最基本的内部条件之一。因此，对名人广告的策划，务必把这一点作为基本问题加以考虑。

(2)广告中名人的言谈举止，必须有利于强化受众的信任度，使受众相信其确实使用了广告商品，而不在于取悦受众，更不可弄虚作假。实际中有不少这类失败的例子。例如，某位明星曾是百事可乐年轻一代的象征。后来有人发现他根本不喝汽水，结果公众哗然。他的吸引力从此丧失殆尽，成了一个知名度高却不再受人喜欢的人，其广告促销效果可想而知。又如，我国南方某化妆品企业花费了数百万元请某著名影星拍摄广告片。在广告中，她向观众表露说："×××使我更美丽。"当这些广告频繁播放后，不少受众指责这些广告片说："这些广告是吹牛"、"骗人"、"不可信"、"×××口袋里的钞票多得很，会用这十几块钱的化妆品吗？"

(3)同一个名人为多类商品做广告，能让人相信他有使用所有这些商品的经验吗？如果难以保证，其说服的效果能使人乐观吗？美国某著名电视节目主持人曾经是受人尊敬、信赖的代言人。当他为44个不同品牌的商品做了广告之后，几乎完全失去了魅力。人们难以相信其证词还会具有真实性，广告因而未能收到应有的促销效果。某著名影星频频在电视广告中露面，做各种药品广告，人们调侃说："这人！所有能得的病都得过了。"很显然，这种广告的结果只会损害该明星自己的声誉，并不能使人们对广告产品产生好感。

研究已经证实，随着名人推荐商品的数量增加，消费者对该名人的信任度、喜欢度及其广告态度也随之下降。

2. 名人品牌。名人品牌指的是用名人的名字作为品牌名称。例如，丹丹调味料请来宋丹丹担任代言人。四川省丹丹调味品有限公司(原名四川省郫县安德豆瓣厂)于1984年投资兴办，在1992年便申报了"丹丹"商标注册。"丹丹"在经营上始终以诚信、忠厚为本，经营宗旨是重质量、讲信誉、注重售后服务、讲行业道德，长久以来，赢得了广大客户的好评，在全国各地拥有一大批稳定且忠实的客户，并不断赢得更多的新客户的信赖，产品遍布全国各地级市。"丹丹"作为热情、好客、中意的象征，已蜚声四海。为进一步推广、弘扬郫县豆瓣文化，公司特邀请影视明星宋丹丹签约作为"丹丹调味"的品牌形象代言人，并制作了电视媒体广告宣传片。宋丹丹在人们心中具有良好的口碑的形象和品牌形象相互联系，加深了人们对丹丹品牌的喜爱。名人品牌可能会因为名人本身的变化而导致一定的风险，因此，名人品牌策略的应用需谨慎。

3. 品牌延伸。扩展美誉度的另一个途径是将核心品牌的声誉扩展到企业的其他同类或不同类的新产品上。其策略就是品牌延伸。品牌延伸的意义在于：一方面，可以节省新产品的宣传费用；另一方面，新产品也分享了成功品牌的声誉，能比较容易地赢得消费者的好感，有利于更顺利地打入市场。

品牌延伸可分为两大类：同类产品延伸和不同类产品延伸。前者又称为线性延伸；后者又称为类别延伸。用于延伸的品牌称为核心品牌或母品牌。核心品牌与新产品联结就成了这个核心品牌的延伸品牌或子品牌。"联想"的品牌延伸就是线性延伸的成功例子。"联想"是联想集团公司系列微机产品的核心品牌。近年来，该品牌已逐步延伸到软件产品和系列集成产品，有了联想商用 POS/MIS 系统、联想英语/数字智能题库、联想电子教室等，而且还延伸到了银行、税务、交通、能源、公安、商业等重点领域的信息化工程。联想集团已经发展成为我国最大的计算机产业之一。

类别延伸的例子也很多。海尔集团在空调、冰箱行业具有相对的竞争优势，近几年来又开发出彩电，借助"海尔"的知名度和美誉度，迅速得到了消费者的认可，成为彩电行业不可忽视的后起之秀。而长虹、海信集团"反其道而行之"，把空调行业作为品牌延伸的新领域。TCL、康佳等则把品牌延伸到手机领域，逐步打破了国内手机由境外品牌一统天下的格局。

影响类别延伸的主要因素是该品牌引起的联想和延伸类别产品之间的相似性。有关的研究表明，延伸品牌的产品与原有品牌产品之间，如果产生相同或相似的联想，会大大提高消费者对延伸品牌的评价，因为他们的相似联想会产生迁移作用。新近的研究说明，要保持品牌延伸的效力，应使品牌的延伸局限在与原产品相关程度较高的产品类别上。当一个品牌与多种产品发生联系时，必须注意产品的质量水平。如果一系列的事件（包括产品）被感知成同质，人们判断的信心就高；若被知觉为异质，信心就低。核心品牌的类别延伸也有一定的风险，它有可能丧失自己原有的独特性。

成功地进行品牌延伸，就是要使核心品牌的声誉顺利地迁移到新产品上去。无论是线性的延伸，还是类别的延伸，都是有条件的。其条件通常是：首先，核心品牌应有对应的核心产品，而核心产品在市场上具有出众的核心竞争力，这样，就有助于增强核心品牌的影响力；其次，由核心品牌延伸出来的诸多副品牌，在市场中应该互相配合，避免"自相残杀"，从而冲淡或损害核心品牌的形象。

第三节 "认牌购买"与品牌忠诚度策略

消费者行为研究指明,认牌购买是消费大众购买中的一种普遍现象。随着商品档次的提高,认牌购买的人数比例也在增大。为什么认牌购买的消费现象如此普遍呢？其主要原因是：

第一,可靠,它可以减少风险,避免因购买不当而带来的经济上、身体上或心理上的损失或损害。

第二,可免去咨询、比较和挑选而带来的麻烦与困扰,省时省力。

第三,时尚的驱使。

在消费领域里,人们常常重复购买同一品牌。这说明人们对这一品牌具有了忠诚度。品牌忠诚势必增强认牌购买的行为模式。在众多品牌激烈竞争的条件下,厂商一旦赢得消费大众的认牌购买,就意味着他们获得了占领市场的重大条件。

一、品牌忠诚

品牌忠诚主要体现在认牌购买的行为模式中。

品牌忠诚具有极大的市场价值。资料显示：获得一个新客户的成本是留住一个老客户所需成本的5倍；而客户损失率每降低5%,可使利润增加25%~85%。

品牌忠诚度主要表现在选择商品的顺序、购买比例、重复购买和品牌的偏好等方面。

(一) 选购品牌的顺序

依据消费者对品牌选择的顺序,品牌忠诚度可以分为4类：

1. 忠诚的连续性,特点是不管岁月的流逝,购买商品时都始终如一地认定某种品牌。

2. 忠诚的不连续性,特点是交互购买几种商品。

3. 忠诚的不稳定性,其形式是原来认牌购买A品牌,现在却只购买B品牌。它意味着忠诚的连续性从A品牌转移到了B品牌。

4. 非忠诚性,即随意购买不同品牌的同类商品。

(二)购买比例

用购买的比例来表明品牌忠诚度,是指在同类商品的购买总量中,特定品牌占有相当大的比例。例如,有人曾调查过 66 户家庭购买 6 种商品的历史,发现有一半以上的家庭购买同一品牌商品的比例至少占 43% 以上。

(三)重复购买的概率

可以用个人重复购买同一品牌商品的概率来表示品牌忠诚度。比如说,有 3 个消费者在 10 周内重复购买某种品牌商品占同类商品购买的比例分别为 80%,50% 和 30%,由此可知,他们对这种品牌已经表现出了一定的忠诚度。

(四)对品牌的偏好

可以用消费者长期对特定品牌的偏好来表示品牌忠诚度。有人通过调查发现,经过 12 年之后,至少仍有 30% 以上的人忠诚于原先偏好的品牌。

二、中介品牌忠诚的基本因素

品牌忠诚是一个习得的过程。在这个过程中,特定的品牌与积极的反应(好感、积极的行为倾向)之间形成了持久的、稳定的联系。品牌商品的特性与消费者对该商品的需求的一致性,对这种联系的形成起了关键的作用。不论消费者最初接触特定品牌是由于广告、包装,还是来自售货员或亲朋好友介绍,甚至哪怕消费者在购买前根本就不了解某种商品是什么牌子,只要商品的实际特性与消费者的需求一致,这种品牌及其积极的心理反应就会一起被储存到大脑里形成暂时神经联系;反之,消费者会对该品牌产生不满或感到失望。这种消极的心理反应也可能同这个品牌一起留在记忆里,或者将该品牌淡忘。由此可见,商品的特性与消费者需求的一致性,等同于学习过程的强化因素:一致性高为正强化,一致性低为负强化。

品牌忠诚还受以下因素的影响:

第一,消费者的个性。个性特点与消费者的品牌忠诚紧密联系。例如,冒险性与独立性强的消费者与依附性强的消费者相比,在对品牌的忠诚度上有着明显的差异。因此,消费者品牌个性特点常常成为分析品牌忠诚度的指标之一。

第二,购买间距。当购买间距加大时,消费者品牌忠诚度往往会降低。购买间距小或使用该商品频繁时,可能有助于消费者品牌忠诚度的增强。

第三,年龄。一般来说,消费者随着年龄的增长,其品牌忠诚度也会提高。

第四，外界因素。家庭、邻里和亲友之间对品牌的口碑传播，会使个体的品牌忠诚度发生变化。交往越密切，这种影响力就越大。

三、发展品牌忠诚度的市场策略

（一）品牌定位

品牌定位旨在使自己的品牌特性与竞争品牌有所区别，并符合特定目标消费群的需求，从而在消费者心目中占有一席之地。

1. 各种品牌定位侧重点。

（1）目标对象——选择什么样的消费群体。企业通常是在市场细分基础上选择一个特定人群，如"娃哈哈"把儿童作为主要的目标对象。如果有多个细分市场，那么，先有企业的品牌定位，然后，通过适当的营销支持建立系列产品的品牌定位，来分别针对各个目标群，如"李宁牌"服装所做的那样。

（2）功效——产品的效用。如"海飞丝"洗发水，既能洗净头发，又能抑制头屑。

（3）特点——产品属性的特色。如"奥克斯"空调诉求于"冷、静、强、省"，以及"农夫山泉有点甜"的广告语。

（4）价位——产品价格。如"燕莎"商场的高档价位定位。

（5）个性——同目标群体相似的特点及目标群体所追求的那些特点。例如，"让家的感觉更好"，突出地体现了方太厨具品牌的个性。

上述每一种定位策略既可以单独采用，又可以联合使用，以便增强定位效果。

2. 品牌定位模板。品牌定位模板是为了给品牌定位一个简明的操作性说明。这个模板中包含多项内容：目标消费者、SWOT 分析、独特利益、利益支持、品牌个性以及定位概括说明等。如表 10 - 6 所示。

表 10 - 6　品牌定位模板

项　　目	内　　容
目标消费者	……
SWOT 分析	……
价值点：独特利益，利益支持，品牌个性	……
定位概括说明	……

3. 品牌定位的知觉投射图。通过对品牌关键要素的把握，可以建立一种二维甚至多维度的品牌要素定位图。通常所见的是二维坐标图，即选取影响品牌的顾

客价值的最关键的两个变量,让消费者对本企业品牌在这两个变量上的表现作出评价,同时对各竞争对手的表现也作出评价,还可以测评消费者对同类品牌在关键变量上所期望的表现水平。这样,就可以把目标品牌和其竞争品牌各自在坐标图上的位置标出,同时可标出消费者心目中所期望的品牌表现位置,从而对企业未来的品牌建设工作起指导作用。

在图 10-16 中,A,B,C……H,I 分别代表不同的品牌。而"产品指向"和"宣传"指的是某类产品的品牌价值中的两个关键因素,每个因素可能包含一项或多项品牌特性。比如,这里"产品"指向包含"不断有新产品上市"、"促销活动多"、"技术先进"、"服务优良"、"资金雄厚"、"产品系列化"等特征;"宣传"因素则包括"历史悠久"、"广告宣传频繁"、"热心参与社会公益活动"、"值得信赖"等特征。每个因素其实是根据它们所包含的项目的共同特性来命名的。图 10-16 中 E 品牌在"产品指向"的维度上和"宣传"的维度上得分最高,说明"产品指向"水平高且宣传积极;H,B,C 3 个品牌的产品指向较高,但宣传较差(消极);A,G,F 3 个品牌"产品指向"较弱,宣传也稍差;I,D 两个品牌在"产品指向"上较弱,但宣传较积极。

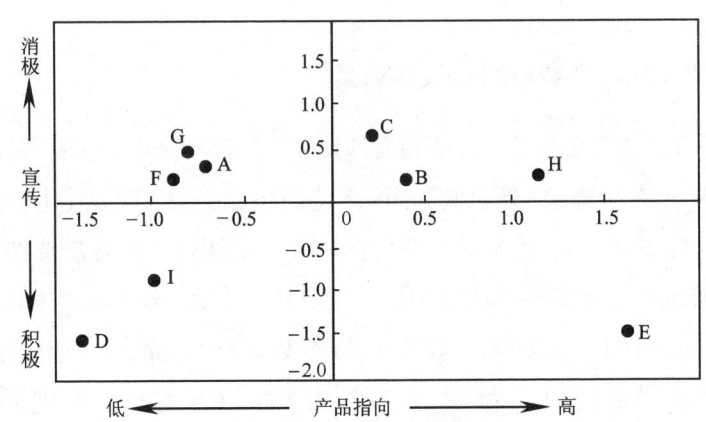

图 10-16　品牌定位图

如此,由这个品牌定位图可以清楚地展示出自己的品牌与其他同类品牌在消费大众心目中的地位,从而有利于采取相应的策略开拓市场。

(二)奖励对品牌的忠诚

为了鼓励消费大众忠诚于自己的品牌,厂商常常要采取一些相应的市场策略。例如,全球许多大的航空公司多年以前就开始采用积分折扣价或积分奖励来鼓励最重要的顾客群。起因是,有些航空公司考察乘客的情况后发现,20%的乘客是典型的生意人,这些人经常在特定的航线上往返,他们是航空公司创利的最重要的乘客群体。为了使这些乘客更忠诚于自己的航班,管理者作出决策,以各种优惠条件鼓励回头客。例如,把常乘飞机的乘客从普通舱调到头等舱;如果累计乘机里程达到一定数量,就赠给一张免费机票,或提供到游览胜地一游的全程费用等等。

当然,不同行业奖励忠诚的招数不同。例如,饮食业会对"忠诚者"发优惠券或积分优惠卡,用餐交费时打折;百货商店可以买二送一,购物金额超过一定数目可以打折等。无论何种行业,鼓励"忠诚者"的基本点都是共同的,即给"忠诚者"提供这个行业所能满足消费者特定需求的某种产品或服务,或者是对消费者返利。

第四节 品牌特质及其检测

一、品牌特质的消费(者)心理学意义

任何一个品牌都会有外部特征和内部特征。外部特征中的名称、标识等视觉符码表征,被称为品牌的"外包装"。内部特征包含产品的物理、化学属性和文化、心理等方面的无形特性,称之为品牌的内涵。上述这些内容反映在消费者的心理上,则形成与品牌名称相联系的一系列联想。对此,著名学者 Aaker 曾具体列举了如产品属性、产品类别、主观质量、顾客利益、相对价格、使用或运用、顾客与使用者、名人与普通人、生活风格或个性、竞争者、国家或地区、品牌历史或市场导入时间及包装等诸多方面。在众多消费行为的研究中,业已指明对产品的评价、说服、品牌资产都离不开这些品牌联想信息,它们是消费者对产品评价和购买决策的认知基础。

值得探讨的是,对品牌效应起决定作用的是上述全部,还是其中至关紧要的一些联想信息?一项有关行业形象的研究阐明,在消费者头脑里用以表征行业形象的只是有限的要素。另一项关于服务质量要素的研究发现,顾客对商场服务质

量的总体评价与研究所发现的有限服务质量要素之间存在显著正相关。这些结果提示,一个品牌的效应并非依赖所有的相关联想信息,真正起决定作用的是类似要素的那些对消费者来说印象深刻的品牌联想。人们把这些起作用的品牌联想信息称为品牌特质(Brand Specific Attributes)。

鉴于品牌效应的对象是消费者,所以,消费者头脑中形成的有关品牌特质的感知是否与企业设定的品牌主张一致,乃是品牌成功的主要战略和策略基础。正因为如此,解决品牌特质的测查方法就犹如过河先搭桥或找到船一样重要。

二、品牌特质测查的方法及其测查技术

消费者头脑中的品牌特质是其长期对品牌感受、体验的累积结果,它以一定的结构保持在长时记忆系统中。依记忆规律,熟悉的信息容易被提取,而人们对特质这样的信息应当是很熟悉的,因此,一种自由联想的测查方法常被用于品牌特质的检测。但是,这一方法所需的数据采集量大,更重要的是整个测查过程很难避免受试者和主试者的主观因素的介入,影响所得结果的客观性和准确性。

(一) 品牌特质测查的方法学依据

从上述有关的品牌特质的叙述中,可概括出如下几点:

1. 一个品牌名称在消费者头脑中会引起一系列的品牌联想。

2. 在这些品牌联想中,有些联想与特定品牌名称的联系紧密;有些联想与特定品牌名称的联系疏远。

3. 与特定的品牌名称联系紧密的那些品牌联想,对品牌效应起决定作用,成为品牌的特质。

4. 品牌的这些特质以网络结构形式存储在长时记忆系统中,如图10-17所示。

在图10-17中,a,b,c……这些英文字母分别表示一系列品牌联想,又称节点;各节点与品牌名称连接线的长短表示品牌联想与特定品牌名称联系的紧密程度(短连线为紧密,长连线为疏远);虚线表示所述的临界点,即只有在该临界值之内的联想节点,才可能被激活并起作用。

从图10-17可以了解到,网络结构赖以实现的品牌联想节点与品牌名称联系的紧密度检测是最基本的操作任务,然而,其紧密度指标是什么呢?

依据网络理论,人们容易假设网络中的节点被激活的程度和速度依赖于它们

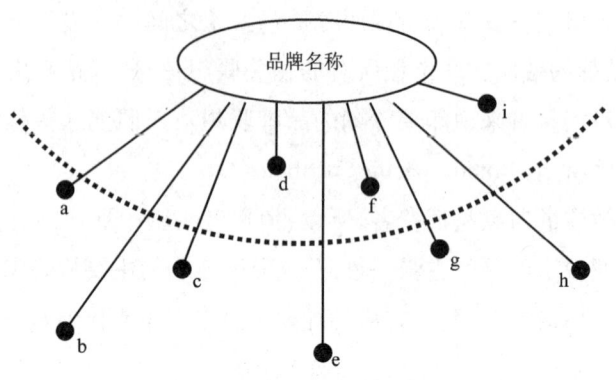

图 10-17 品牌特质的网络结构

与输入概念刺激之间的心理距离。具体说,心理距离越近,被激活的程度越大,而且速度也越快。同理,可以类推品牌名称作为输入刺激(概念)与联想节点联系越紧密,意味着心理距离越近,自然,节点被激活的速度也就越快;反之则越慢。基于这样的关系,反过来,从节点被激活的快慢推论节点与输入刺激的紧密度也就成为可能且合理。因此,可以考虑采用反应时作为相应的测查指标。

(二)品牌特质测查的反应时技术

反应时指的是从受试者接受外界刺激到作出反应的时间。在品牌特质测查场合,反应时指标的运用表述如下:给受试者一个特质词语,要求他(她)尽快回答是否适宜描述特定的品牌。若该词语描述该品牌适合,就按"是"键;反之,按"否"键。受试者"是"与"否"的回答及其反应时被如实记录下来。表 10-7 和表 10-8 列出的是一份实测的结果①和三种测查指标(反应时、肯定率、自由联想提及率)所得到的不同结果。

表 10-7 对"耐克"品牌的反应时和肯定率结果

特质	原始反应时(毫秒)	肯定率	特质	原始反应时(毫秒)	肯定率
运动	718.3	93%	精美	868.2	79%
名牌	729.9	93%	实用	821.1	71%
动感	769.1	93%	自信	798.2	68%
舒适	799.7	96%	轻便	970.5	82%

---

① 表 10-7、表 10-8 和图 10-17 引自雷莉的《品牌延伸评价行为的心理学基础》,中科院心理研究所"广告与消费心理"实验室资料。

续表

特质	原始反应时(毫秒)	肯定率	特质	原始反应时(毫秒)	肯定率
前卫	729.1	86%	信赖	897.8	75%
耐用	791.2	93%	专业	961.0	64%
高档	777.5	89%	悠久	887.8	57%
优秀	785.8	89%	实惠	725.1	43%
精致	738.7	82%	实干	891.0	36%
时尚	820.6	89%	沉稳	899.2	36%
休闲	894.3	97%	便宜	751.0	25%
昂贵	835.2	89%	传统	606.8	14%
年轻	732.7	75%	工薪	807.2	18%
漂亮	745.7	75%	中档	869.0	18%
品位	861.8	86%	朴实	735.5	11%
潇洒	898.8	86%	保守	605.0	7%
创意	817.4	75%	平庸	934.0	7%

表10–8 3种测查特质指标的结果

测查指标	品牌特质									
反应时	运动	前卫	名牌	年轻	精致	漂亮	动感	高档	优秀	耐用	舒适
肯定率	休闲	舒适	运动	名牌	耐用	动感	昂贵	高档	时尚	前卫	品位
自由联想提及率	昂贵	名牌	高档	时尚	舒适						

说明:肯定率与自由联想的区别是,前者有词语提示,后者无词语提示。

如果将表10–8内所述特质词语的语义相近者作适当归并,可更清楚地看出内中的共同特质。按一定的切割,比如说,按人的短时记忆容量5~9个词语,很容易就可列出相应的特质。图10–18是通过整合及将反应时数据标准化比较后得到的"耐克"品牌特质结构。

(三)品牌特质网络结构的数学表达

设论域 U 是由品牌特质引出的全部联想,即所有节点组成的全集合。令"品牌特质" A 是 U 上的一个子集合。元素 $u \in U$ 为给定特质词语引出的肯定的

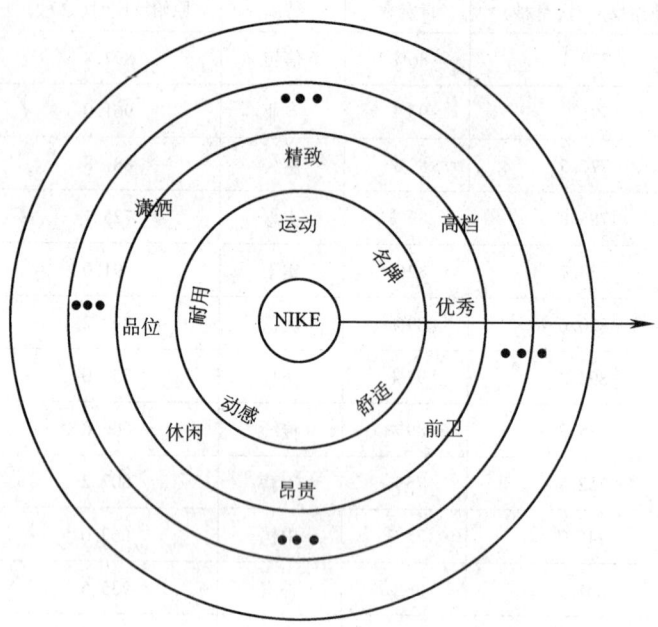

图 10-18 通过反应时数据得到的"耐克"品牌特质结构

联想。

基于品牌特质是一个模糊概念,所以集合 A 应当是一个模糊子集合,记为:

$$\tilde{A} = \{u | u \in U, 0 < \tilde{A}(u) < 1\} \quad (10-1)$$

选取适当的测查指标,如反应时或肯定率,所得结果作适当数据处理以满足 $0 < \tilde{A}(u) < 1$ 的要求,成为 $\tilde{A}$ 的特征函数,即隶属度 $\mu_{\tilde{A}}(u)$。

为了实用目的,在这里必须将模糊集 $\tilde{A}$ 转化成普通集 A。

设定一个 λ 水平的切割点,相应于所述网络结构中的临界水平,则有 $\tilde{A}$ 的一个 λ 水平集合,记为 A_λ,它由 U 上所有在 $\tilde{A}$ 中隶属度大于或等于 λ 的元素 u 组成,记为:

$$A_\lambda = \{u | \mu_A(u) \geq \lambda\} \quad (10-2)$$

A_λ 即成为品牌特质的一个普通集。

三、反应时测查在市场中的运用

根据已有的研究基础,中科院心理研究所"广告与消费心理"实验室与广州平成广告公司在一项有关汽车品牌的合作研究中将反应时技术大胆地用于市场实践,并在实际工作中进行了极为严格精密的控制。

研究结果所揭示的各竞争品牌表现在反应时上的差异,得到了企业市场一线人员的高度认可。同时,反应时的数据精确地体现了各品牌在各项特质上的具体差异,对企业下一步改进工作起到了很好的指导作用。限于商业保护的限制,这里不能具体展示该研究的数据。

在研究中,对反应时数据所获得的重要品牌特质与全国性问卷调查所获结果相比较,发现两者有着较高的一致性。如图10-19所示。

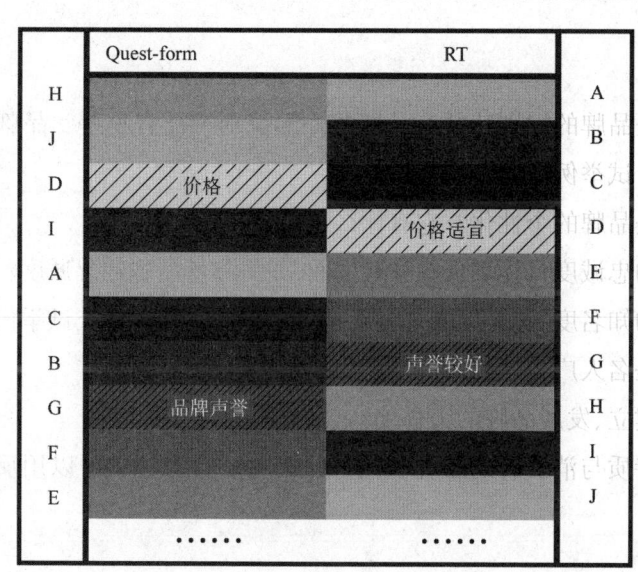

图10-19　问卷测量与反应时测查所得到的重要特质排序结果比较

图10-19中除白色以外的相同颜色的色块表示两种方法所获得的重要特质是相同的。图10-19所列两种方法各自得到的15项首要关键特质中,有10项特质是一致的。两侧的字母表示的是品牌特质的标号。这表明本研究中所应用的新技术得到了已有成熟技术的支持;而另一方面,由于这种方法能够有效避免受试者和主试者诸如暗示、伪装、敷衍等主观因素的干扰,测查结果可能更为精确。并且,这种方法所需数据量少,可以更好地节约测查成本,这些都是这种新方法的优势。不过,由于这一方法需要严格的实验控制,操作上不如问卷调查简便易行,可能使其应用受到限制。

本章小结

本章从消费者心理的角度讨论了品牌的识别特征,包括其外部特征和内在的价值观,同时介绍了品牌构建的模式与品牌个性;着重叙述了与品牌建设和经营紧密相关的消费者认牌购买行为的形成过程;分析知名度、美誉度和忠诚度各自的内涵,并分别讨论了它们相应的市场经营策略;最后,对品牌特质及其反应时检测技术与市场运用,以及品牌特质的数学模型作了细致的阐述。

思考题

1. 什么是品牌的识别特征?品牌的外部识别特征有哪些?品牌的内部识别特征有哪些?试举例说明。
2. 什么是品牌的个性化?它有什么意义?
3. 品牌的忠诚度具体表现在哪些方面,如何测量品牌的忠诚度?
4. 品牌的知名度、美誉度和忠诚度3者之间的关系如何?试举例说明。
5. 什么是名人广告?名人广告的优缺点有哪些?
6. 如何建立、发展品牌的美誉度?
7. 品牌特质与消费者的品牌联想是什么关系?为什么可以用反应时检测品牌特质?

案例讨论

海底捞:口碑营销的标杆

海底捞拥有值得骄傲的数字,拥有5 000名员工;流动率一直稳定在10%左右,而中国餐饮业的平均流动率是28.6%;它的顾客回头率高达50%以上。口口相传之下,海底捞的生意越来越红火。在海底捞的品牌打造过程中,口碑传播起了至关重要的作用。

1994年,23岁的四川简阳市技校毕业生张勇从经营街头麻辣烫开始,创办海底捞,专门经营连锁火锅店。17年来,海底捞在北京、上海、西安、郑州、天津、南京、沈阳等大城市拥有60余家直营店,营业额超过10亿元。

案例讨论

餐饮界的非正常服务

在海底捞等待就餐时,顾客可以免费吃水果、喝饮料,免费擦皮鞋,等待超过半小时,餐费还可以打九折,年轻女孩子甚至为了享受免费美甲服务专门去海底捞。

海底捞的这些服务在餐饮界是非正常的,被业界称之为"变态"服务,且这种服务贯穿于从顾客进门、等待、就餐、离开整个过程。待客人坐定点餐时,服务员会细心地为长发的女士递上皮筋和发夹;戴眼镜的客人则会得到擦镜布……隔15分钟,就会有服务员主动更换你面前的热毛巾;如果带了小孩子,服务员还会帮你喂孩子吃饭,陪他们在儿童天地做游戏;抽烟的人,他们会给你一个烟嘴;餐后,服务员马上送上口香糖,一路上所有服务员都会向你微笑道别;如果某位顾客特别喜欢店内的免费食物,服务员也会单独打包一份让其带走。

北京大学光华管理学院访问教授黄铁鹰最近撰文,讲述了几个海底捞服务创新的故事。有一次,海底捞上海三店服务员姚晓曼服务的11号雅间,坐的是回头客邬女士,后者的女儿点菜时问撒尿牛肉丸一份有几个,姚晓曼立刻意识到可能不够吃,便问一共几个人,对方回答10位。正常一份原本是8个,姚晓曼最终让厨师专门做了10个的。

有一次,姚晓曼的同事张耀兰注意到一位客人把鹌鹑蛋上面的萝卜丝夹到碗里吃。她感觉到客人一定很喜欢吃萝卜,于是让上菜房准备了一盘萝卜丝,又拿萝卜丝去调料台放上几味调料。当她把拌好的萝卜丝端到桌上时,客人很惊讶,也非常高兴。最后客人的儿子要了一碗米饭,把萝卜丝盘子里的汤拌到饭里吃了,还说这是他吃过的最香的饭。接下来一个月,他们连来了3次,还把其他朋友介绍过来。黄铁鹰写道:一碗萝卜丝多神奇,海底捞的客人就是这样一桌一桌抓来的。海底捞总经理张勇说:"创新在海底捞不是刻意推行的,我们只是努力创造让员工愿意工作的环境,结果创新就不断涌出来了。没想到这就是创新。"黄铁鹰认为,一个个鸡毛蒜皮的创新,就是海底捞员工每天做的一件件小事。单独看起来,似乎都微不足道。但每个员工都用这种心态去工作,这种竞争力是极强大的。

口碑营销之道

这种"变态"服务有时让顾客自己都觉得"不好意思",但它让海底捞在业界声名鹊起。张勇认为,顾客的口碑价值非常大。"在中央电视台做几秒的广告就得几十万,这可以为顾客买多少西瓜、饮料,换来多少顾客由衷的赞叹啊!"上述增值服务一方面吸引了客源,使消费者觉得物超所值,另一方面也避免了客源的流失。例如美甲服务在美甲店至少要花费50元以上,甚至上百元,而海底捞人均消费六七十元,免费美甲服务对于爱美的女孩子很有吸引力。

业内人士认为,把美甲和餐饮服务联系在一起,海底捞可以说是头一个。海底捞将时尚事物和传统饮食结合起来,结合得恰到好处。海底捞将美丽赠予了这些女性消费者,而这些消费者体验之后,也将她们的感受带给了更多的人。这就是口碑营销的力量。

海底捞不搞打折促销,人均消费并不低,但它给消费者带来了全新的体验:被服务的快乐,被尊重的感觉。随着这些创新服务不断被顾客口口相传,海底捞的品牌得以提升。

(案例来源:《国际公关》,2011年第2期)

讨论题

1. 海底捞是通过什么方式做广告的?
2. 海底捞是如何树立自己的品牌形象的?
3. 运用所学内容,试分析海底捞抓住了消费者的哪些心理需求从而获得大众的好评。

现代广告心理学

11

企业形象与企业识别系统（CIS）

本章重点及学习要求

企业形象是公众对企业实态的反映，公众由此形成的态度和行为选择又反作用于企业实态。本章重点在于CIS的系统运作思路、企业形象要素体系、服务质量要素研究、行为规范及其激励机制，以及VI的新运作模式。通过本章的学习，学习者要熟悉企业形象与企业识别系统的由来、历史发展变迁、理论学说的演变，深入思考与掌握CIS的系统运作模式与操作步骤，明确企业形象，企业识别系统、顾客满意度之间的关系，掌握基本的运作思路与实践手段。

第一节　企业形象

一、企业形象概述

企业形象指的是企业实态通过各种渠道传播之后,在社会大众心目中产生的综合印象。

企业实态涉及企业客观存在的各方面,既包括名称、标识、资金、技术、厂房、设备、人员、生产规模、产品质量、销售渠道等较为"硬"性的客观事实,也包括企业理念和文化、管理水平、销售能力、服务质量、顾客满意度等等偏"软"性的内容。这些内容由企业自觉或不自觉地以各种方式传达出来,使社会大众形成一种综合印象,也就是企业的整体形象。这里所说的社会大众,不仅指企业所重视的消费者,还包括企业管理者、员工、员工家属和企业的其他相关人群,如政府监管机构、金融界和媒体人士乃至企业所属社区的居民,以及其他更广泛的普通公众。

总体上讲,企业形象是社会公众基于直接或间接的自身利益,经过对企业各种信息的选择和加工而形成的对企业实态的整体性认识和评价。它具有主观性、概括性、整体性、可传播性、个别性与共同性、稳定性与可变性等特点。

企业形象可分为表层与深层两部分。表层部分是指可以直接观察到的企业外部特征,如产品的名称、标识、形象代言人、产品特征(质量、性能、造型、包装、价格等)、厂容店貌(建筑、装饰装潢、环境设施、规模等)、企业的各种活动(广告、公关、促销、公益等活动),以及企业领导人、管理者和普通员工的仪表风度、言谈举止、待人处事等方面的特点。深层部分则是无形的,主要与企业理念和文化相关联,更偏重于精神层面,比如,企业的价值观、经营方针、企业精神、职业道德、社会责任感和公益心、企业愿景等方面的内容。企业形象的深层部分决定了它的内涵;表层部分则构成了它的"外貌"。树立良好的企业形象,从根本上讲,是要使这两方面达到和谐统一,成为表里如一、受到公众持久赞誉的企业。

二、企业形象要素体系

企业的方方面面都可能成为企业形象的部分,不过,人们注意、接受、储存和提取信息的能力是有限的,通常在人们心目中,能成为企业形象要素的只是有限的少数特征。它们反映了人们所关注的企业实态的主要方面。因此,为了塑造一流的企业形象,首先必须了解一流的企业形象包括哪些主要因素,从这些方面着手对相关企业实态进行整改、传播和效果监控。研究表明,不同行业的企业形象要素不尽相同,尤其是主导的形象要素各有侧重,而且它随时间的推移而变化,变动的周期随行业不同而长短各异。比如说,金融业和制造业相比较,前者主形象变动的周期长,后者则周期短。了解各行各业的企业形象要素体系,尤其是最主要的几个形象要素,对企业进行管理变革和传播活动有着重要意义。不难想象,如果企业没有抓住重点,传播诉求和创意与主形象要素毫无联系,其传播效果会是怎样。同理,如果企业在管理活动中偏离了主形象要素方面的工作,那么其实态的调整也很难符合企业公众的期望。至于如何获得企业形象要素体系,如今已可以通过软科学研究的各种科学方法和数据处理工具来获得。

三、制约企业形象要素的因素

(一)社会环境

在经济不发达的年代里,一方面商品供不应求,另一方面人们的收入又普遍偏低。这种社会状况决定了社会大众只能把追求最低生活需求的满足作为他们的价值取向,也制约着企业形象要素的内容和水准。

例如,20世纪60年代初,我国处在物资供应困难的年代。有一家肉包子铺,尽管店面很小,服务也谈不上周到,卫生条件也不理想,但因其包子馅肥,价钱便宜,还是赢得了良好的声誉,受到了消费者的欢迎。因为那时候能解馋和价格便宜是餐馆经营的前位要素。时至今日,随着经济的发展,人民的生活水平有了很大的提高,现在如果还是面对这家包子铺,包子馅肥会使消费者觉得油腻,桌子旧会让人感到有些不干净,没有空调——冬不暖、夏不凉会让人不舒服,多问几句服务员又不耐烦,人们是不可能对它满意的。这种变化说明,消费者头脑中的包子铺的形象要素改变了,旧的形象要素让位给了新的形象要素。

(二)行业特点

行业特点作为企业形象要素的变量,说明企业形象的类别差异是以不同行业为基础的。为了验证这一结论的正确性,以及由这一结论引申出来的行业之间形象因子的共性与个性,学者们做了大量的研究工作。

有一种判别分析技术是用来揭示企业形象类别行业特点的。这种分析技术是在抽样调查资料的基础上建立判别函数,用该判别函数判别样本的所属行业,使其被判断为某一类别(特定行业)的概率最大,被判为其他类别(其他行业)的概率较小。表 11-1 给出了制造业、建筑业、商业和社会服务业样本的判别分类结果。[①]

表 11-1 行业样本判别分类结果(%)

	制造业	建筑业	商业	社会服务业
制造业	76.8	3.0	17.7	2.6
建筑业	9.0	86.6	3.0	1.5
商业	18.9	4.1	68.0	9.0
社会服务业	7.3	5.5	9.1	78.2

在表 11-1 中如此高的回判正确率说明,同行业的企业在形象要素上更接近,而不同行业的形象要素有明显的差异。

每一个行业都存在着一个形象要素体系。不同行业的形象要素体系中有的要素是共同的,有的则是个性化的。表 11-2 是对公众进行问卷调查后,通过探索性因素分析所获得的一些行业的形象要素体系。

表 11-2 各行业的形象要素及其重要性排序

行业 \ 要素排列	1	2	3	4	5	6
制造业	可发展	可信	质量	风貌	人员素质	管理
建筑业	管理	质量	经营	实力	人员素质	——
商业	管理	质量	可信	人员素质		
社会服务业	管理	对外沟通	可信	质量		

注:共同要素的具体细目变化带有明显的行业特色,表中形象要素所含细目从略。

从表 11-2 可以看出,尽管行业不同,但在消费者心目中,它们的形象要素却存在着一定的共性。这表现在这些行业之间存在着或部分存在着共同的要素,如质量、管理、可信度和人员素质等。这些要素与企业的生存和发展是休戚相关的。

---

① 表 11-1 和表 11-2 的结果均来自陈尧坤的《不同行业的企业形象要素体系的共性与个性》,中科院心理研究所"广告与消费心理"实验室研究资料。

在共性的基础上,各行业的企业形象也存在着个性。它们的个性首先表现在各行各业的企业形象要素不同,如制造业的可发展性和风貌、建筑业的经营与实力、社会服务业的对外沟通等。除此以外,还表现在主形象要素的不同,以及相同要素的重要性排序的不同上。

值得说明的是,上述研究所阐述的要素及其内涵,将会随着外界的变化、体现利益关系的问题或矛盾的解决,以及自身价值观的发展而发生变化。

（三）受众群体的差异

基于与企业利益关系的不同,公众对企业的期望、要求和评价标准也会有所不同。已有的研究证明,职工较注重人格尊严和心理满足、就业安全、工资合理和分享福利等内容;顾客则更重视服务态度的优劣、价格的公平合理、产品质量的保证,以及保质期等内容。同样是顾客,还可能因性别、年龄、文化程度等方面的差异,其各自关注的企业形象要素也不尽相同。这些都说明,对于同一企业体,其形象要素体系会受到群体差异的影响。

（四）企业的各种对外活动

企业的对外活动很多,其中广告、公关、公益事业和促销活动,都可能对企业的特定形象要素起到强化或削弱的作用。

四、企业形象的功能

（一）形象力

在早期的市场活动中,商品力是企业竞争力的基础。谁的产品质量好、设计出众、招牌响亮,谁就会受到市场的青睐,正所谓"酒香不怕巷子深"。随着科技的进步与市场的成熟,企业间的竞争加剧,产品质量越来越趋同,这时候销售能力的强弱对企业的效益就显得非常重要了,"产品好还得会吆喝"。时代进一步发展,各企业的传播手段、销售能力、营销网络建设也开始难分伯仲。在这种情况下,企业形象成为企业竞争力的新要素,通过在消费者乃至社会公众的心目中占有一席之地,获得消费者的好感、信赖感和忠诚度,成为企业争夺市场的新的制高点。一句话,现代企业的竞争力是商品力、销售力和形象力的综合体现（参见图11-1）。

（二）企业形象的心理功能

良好的企业形象,可以使消费者对企业产生更强的偏好和信赖感,形成更高

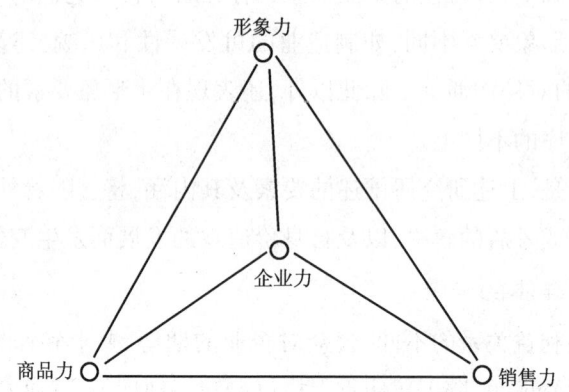

图 11-1　现代企业竞争力的综合体现

的忠诚度,可以有效防御竞争者的市场渗透。

1972年,百事可乐公司在美国一个公共场所门前设立了饮料试验点,让志愿参与者蒙眼去品尝可口可乐和百事可乐,然后公司会赠送一瓶品尝者更喜欢的饮料。结果表明,2/3的受试者选择的是百事可乐的饮料。然而,在后续的一项品牌联想测试中却发现,当饮用百事可乐时,联想最多的品牌是可口可乐;而饮用可口可乐时,联想到百事可乐品牌的人,却只有10%。把上述两个结果联系起来,便不难理解形象力的心理功能了。

无独有偶,前几年我国有人做过一个类似的小测试。当朋友们来的时候,他把一个国内品牌的可乐倒进可口可乐的空瓶中,拿出来招待大家,朋友们谈笑如常,没有人发现异常。下一次朋友们来的时候,他把可口可乐倒入这个国内品牌的空瓶中,拿出来招待大家,聊着聊着就有人说:"都是可乐,咱们这个国产的怎么就不如人家可口可乐的好喝呢?"

(三)企业形象的销售功能

企业形象对消费者的功能直接影响到消费者认牌购买的行为。日本学者曾经考察了建筑业和汽车业的企业形象与销售业绩之间的关系。

图11-2和图11-3显示,形象力与销售额之间呈线性关系,说明企业形象越趋向一流,销售额越高。两者的相关系数在两个行业中分别为0.84和0.90,说明相关程度很高。也正由于此,企业形象会被视为潜在的业绩、无形的资产。

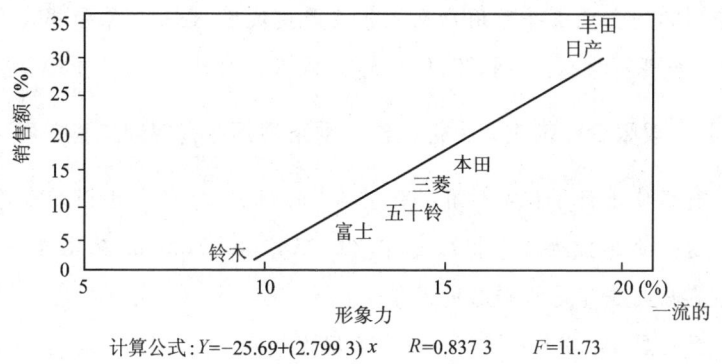

计算公式：$Y=-25.69+(2.799\ 3)x$　　$R=0.837\ 3$　　$F=11.73$

图 11－2　汽车业企业形象与销售额之间的关系

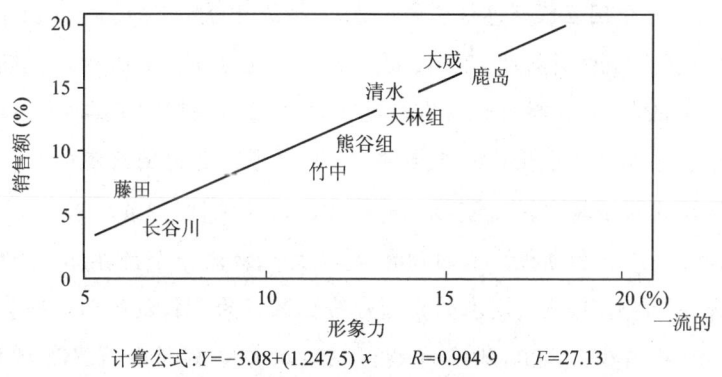

计算公式：$Y=-3.08+(1.247\ 5)x$　　$R=0.904\ 9$　　$F=27.13$

图 11－3　建筑业企业形象与销售额之间的关系

> **腾讯盈利增速放缓拖累股价　3Q 大战致企业形象受损**
>
> 实例
>
> 与奇虎360的纠纷致企业形象受损。资料显示，腾讯2010年全年总收入为人民币196.460亿元，较去年同期增长57.9%。腾讯2010年第四季度盈利为人民币26.525亿元，比上一季度下降0.5%，比去年同期增长49.3%。
>
> 分析认为，这是由于行业间竞争加剧，腾讯主要收入来源之一的网络游戏业务处于淡季。而2010年四季度腾讯与奇虎360之间的纠纷，导致公司非游戏互联网增值业务营收表现较弱。腾讯则表示，2010年第四季

度受到的安全攻击导致用户及业务被严重破坏,企业形象受损。

（资料来源:人民网,2011年3月24日。作者:索冬冬）

双限令或带来2百亿广告　网络视频业有望迎来第二春

有媒体进行了粗略估算,"限广令"的推出,电视台的损失将超过200亿。这一推算当然缺乏相应支撑,但"限广令"的推出,确实在一定时间段内直接打击了电视广告的发展。

数据显示,2011年视频行业广告规模约40亿,2012年超过80亿,2013年将超过100亿。而"限娱令"、"限广令"之后,传统电视台广告时间显著减少,资源的稀缺带来价格的上涨,湖南卫视的二次招标便说明了这一点;另一方面,中国互联网络信息中心2011年7月份发布的《第28次中国互联网络发展状况统计报告》显示,截至2011年6月底,中国网络视频用户已达3.01亿。2015年预计将有超过7亿中国互联网用户在网上观看视频内容。爱奇艺冻千秋称,"几年前,很多广告主会把网络视频广告做到新媒体投放的预算中,规模不大,一般是尝试性投放,但最近,不少广告主开始将视频广告和电视广告的预算合二为一,放进一个预算池里,进行互补投放,对于他们来说,现在的视频广告已经成为了投放的必选项。"

有业内人士指出,2012年视频网站的广告额将会有显著增加,预计从80亿元上升至110亿元左右。国联证券一位行业分析师表示:"在'限广令'后,对广告商而言,少了在黄金时间段穿插广告这一有效渠道,肯定会寻找其他渠道,视频网络将有望从中获得收益。"

在目前"台网联动"的大趋势下,视频网站与电视台的合作关系前所未有地加强,二者更像是伙伴,而非竞争对手。视频网站和电视台的关系正从单纯的联合宣传变成联合营销,一起为收视推广,甚至一起进行广告的联合招商。一位业内人士分析,从国外的情况看,早在2009年上半年,英国网络广告销售额就超过电视,成为英国最大的广告媒介。除了搜索广告领域高速增长的贡献外,网络视频成为网络广告增长的一个重要来源。由此可见,中国的网络视频依靠广告实现盈利的道路或可行。

（资料来源:千龙网,2011年12月7日。作者:朝力）

五、企业形象的形成

如前所述,企业形象是企业实态在公众心目中的反映。从信息传播的角度而言,企业实态就是信息源,通过各种传播手段和渠道——包括企业的各种内外活动传达给公众,使公众产生各种各样的认识和评价,形成综合印象。如果企业形象是靠公众自发的积累,一般会经历较长的时间,公众的印象往往是分散的、肤浅的、模糊的。如果企业是自觉地进行企业形象建设,那么它就可以根据企业形象要素体系对企业实态有重点、有步骤地进行管理变革,并通过相关活动有针对性地传达给目标公众。这样,一种能够有机地把企业内部管理活动和各种传播活动结合起来,进行企业形象建设和传达的系统工具,就自 20 世纪 60 年代以来,受到企业界的欢迎和青睐,它被称为企业识别系统(Corporate Identity System),简称 CIS 或 CI 系统。

第二节 企业识别系统(CIS)

一、CIS 的由来与历史发展

作为一种企业形象识别的手段,CIS 的历史可以追溯到远古时期,氏族部落的图腾和徽记,就是用以和他族相区别的识别特征。自古以来,两军对垒时为了区分敌我,往往都有各自统一的着装、旗帜和标记,甚至各有自己独特的激励士兵拼杀的方式,如旗语、号角和战鼓等。军队外部视觉同一化的目的在于分清敌我,一致对敌;内部同质化,则旨在振奋士气,同仇敌忾,增强斗志。

20 世纪初,德国的 AEG 电器公司尝试以商标作为统一性的视觉元素,使电器用品、包装、广告、海报、便笺、展示橱窗的设计和风格统一,形成了最初的市场活动中的"CI"雏形。

第二次世界大战以后,市场竞争愈演愈烈,企业必须突出自己的"个性"形象才可能脱颖而出,由此产生了企业识别的发端。

1956 年,IBM 总裁小托马斯·华生意识到公司必须将一个响亮独特的形象呈现给世人,才能有利于公司今后的发展。于是,他请教了当时美国著名的工业

设计大师埃略特·诺伊斯,询问如何能够建立一个"组织制度健全、健康发展、永远走在世界计算机科技前列的国际大公司"的形象。后者建议:应当通过独特的、统一规范化的设计和应用来传达这一形象。于是,公司原名 International Business Machines(国际商用机器公司)被缩写为 IBM,粗体字的公司名称、蓝底白字和公司名称中加上变幻线的特殊设计和统一化应用的工作就此展开,促成了一个"智慧、科技、前卫"的 IBM 新形象,一跃而成为美国最著名的公司之一。"Corporate Identity"(企业识别)即 CI 设计由此传播开来。之后,众多企业纷纷仿效,如美孚(Mobile)石油公司、东方(Eastern)航空公司、西屋(Westinghouse)电气公司等。1970 年,可口可乐公司的 CI 导入所采取的统一视觉传达系统及其所获得的巨大成功,再次为世人瞩目。

20 世纪 70 年代初,CI 设计传入日本,率先导入的是金融业和零售业,继而是制造业。日本导入 CI 设计的基本原因是:当时的金融业和零售业纷纷采取连锁经营的方针,需要保持品牌特征的统一性,CI 设计迎合了这一潮流;其次,当时的日本经济高速增长,新企业、新产品涌向市场,希望借此建立较高的知名度且易于被识别记忆。

由于日本"大和民族"重视亲情、凝聚力的传统民族文化的影响,后来的日本企业家在 CI 设计工作中逐步发展为不仅重视视觉设计,而且重视企业理念和文化建设。这使得 CI 向着系统工程运作迈出了一大步,逐渐建立起 CIS 的真正的系统思潮与相应实践。这种导入 CIS 的热潮,被日本企业界和专家学者称为"企业形象革命"。

20 世纪 70 年代末 80 年代初,CIS 热潮又传入新加坡、韩国等国家和我国的香港、台湾等地区,并得到了迅速的传播和应用。80 年代末,CIS 传入我国内地,广东的太阳神集团成为第一个导入 CIS 的内地企业。

二、几种主要的企业识别学说

(一)视觉设计说

视觉设计说盛行于 20 世纪五六十年代。视觉设计说的提出,标志着企业之间的竞争从传统的质量、价格等硬件竞争转入了非价格、非产品等的软件竞争。它进一步拓宽了企业的思路和眼界,具有重要意义。它的局限是把企业识别归结于简单的视觉设计。

（二）行为表现说

行为表现说出现于20世纪70年代。该学说认为，CIS不仅仅是试图通过视觉设计简洁地表达企业特点，而且强调企业识别的导入是一个过程，把重点放在企业行为的调整和改革上。它的基本思想是：区别于竞争对手并获得竞争优势，更重要的是企业的价值准则、风格、个性及企业内外环境沟通过程中的各种活动及行为方式。

（三）战略管理说

战略管理说是行为表现说的深化和发展。从企业对外界特别是市场适应的角度来解释企业识别。它提出的社会背景是：20世纪七八十年代以来，市场竞争加剧，消费者更成熟且需求多样化，市场细分、企业定位理论被广泛接受和使用。

战略管理说认为，企业的市场定位及战略发展规划是企业识别的本质，企业的一切行为不过是市场定位和战略目标的具体化和外化。

（四）企业识别系统

企业识别系统是日本学者中西元男等人用系统论的观点分析前人的多种企业识别理论而提出的。他们认为，企业识别是一个系统，它包括3个相互联系的子系统：MI（理念识别）、BI（行为识别）和VI（视觉识别）。

现在我们所讲的CIS，是基于战略管理基础的系统工程。它是企业基于对自身定位和战略的准确把握，确立适合自身发展的经营管理思想并通过各种组织的规章制度贯彻执行，同时通过各种企业活动、员工行为和外在视觉标识向公众传达企业形象，从而达到企业识别的效果。它是一个长期的、动态的过程。

目前，有些广告和策划机构由于CIS运作的周期长、效果评估难以实行、与企业不易协调等原因，人为地把CIS简化为只是视觉形象设计，并称之为"回归本源"。这样做，从实践角度讲，固然有它便于控制和协调运作的一面，也并非不可行；但从系统的角度而言，则是以部分代全体，失去了系统工具所特有的整体效果。

三、美国式、日本式、中国式CI模式比较

美国式CI以视觉识别（Visual Identity）为主要特征，这与美国的汽车文化及市场成熟规范有关。日本由于民族传统文化和战后推行终身雇佣制和年功工资制，强调企业的亲和力、凝聚力，建立了重视理念识别（Mind Identity）和VI设计的

CIS 系统模式。那么,中国应当采取什么样的 CI 模式呢?

由于中国和日本具有文化同源性,人们很容易想到中国也同样要重视 MI 的建设。由于长期的计划经济的影响,中国企业的营销观、市场观和战略管理思想相应还不够成熟,整体的市场也还欠规范。因此,加强 MI 子系统的建设是必要的。中国当前进入经济高速增长的阶段,新技术、新产品、新企业大量涌现,首先从外在特征上有易于识别和尽快建立知名度的需求,对于老企业来说,在这个群雄四起的时代同样也有强烈的品牌识别的需要。因此,VI 设计更是首当其冲,受到企业人士的关注。此外,由于长期的计划经济和"大锅饭"的企业管理模式,以及不规范的市场业态,使得人们的敬业精神和工作积极性都受到很大的冲击,企业在公共行为乃至竞争行为上也常常出现不和谐音,因此员工行为和企业行为的规范更成为企业 CIS 系统工程中的难点。

有鉴于中国当前不够成熟的市场环境以及缺乏规范的员工和企业行为,笔者以为,中国企业的 CI 模式应当是 MI,BI,VI 三者并重,其中 BI 又尤其是企业应狠抓落实的着力点。因为,VI 相对而言易于操作,MI 虽也是难点,但中国从来就不缺战略思想,从中央政府到地方企业,杰出的管理思想比比皆是。不过,话说回来,国内企业在发展战略上从实证分析的角度来说却可能不够清晰明确。因此,中国企业在现阶段的 CI 模式可以采取"定 MI 理念(战略)、以 VI 先导、重 BI 执行(制度与规范)"的战略管理系统模式。

前述强调 CIS 或 CI 应是"回归本源"的 VI 型 CI 的广告公司和策划机构,认为 CIS 不再是包罗万象的战略管理和系统工程。以这种指导思想出发,可以在不违背企业行业特点和基本理念的大框架下进行 VI 设计,帮助企业进行品牌识别性设计和传播活动;但从国家名牌战略和企业进行品牌建设的角度来讲,就不免有所缺失。能够从中长期的角度为企业进行 CIS 系统工作的机构,将更符合当前我国企业确立长远规划、在国际化大潮下建设强势品牌的需要。

四、CIS 系统理论模型

正如前面的 CIS 系统说所述,MI,BI,VI 3 个子系统是一个有机整体。它们之间的关系如何,以及如何在系统理论模型的指导下展开实践工作,是专家学者和企业人士都关注的问题。

传统的 CIS 系统理论认为,三者相互关联不可分割,其中相交的部分就是

CIS,于是形成了一个三者相交的理论模型,如图 11-4 所示。

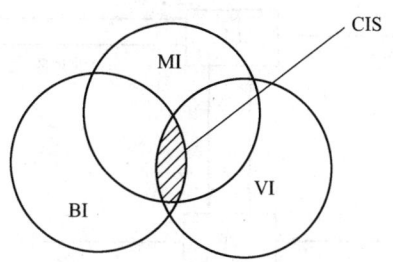

图 11-4　交集式 CIS 理论模型

交集式理论模型是根据系统论的原理提出来的,即系统要素之间必须相互有关联,但由于不能指明这种关联具体在哪里,以及如果其中的交集是 CIS,它具体的内涵和外延各是什么,结果造成了许多企业实际上在 3 个子系统的工作上相互割裂,不能形成有机联系,造成了如图 11-5 所示的拼盘式 CIS 的效果。

有人在交集式理论模型的基础上提出,在 MI,BI,VI 之间,MI 应当处于核心地位,它对其余两个子系统起着指导作用。这种指导式 CIS 模型凸显了 MI 在整个系统中的灵魂地位。如图 11-6 所示。

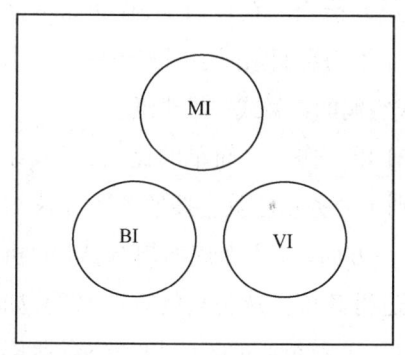

图 11-5　拼盘式 CIS

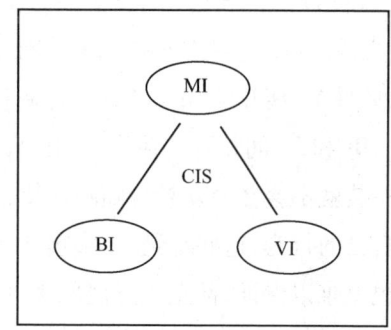

图 11-6　指导式 CIS

指导式的理论模型使得人们有意识地以 MI 所涉及的理念元素作为进一步进行 BI 和 VI 设计的依据。但它对 3 个子系统之间的关系以及整个系统运作的模式仍然揭示得不够深入。中国科学院心理研究所"CIS 中国化"课题组在承担国家自然科学基金项目和为企业导入 CIS 的过程中,发现 CIS 遵循着如下的系统模式,见图 11-7。

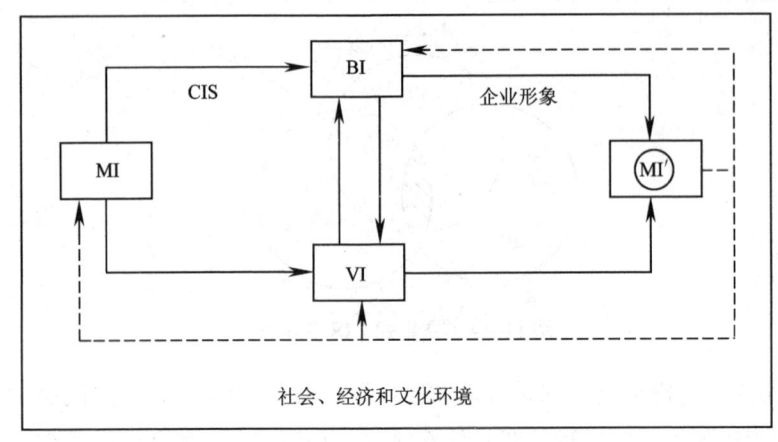

图 11-7　CIS 系统模式

在图 11-7 中,MI 是主导要素,赋予 BI 和 VI 以精神内涵,并通过它们向大众传播企业理念和企业文化,使人们对企业认可并产生好感和信赖。反过来说,如果 BI 没有建立在 MI 的基础上,企业员工就会说不清企业将要如何发展,也不清楚怎样才是规范的行为表现,员工的个体行为和企业的整体行为就会陷入自发状态;同样,如果 VI 不能表达 MI,视觉表达就会缺乏或偏离恰当的精神内涵,犹如无本之木、无源之水。这就如同国人爱护国旗、国徽,正是因为它们象征了国家的尊严。当然,如果 MI 离开了 BI 和 VI,就会流于空谈,变成空洞的口号或一堆废纸。

BI 和 VI 间相互的箭头表明两者之间相互作用。作一个简单的比喻,军人穿上军装就不会在公众场合随随便便,公司职员到了公务场合就会按照商务礼仪约束自己的行为,这些都是 VI 影响 BI 的例子;另一方面,BI 方面偏离规范,VI 的执行也就难以保证,甚至可能使原来的设计意图适得其反。从公众的角度来看,如果一个企业的 VI 运作具有良好的传播效果,但员工和企业的行为却与公众期望不符,那么公众原有的由 VI 产生的好印象也就会荡然无存了。

图 11-7 右边的 MI′表示大众对企业 MI 的认知和由此产生的好感和信赖。它是企业整体形象的核心,其形成有赖于 MI 通过 BI 和 VI 共同作用。另一方面,MI′受市场和消费者自身需求、价值观、生活方式变化的影响,反过来又将对 MI 产生作用,导致企业内部改革,这就是 CIS 内部的关系和动态特性。

在进一步的研究实践中,"CIS 中国化"课题组发现,CIS 系统可以由以上狭义的 3 个子系统的结合体扩大成包含企业实态和公众所感知的企业形象在内的互动系统,如图11-8所示。

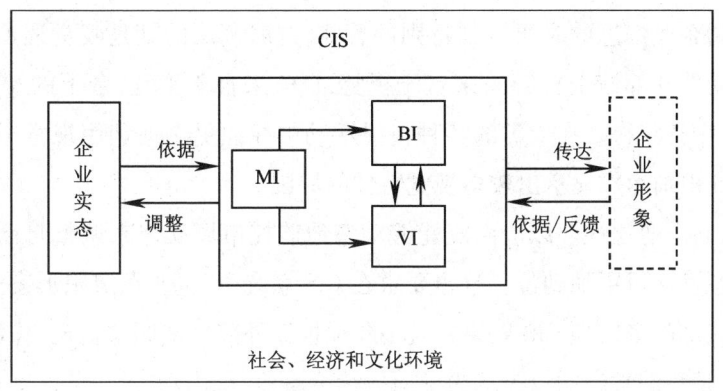

图11-8 扩展的CIS动态系统模型

在图11-8中,狭义的CIS系统作为一项管理工具,起到了整合企业资源、与市场和社会互动的作用。企业实态是CIS所反映的客观存在,是CIS的内涵来源,传达到社会公众形成大众的整体形象认识,影响到大众对企业的看法和经济行为,直接关系到企业的经济效益和社会效益,据此反馈企业对自身进行调整,通过MI,BI,VI的整体运作又起到了企业内部管理变革的作用。这样,就形成了一个动态监控与调整的自适应系统。系统外部的背景,则是企业所处的经济与社会环境。

由以上制约关系构成的复合体,具有如下新的功能和特性:

第一,互动性和整体性。这首先表现在MI,BI,VI以及企业实态与企业形象之间的内在互动关系;其次在于由此产生的整体复合效果,彼此之间相互依存又相互制约。

第二,统一性。这不仅在于各个系统要素之间的内在统一关系,而且在于企业形象与其产品品牌形象的统一,以及VI系统内基本要素及其应用要素的统一。由此,CIS可作为企业统一化战略。

第三,独特性或差别性。通过以上整体运作,可以建立有别于其他企业的文化、理念、规范、制度及外在表现特征。因此,在市场竞争中,CIS又可作为企业的差别化战略。

第四,传播的高效性。这依赖于CIS的多渠道一致性的传播和统一化的独特个性。这里要说明的一点是,VI作为一个子系统,并非仅仅依赖于视觉符号,而是可以针对人们的各种感知觉通道来进行设计和传播。如企业歌曲的唱颂就是通过听觉通道来实现企业形象塑造的。再如,国外有些企业通过特殊的油墨可使读者在翻阅企业信息的时候闻到特别的香味,这时利用的就是嗅觉通道。不过,人类所接受的外部信息有83%来自于视觉,11%来自于听觉,余下的6%才由嗅觉、触觉和味觉获得。在人类的各种传播活动中往往更多地利用视觉通道,这也是当前CIS识别运作显示出较多视觉特性的原因。

第五,动态变化性。以上系统能够动态地监控市场反馈来调整自己,从而使企业的实态发展得更加到位。这也要求在CIS系统中,企业在组织形态上应设立相应的职能部门来监控CIS效果并且不断地根据外部反馈调整自己,作出内部改革,这也就是我们常说的以市场为导向持续不懈地"练内功"。

五、CIS导入的基本步骤

CIS导入是一个循序渐进、长期的系统工程,计划性很强。整个计划的进行首先要求确立相应的组织机构,建立CIS委员会,成员包括企业的专家顾问以及管理决策层和企业的职能部门(比如,企业文化、公关、广告、营销等部门)的负责人。管理决策层负责CIS工作中重大事项的决策及推动在整个企业中开展工作;专家顾问负责指导和协助CIS委员会作出CIS整体策划和工作计划;职能部门作为执行层按照既定方针和计划负责各项具体工作的落实。

日本研究CIS的知名学者加藤邦宏在其所著的《CIS推进手册》一书中,将CIS导入计划划分为3个阶段:调查阶段、企划阶段和实施阶段。全球著名的咨询业巨头兰德公司在CIS设计规划的程序上将这一过程划分为4个阶段:需求评估阶段(Needs Assessment)、企划设计阶段(Planning)、创意发展阶段(Creative Development)、导入推行阶段(Implementation)。其中需求评估阶段主要在于调研,目的是找到企业识别的问题和缺陷;企划设计阶段主要进行分析定位,提出策略和具体的策划方案报告;创意发展阶段则主要是进行创意设计;导入推行阶段是将上述设计规划完成,制作标准化的手册或文件,作为统一企业形象的工具,并对企业的作业结果进行审查,以确立完整的、符合要求的作业系统。中国CIS研究专家——中国科学院心理所马谋超教授则把CIS导入程序划分为企业诊断、企业规划和实施3个基本步骤。

按照上述的CIS系统结构模型,我们可以清楚地看到,一个企业的CIS导入程序,可以划分为以下几个基本步骤。

(一) 企业实态调研和诊断阶段

企业实态调研和诊断的主要目的是了解企业和行业现状,明确行业状况、竞争态势、企业现状,分析未来的发展趋势,根据企业战略和定位以及现有的不足等等作出判断并形成报告。

(二) 企划阶段

在企划阶段,要根据调研分析和诊断结果,分析企业的内外部条件,确立企业的发展战略、定位、经营方针,概括企业的内在传统和文化,明确企业精神和企业价值观等精神内涵,总结企业的形象特质。

(三) 设计展开阶段

在设计展开阶段,要根据以上结果对 MI、BI、VI 各个子系统进行详细的设计和规范,并逐个论证,落实到统一化、标准化的管理文件或 CIS 手册中。

(四) 实施与传播阶段

在实施与传播阶段,要根据新的发展战略、目标、定位及经营管理思想,逐项落实各 CIS 子系统,使其协调运转,在这个过程中必然会对企业组织结构、行为规范等方面的不当之处有所调整,提升企业的内在管理实力;另一方面,围绕着传播目标展开的各种视觉传达和传播活动,在内外传达的过程中将树立起企业新的、统一化的形象。

(五) 动态监控与调整阶段

CIS 是一项长期的任务,良好形象的建立非一朝一夕可以达成。因此,在企业 CIS 运行的过程中,应从系统运作上和组织结构上来保证对 CIS 运行效果的动态监控,并根据企业内外的反馈适时地进行调整,乃至进行重大变革或重新导入。这样,才能在企业长期的发展过程中将 CIS 变成一个持续运行的自适应系统。

第三节 企业形象建设:MI 和 BI

一、企业理念建设

在 CIS 中,企业理念建设主要体现在 MI 的基本要素上,MI 作为一个子系统,它包含哪些要素，MI 的基本框架应该如何来确立，是首先需要回答的问题。

企业理念是企业在生产、经营、管理、服务等方面的指导思想体系。企业理念涉及的内容林林总总，可谓包罗万象。不过，从理念体系的基本目的来说，它要能够作为企业思想体系的上层建筑，指导下层的具体规章制度和企业行为；它可以像总纲一样，让企业的任何一名普通员工或管理者明白企业发展的指导思想的基本内涵。其实也就是使员工明了企业的事业领域、发展目标以及达到目标的途径和方法。简单来说，就是要使员工明白企业面临的基本命题——"我是谁，我要到哪里去，怎么去"。

（一）"我是谁"——社会使命和事业领域

企业的社会使命和事业领域，体现了企业的社会存在价值，不是靠理论上的简单认定就能解决的问题，而是一个操作意义上的企业定位问题，是一个需要靠实证分析推动的战略选择问题。企业必须在对内、外部条件作出严密分析的基础上，确定自己的行业选择和市场定位。

例如，日本石桥轮胎是在其国内同行中首屈一指的公司，业绩优良，但日本PAOS 设计公司在为其导入 CIS 中发现，企业的定位有偏差，员工以及相关制造商对石桥轮胎公司的评价未达成共识。"我们的公司充其量只不过是汽车制造商的零件承包商罢了"，这一错误观念被延续了许多年。经过检讨修正，确立了"石桥轮胎是非常严密的高科技产品"的观念，把公司的社会使命定为"向社会提供优良品质的高科技产品"。对于员工来说，其社会使命感无疑大大增强了。

再比如，人们需要购买商品，百货商店存在的价值是无可置疑的。但在现实生活中，不少百货商店却因为顾客寥寥无几而面临倒闭或破产，其显而易见的原因就是定位不准确。众所周知，城市和乡村的百货商店的定位，无论在商品的种类或档次上都不会一样。过去北京天安门广场附近的一家百货商店，在定位的时候决策层发生了争议，在商店是要上精品、高档商品还是中低档商品上争执不下。经过实地调研发现，它的顾客大多数是游览天安门的外地游客，他们的一个最大特点是事先并没有明确的购买计划，只是在游览过程中顺便到商店看一看，既是观赏异地的商店，也可能看到合适的商品就顺便买点，或留做纪念，或回去当礼品送人。大概不会有人千里迢迢跑到天安门，专门来买油盐酱醋之类的生活必需品，也不会专门到这里来买些高档生活用品。而且，这些客人一般都是工薪阶层，外出旅游身上不可能带大量的现金，因而前去购买高档商品的人不会多。根据上述情况,商店的定位就应该面对外地游客,在商品类别上有所考虑,而且商品档次不宜太高。如果商店定位发生错误,就将会使自己失去存在的价值。

(二)"我要到哪里去"——企业发展的战略目标

企业发展的战略目标,又可按时期的长短分为远期、中期和近期战略目标。例如,图11-9是一家服装企业的战略目标。

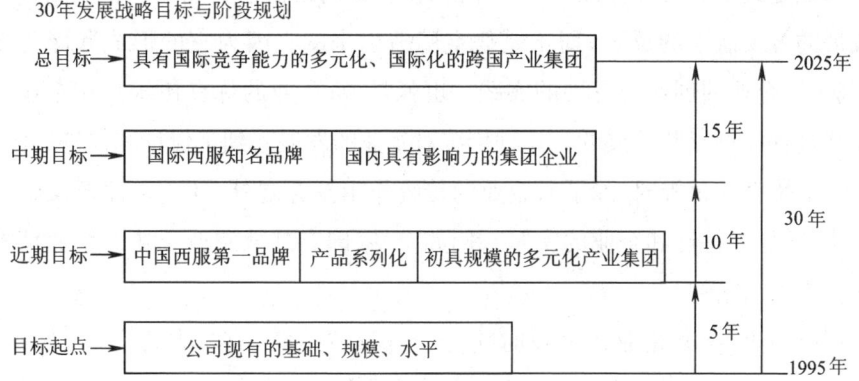

图11-9 ×服装企业的近、中、远期目标

良好企业形象的塑造一般都需要经历相当长的时间。在发达国家,正规实施CIS一般至少需要一两年的时间或者更长的时间,因此企业家把企业形象战略看成是一项长期的投资。我国许多企业家在导入CIS时却往往急于求成,希望马上见到效益。一份全国性的问卷调查结果显示,对"在各项事业发展中,任职期间不见效益不予考虑"表示同意和不反对的企业占总受访企业的60%。企业形象工程的性质决定目标应该是长远的,但我国相当多的企业更关注短期的效益又是现实国情,这就是矛盾。要解决这一矛盾,在导入CIS时,应该在近期目标和中远期目标的结合点上有所突破。

(三)"怎么去"——途径和手段

根据企业的行业战略选择、市场定位和发展目标,确定相应的资源整合的计划和市场策略,这样,自然就确定了企业的经营方针。这就是"怎么去"的内容了。

经营方针的确立和表达只是理念体系中"怎么去"的一方面内容,它主要是从经营的角度展开的。例如,某大型国有企业集团的经营方针是:"以一流质量和服务求生存,以先进科技和管理促发展"。另一家零售集团企业的经营方针则是:

"靠一流服务征服顾客,靠平销商品获取效益"。另一方面,从组织管理的角度来看,组织架构和组织守则是"怎么去"的组织保证。不过,一般对于已有一定基础的企业来说,这方面已有明确成型的建构和表达,除非在导入的过程中涉及组织架构调整,否则通常要做的工作较少。

如果说,以上两方面是理念体系中达到企业目标的刚性条件,企业精神和价值取向就是其中的柔性保证。刚柔相济,使企业的运作达到和谐。企业精神是企业发展的客观需求的反映,而不是凭空臆造出来的。因为它的形成和深化或提升,离不开企业的创业与发展的实践。也就是说,企业的优良传统是在企业长期的实践过程中形成和发展的。这种传统对企业的发展起到了保证和促进的作用。

在提炼企业精神时,除了对企业的传统作出扬弃之外,还必须注意反映时代的要求、行业的特性和企业的实际。例如,一家国有玻璃制造企业的企业精神就是这样提炼出来的。

回顾历史,这家企业在创业时期,工人们在"一穷二白"的条件下,修路、开矿、烧砖、建窑等一切工程都是人力作业。完成任务靠的是人海战术,靠的是工人们团结拼搏、艰苦奋斗的精神所形成的集体力量。工人们说:"头顶青天不怕难,脚踩荒山建矿山,为了早日出玻璃,再苦再累也心甘"。正是这种创业精神保证了建窑出玻璃目标的实现。当第一和第二期工程相继建成投产之后,企业面临的任务就是突破旧的生产工艺对生产力的束缚。当时,西方国家对我国实行技术封锁,建立和完善浮法生产线,实现在工艺上的创新就成了企业发展的关键。这时,企业精神的发展就突出地表现在技术的开拓和创新上了。凭着这种企业精神的深化,企业才独创了具有中国特色的全新的浮法工艺技术。

随着浮法工艺从小到大和由旧到新的技术突破,具有鲜明特色的团结拼搏与开拓创新完美结合的企业精神便日益形成了。在确立市场经济体制的今天,企业的技术优势正在削弱。面临激烈的市场竞争,企业犹如逆水行舟,不进则退。企业面对现实,制定了自己的发展战略目标。但是,无论是战略目标的实现,还是重大举措的实施,都要求有争超越、永开拓的精神。"争超越、永开拓"正是在当今时代该企业精神的升华。

玻璃行业有一个突出的特点,那就是熔窑需要"冷修"。冷修就是在温度很高的条件下更换熔窑的耐火砖,抢修熔窑。工程是在非常紧张的条件下进行的。这个企业拥有多条浮法生产线,几乎年年都有冷修任务,冷修已经成为其企业文化的盛事,每次冷修都生动地展示了企业团结、拼搏的精神。

综上所述,重团结、敢拼搏、争超越、永开拓的企业精神,既继承了该企业的历史传统,又反映了当今时代的特点,也符合其本行业和本企业的实际情况,是"共性"和"个性"的结合体。

至于说价值取向,现代企业最主要的价值取向就是通常所讲的"以市场为导向,以消费者为中心"。例如,一家美容集团所倡导的"以客为尊",对员工岗位培训时强调:"你的工资是客人给的,他满意你受益"。另一家企业则更把这项原则绝对化——"在柜台前,顾客永远是对的"。这些,其实都反映了具体企业的价值观表达,往往是围绕着上述核心取向的各种变式。

二、员工行为规范与激励机制

企业的行为识别(BI)被看做是 MI 的一种动态传播。其中,员工的行为规范是最经常、最持久、最困难的要素,尤其是营销部门员工的行为比其他部门员工的行为更多、更经常、更直接地与本企业发生联系。所以,营销部门员工的行为或形象,无论其自觉还是不自觉,都直接代表着本企业的形象。这就是为什么要重点说明营销人员行为规范的原因。

确定行为规范的结构有科学操作和经验操作两种模式。它们之间的一个重要差别就是:科学操作有理论框架,也就是要力求使结构的设置能在一个完备的理论框架下更趋合理;经验操作模式则是凭借个人或少数人的经验来构架的。

(一)行为规范设置的理论基础与构建

理论依据对科学操作起着导向的作用,实际上它也就是制定行为规范的原则。

1.制定行为规范的原则。

(1)系统性原则。在任何一个行为系统中,它的各个要素并不是相互割裂地存在着的,而是相互制约着的,这就是系统的本质。同样,在 CIS 中,MI 要通过 BI 和 VI 来体现;而 BI 和 VI 也只有贯彻执行 MI 才具有其精神内涵。行为规范是 BI 的重要组成部分,它理所当然地要受到系统性原则的制约。

(2)"顾客满意"原则。为顾客服务、满足顾客的需要,是工商企业的宗旨。对于员工的行为表现,能让顾客满意的就是好的、值得推崇的;反之就要加以改正。这就是在行为规范中要贯彻的"顾客满意"原则。

(3)实践性原则。制定员工的行为规范,是为了保证员工有规范的行为。这种行为不能只是一时一事上的冲动,而是要一贯地、持久地坚持下去。要做到这一步,就要有可持续的激励机制。这一切都体现出制定行为规范的实践性原则。

2. 评价企业行为规范的标准。

(1)对企业理念,尤其是经营方针和企业精神体现得如何。正如在系统性原则的叙述中所指出的那样,BI 只有体现 MI 才能具有企业精神的内涵。具体来说,营销人员的行为(包括其他部门的人员在内),只有在企业的经营方针指导之下,并以企业精神加以保证,才能有利于展示良好的企业形象。

(2)共性与个性的体现。一个行业的营销部门,其服务具有共同的特性,也具有该行业服务的特殊性。因此,特定行业营销人员行为规范的制定,应该是共性和个性的结合,只强调个性或通则的要求是片面的。

(3)是否具备可操作性。行为规范最终是要通过员工的日常行为体现出来的,因此,可操作性理应成为衡量行为规范的标准之一。

(4)是否有实施规范的保证机制。员工自身的行为有很大的可变性与随意性,因此,一个好的行为规范应能被长久实施。为此,建立相应的激励机制,便成为衡量行为规范是否完备的一个标志。

(5)文案是否规范。行为规范在行文上应力求简明、流畅、具体、务实、结构合理、条理清楚,便于阅读和理解、接受与记忆。

3. 营销部门员工行为的构建。一个企业通常会有若干工种和许多部门,员工的行为规范因各工种和部门业务性质的不同会有所差异。然而,这并不意味着各职能部门的"个性化"可以脱离企业的通则与企业的经营理念及为之服务的企业精神,因为这是企业对其所属的各职能部门的共同要求。营销部门是企业直接与顾客打交道的单位,对其人员的行为规范更有特殊的意义。如何将行为规范与顾客满意度紧紧地结合起来,提高服务质量,是直接关系到企业形象好坏的一个重要因素。这个问题将在本章第四节详述。

(二)激励机制

只有使员工了解行为规范的具体内容和执行它的必要性,并进而内化为其自身的观念,才能保证行为规范的有效执行。由于规范实质上就是一种约束,因此,要执行行为规范就需要作出努力。这种努力应该持久和一贯,而不是走过场或者"昙花一现"。按照行为科学的原理,对员工执行规范的表现作出评价,并根据评价结果对员工进行奖惩,是强化规范行为、克服不良行为的有效举措。因此,设计合适的测评量表,建立激励机制,同样成为行为规范科学化的组成部分。

1. 评定量表的建立。评定量表通常是由几个等级构成的一个"心理尺度"。比如,优、良、可、差、劣,或者序数 1,2,3,4,5,6,7,8,9,数字 1 和数字 9 分别表示所要测定的特性的两个极端,中间数字表示不同的程度。等级数目不要太多(一般不要超出 11 个),并且等级数量最好为奇数。

评定方法直接、简单,只要按考核项目对员工的实际行为表现给出适当的等级就行。现举例如下:

考核项目:业绩

评定依据:实际数额与定额的比例

评定量表如下:

```
1   2   3   4   5   6   7   8   9
未完成 ──────→ 完成 ──────→ 超额
 (-)                            (+)
```

值得说明的是,一些考核项目的评定依据是"软"指标。比如,考核礼仪表现,一般是根据员工的日常表现所形成的印象。类似这样的主观评定,虽不能完全避免误差,但不失其统计的意义。

测评可以是主管对员工、员工对管理者,也可以是员工之间的互相评定。

2. 加权求和综合评价模型。如何将一个测评量表上各要素的评价分数转化为对员工行为表现的综合评定呢?下面介绍一种加权求和综合评价模型。

综合评价值最简单的求法,是将各要素所得的评分相加。不过,不同要素的重要性或实际意义通常是有差别的,也就是说它们的权重是不一样的。假设数字"0"表示"很不重要",数字"1"表示"非常重要",那么,各个要素的权重系数就应该是处于"0"与"1"之间的数值。加权求和的结果得到的是一种综合评价值。加权求和的算法反映了各要素的不同贡献,但加权系数必须是客观贡献的反映,需要用科学的方法对有关人员进行调查研究,并把结果加以量化,切勿个人主观任意认定。

加权求和模型的公式为:

$$A = \sum_{i=1}^{n} b_i \cdot e_i$$

其中:A——综合评价值;

b_i——规范中的第 i 个要素的评分($i=1,2,\cdots,n$);

n——行为规范中要素的数目;

e_i——相应于第 i 个要素的权重系数。

($e_i \in [0,1]$,"$\in$"表示"属于"符号)

加权求和综合评价模型的优点如下:

第一,综合评价值可以作为员工的表现、绩效和赏罚的量化指标,只要合理地设定受罚和受奖的分数线,具体操作就方便了。

第二,调整权重系数可以对员工的行为产生导向作用。因为权重系数越大总分越高,所得利益也越大。可见,调节权重系数可以对员工的行为有效地进行控制。

第三,综合评价模型因为具有补偿性,所以有利于挖掘员工的潜力,充分调动其积极性。比如,某员工因某方面失误或表现不佳得了低分,可是,他可以在其他方面争取更高的得分来加以弥补,使总分达到所需水平,因而仍可得到利益。这样可以避免员工产生"破罐子破摔"的消极心态。

作为企业形象建设的视觉符码设计(VI)部分将在本章最后一节中介绍。

第四节 CIS 与顾客满意和服务

一、CIS 与顾客满意(CS)

CIS 是对企业的形象策划,主体是企业。"顾客满意"的主体是公众。这两者之间既有区别又是紧密地联系着的。因为,顾客对于企业来说是财富中的财富,资源中的资源。"顾客满意"既是企业一切经营战略的出发点,又是经营战略的归宿。一旦顾客不满意,企业就失去了生存与发展的根本保证,这时无论 CIS 如何策划,最终都无法挽救企业倒闭的命运。

"顾客满意"存在程度上的差异。现实中,"顾客期望"(Customers' Expectation)是"顾客满意"的较高水准。超出它,顾客会感到意外的惊喜,而"顾客认可"(Customers' Acceptance)是"顾客满意"的较低水准。低于它,顾客会感到沮丧和失望。这两者之间是可接受的顾客满意区间,其间是不同的满意度。有鉴于此,通常,"顾客满意"与"顾客满意度"'互用。

CIS 对于"顾客满意"存在强烈的依赖性,因而在运用 CS 推进 CIS 战略时,有如下几点值得考虑:

第一,确立 CS 在经营理念中的地位,使之成为最重要的经营战略原则。具体说,就是把满足顾客需求、全面看重和维护顾客利益作为企业活动的指导思想。

第二,将 CS 融入到企业的行为识别系统中。具体说,就是把顾客需求千方百计地"设计到产品中去";依据顾客满意度,制定满意服务标准,规范员工行为;听取顾客意见改进管理;等等。

第三,依照 CS 思想建立检验视觉识别系统效果的测评体系。

二、服务与 CIS 和 CS 的关系

企业内外环境沟通过程中的各种活动和行为方式,是企业识别系统工程要解决的一个重要环节。它既涉及企业的全部生产经营活动,也涉及企业的一切传播活动,如广告、公关、员工言行、与顾客的沟通等等。企业向顾客提供服务,是一种普遍存在的、与顾客沟通过程中的企业行为。在服务过程中,服务设施、服务环境和服务人员劳动的质量、服务态度、服务方式等都在向顾客传达企业识别信息。所以,顾客对服务的满意评价,无疑对企业形象有积极促进作用。

服务是为他人利益提供支持的一种社会行为。服务质量与 CS 是紧密不可分的两个概念。服务质量高,顾客更满意;反之亦然。鉴于两者的这种关系,人们常常将两者互用。服务质量,依国际标准化组织的定义是:"一种产品或服务能够满足其对象的明显和隐含需要的能力或特性的综合"。

格隆鲁斯(Gronroos)认为,服务质量是一个存在于消费者头脑中的主观范畴,它取决于消费者对服务质量的期望(期望服务质量)同其实际感知到的服务质量水平(体验的服务质量)二者的对比[①]。他还认为,服务质量分为两种:①技术质量,指服务过程的产出,即消费者通过服务得到的东西;②功能质量,指消费者是如何得到服务的。

三、服务质量差异模型

依据国际标准化组织对服务质量的定义,可以把服务质量理解为由一些能满

---

① Gronoroos C., "Marketing in Service Companies", 1983, Malmo Liber.

足人们需要的不同要素所构成的体系。这些要素反映了消费者对服务活动的关注特性。

林奎斯特(Lindquist)的研究认为,在消费层次上,对服务质量的评价由21个维度组成,包括职员行为、价格水平、开放时间、信息提供、功能设施的舒适度等等。从他的研究中可以发现,消费者对服务质量评价不仅局限于企业所提供的服务种类、职员行为等要素上,而且以前认为与服务质量无关的商品价格、企业的规则等,也被消费者当做评价服务质量的重要指标。对此的解释是:服务是以消费者满足为前提的,商品质量、价格,企业本身的规则、设施等对消费者的满足感也有很大影响。服务质量具备前文所述的特性,即服务质量的构成具有整合性。因此,消费者将商品价格、企业的规则等纳入服务范畴的现象就不足为怪了。

结合林奎斯特的结论和格隆鲁斯的"消费者所感知的服务质量"概念,帕拉苏拉曼(Parasuraman)等人提出了服务质量差异模型①,如图11-10所示。

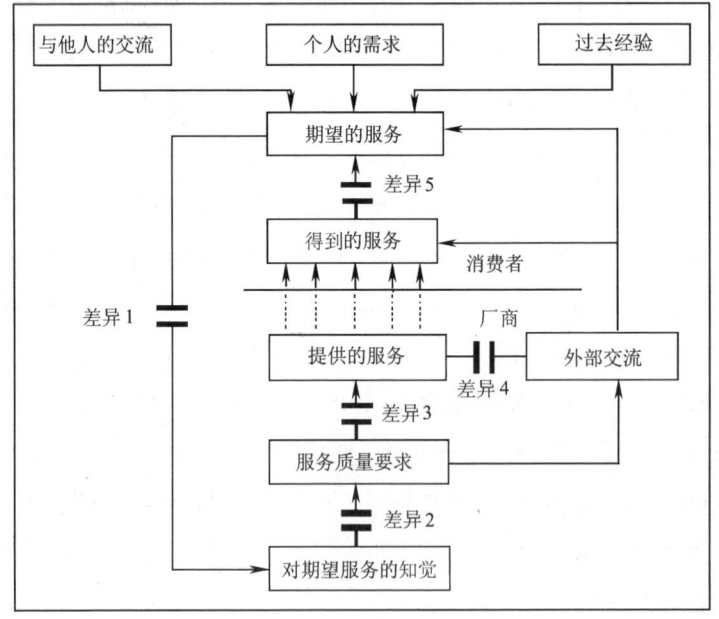

图11-10　服务质量差异模型

---

① Parasuraman A., V. A. Zeithaml and L. L. Berry, "A Conceptual Model of Service Quality and Its Implications for Future Research", 1985, Journal of Marketing, Vol. 49(Fall), 41~50.

在该模型中，所谓"差异"，体现在企业提供的服务、消费者感受到的服务和消费者对服务的期望这三者之间存在的不完全一致上。这些差异既存在于企业内部，也存在于企业外部，如企业制定的服务标准与企业提供的服务间的差异，消费者感受到的服务与期望的服务间的差异。消费者在实际消费行为及评价中存在双重标准。一种是理想标准，达到或超过此标准能给消费者带来满意或喜悦。另一种是可接受标准，一旦低于此标准，会引起消费者的极大不满。两种标准间的区间，称做可接受区间（Zone of Tolerance），也即是满意度区间，服务要素的可接受区间受消费者经验及要素本身的重要程度的影响。要素越重要，消费者越重视，可接受区间越小。如图 11 - 11 所示。

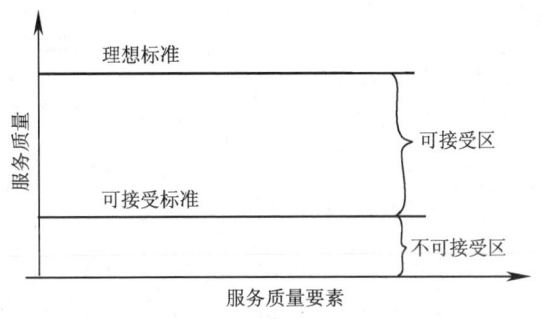

图 11 - 11　服务质量可接受区间

在服务质量差异模型指导下，帕拉苏拉曼考察了信用卡、银行、证券交易和产品维修 4 个服务业，并探讨了服务质量要素的共性，结果发现服务质量主要由以下 5 个要素构成：①有形因素，指服务产品的有形部分，如各种设施、设备、服务人员外表等；②可靠因素，指企业准确无误地完成服务承诺；③反应因素，指企业随时准备为顾客提供快捷、有效的服务；④保证因素，指服务人员友好的态度和胜任能力，能增强顾客对企业服务质量的信心和安全感；⑤情感因素，指企业真诚关心顾客，了解顾客的需要，使服务富有"人情味"。在这些研究的基础上，发展出了一种针对服务质量的测量量表，称为 Servqual 量表①。

Servqual 量表由两份分量表构成。其量表项目、填答方式均相同，只是指导语不同。第一份分量表的指导语要求被试者在七点量表上确认"提供某种服务的

---

① Parasuraman A., V. A. Zeithaml and L. L. Berry, "SERVQUAL: A Multiple - Item Scale for Measuring Consumer Perceptions of Service Quality", 1988, Journal of Retailing, 64(1): 12 ~ 40.

企业应在多大程度上符合量表项目中所描述的特征",以便获得消费者对某行业服务质量的期望标准。第二份分量表的指导语要求被试者在七点量表上确认"对于提供该服务的某具体企业在多大程度上符合量表项目中所描述的特征",获得消费者对具体企业服务质量的认知。计分时,Servqual 分数 = 实际感受分数 - 期望分数。Servqual 分数一般为负值,其绝对值越大,表明企业的服务质量越差。

一个实际问题是,多高的服务质量水准可望保持顾客继续购买的倾向?中国科学院心理所的一项相关研究揭示,这一水准处在可接受区间的中上位置,见图 11-12①。

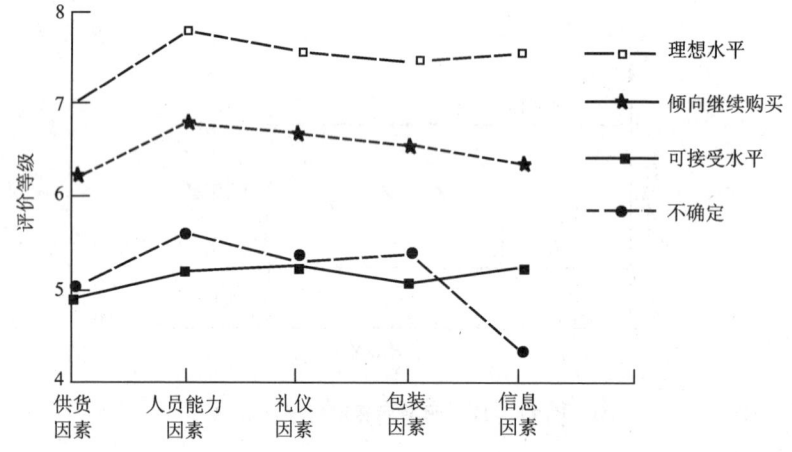

图 11-12　服务的各种接受水平

许多研究还表明,高质量的服务对消费者的心理和行为都起着明显的积极作用。例如,他们向亲朋好友推荐这家公司的意向比较强,对价格的容忍力也比较强,即价格高些也能承受(见表 11-3)。

表 11-3　服务质量要素与消费行为的关系

	保证要素	有形要素	售后服务要素	方便要素	可靠要素
推荐意向	0.418***	0.446***	0.346***	0.280***	0.453***
提价容忍力	0.424***	0.384***	0.356***	0.251***	0.455***

注:*** 为 P<0.001,表示统计上相关显著。

---

① 徐金灿:《服务质量要素体系的探讨》,中国科学院心理研究所硕士论文,1998 年。

此外,消费者的继续购买意向与服务要素也存在着正相关(见表11-4),这说明服务质量的确与企业的形象及产品的竞争力有着直接的关系。

表11-4 服务质量要素与购买意向的相关

	供货要素	人员素质要素	礼仪要素	包装要素	信息要素
继续购买可能性	0.601***	0.602***	0.616***	0.510***	0.560***

注:***为P<0.001,表示统计检验上相关显著。

第五节 VI运作新模式:设计与心理测试相结合

通常VI运作可以描述为这样一个模式:独立设立概念—自行设计—自我解释标志含义—最后由企业主管作出抉择。由于这一运作模式局限于少数企业主管和设计者的个人主观经验,因此传播效果往往令人置疑。调查资料表明:不清楚本企业标志含义的员工高达66.8%,更不用说身处局外的一般大众了。

任何一个视觉标志或符号与任何一个企业联系在一起,显示给大众并多次重复,这个视觉标志或符号便可能成为这个企业的代表物。这是人的高级神经活动的特点。但是,这并不意味着任何一个图形或符号跟任何一个企业结合都是适合的。也就是说,一个图形可能比另一个图形更适合于某一个行业的企业。同样,一种颜色可能比另一种颜色更适合于某种行业的企业。

如果借助于某种科学方法能够找出某种图形或颜色与某一行业的企业联系更加密切,那么,要建立两者之间巩固的联系所需付出的努力会减少,而且更容易让大众识别、理解、认可和产生好感。

正因为如此,便产生了一种工艺美术设计与心理测评相结合的VI运作新模式。这种模式是在确定设计概念、设置设计原则的基础上进行设计,提供可供选择的作品。与此同时,要设置优选作品的心理测评指标或评价项目,进入心理测试和评估的测试阶段;最后再把测评结果提供给企业,让其进行抉择。如图11-13所示。

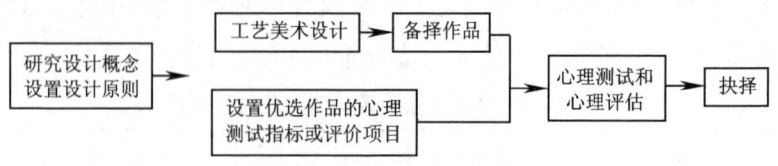

图 11-13　VI 运作新模式

一、VI 设计原则的设定

VI 是 MI 的一种静态的形象表达,即 MI 是 VI 的内涵。

VI 表达的企业理念并非是直接设计在画面上的图案,而是通过设计出的标志图案,让受众能够产生一种具有指向性的心理联想,这种联想的指向性又是与某种企业理念相一致的。

在传播学上,VI 是传播过程的一种编码,它既要遵循编码本身的特性,即要遵循设计学上的基本原理,又要考虑受众译码的特点,即受众的心理—行为因素,这样,VI(其中尤以企业标志为重)的设计就有了一定的规定性,也就是有了对设计的要求,或者说是设计原则。

设计原则包括:特定的企业理念与行业性;受众的认知与记忆特点;设计学(包括美学)的原理与要求。

二、企业标志(图案)的测评

企业标志的测评必须依据给定的设计原则,并将它转换成可操作的测评指标。这样才能进行一系列的心理测试和评估。

表 11-5①是对 5 个标志(图案)让被试选择它们所表达的行业的结果。从这个结果又可推论 5 个标志分别适合的行业,如表 11-6 所示。

表 11-5　行业选择联系的人数百分比(%)

标志(图案)	行业 1	行业 2	行业 3	行业 4	行业 5
1	14	32	13	35*	6
2	9	23	22	43*	3

---

① 表 11-5、表 11-6、表 11-7、表 11-8 和图 11-14、图 11-15、图 11-16 的结果均选自:王詠、马谋超 等:《某企业 VI 子系统设计与评价》,中科院心理研究所"广告与消费心理"实验室研究资料。

续表

标志(图案)	行业1	行业2	行业3	行业4	行业5
3	44*	26	26	4	0
4	21	32*	21	20	6
5	9	21	27	10	33*

注:打*者表示被试最倾向于将该标志与相应栏的行业相联系。

表11-6 5种品牌标志图案与行业联系的选择倾向

图案1	图案2	图案3	图案4	图案5
行业4	行业4	行业1	行业2	行业5

从表11-5与表11-6可以看出,虽然所给的供选择的标志(图案)都是一家企业设计的,但是,它们与行业的联系却很分散。

上述5个标志(图案)的视觉冲击力效果,可以从图11-14中表现出来。

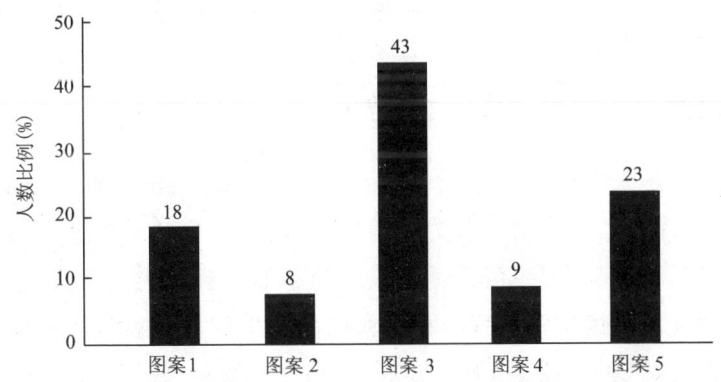

图11-14 被试最感兴趣、认为最有吸引力的品牌标志(图案)

一个理想的企业标志,应该能够唤起人们许多的联想或感受,而且,这些联想和感受又恰恰是企业和大众所期望的。表11-7是被试者对5种标志(图案)的主观评价结果。

表11-7 各品牌标志的主观评价结果排序

主观评价项目	标志1	标志2	标志3	标志4	标志5
充满活力	4	3	2	5	1
构图和谐	3	4	1	5	2
耐看	2	4	1	3	4

续表

主观评价项目	标志1	标志2	标志3	标志4	标志5
现代感强	2	4	1	3	5
给人美好联想	3	4	1	5	2
简洁明了	5	3	2	1	4
区别性强**	5	4	1	2	3
悦目美观	3	4	1	4	2
引人注目	3	5	2	4	1
国际化风格	3	3	1	2	4
大型综合性企业感**	1	5	2	3	4
积极进取**	3	5	2	4	1
高科技	2	4	1	3	5
令人回味	2	3	1	3	4
最适宜做××企业标志**	3	5	1	4	2
合计	3	5	1	4	2

注:打**者为迫选项。

三、企业标准色的科学操作与规范化

颜色视觉是人类对外界刺激(一定波长的电磁波)的一种独特反应形式。也就是说,它是可见光作用于人的视觉器官,并经过视觉系统进行信息加工的结果。心理学研究证明,颜色视觉不只是简单的心理—物理反映,它还会引发许多心理效应。借助感觉器官的相互作用而产生的联觉就是其中的一种。例如,红、橙、黄这几种颜色让人感到温暖,所以它们被称为暖色;紫、蓝、绿这几种颜色则能引起清凉的感觉,故称之为冷色。不仅如此,颜色还能引起一定的情绪反应,因而颜色又具有情绪色彩。

心理学家早就观察到了颜色与情绪体验有一定的联系。① 心理物理学还指出,不仅色调,而且饱和度(纯度)、明度(亮度)都可能使人产生一定的情绪体验或不同的联想。因此,在选择标准色时,必须考虑这种颜色可能产生的心理效应。图11-15与图11-16分别指出了某企业职工和经销商、用户对该企业标准色的选择结果。

---

① 马谋超:《颜色与心境、物或事件的联系》,引自马谋超等主编的《消费心理学》,北京:科学出版社,1988年版。

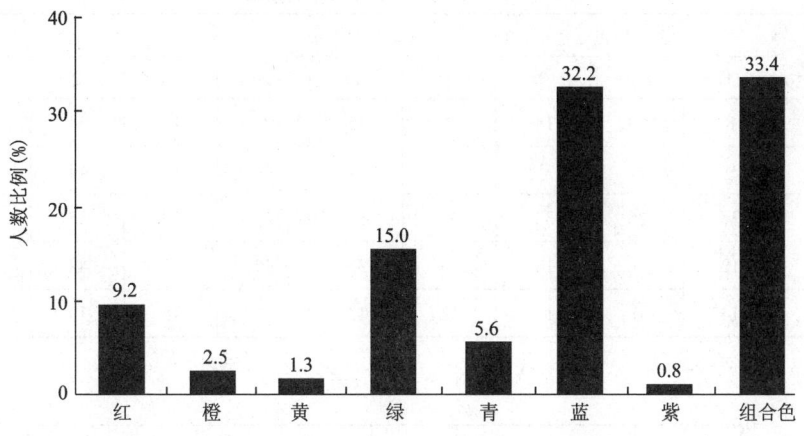

图 11-15 代表××企业最合适的颜色（本企业 2 000 名职工的统计值）

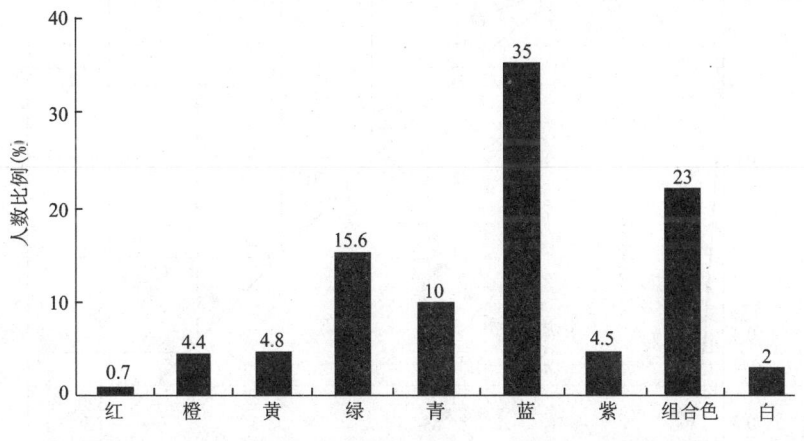

图 11-16 代表该企业较合适的颜色（经销商及用户数据）

图 11-15 和图 11-16 清楚地显示出,把蓝色作为某企业的首选企业色是最适宜的。但是,蓝色在 CIE(国际照明协会)的色度图上是一个区域。这样,还必须进一步确定标准色的色度点。

在表 11-8 中,受测蓝色样本共 5 个,3 个测试问题分别是:①哪一个样本适宜做特定企业的标准色？②哪个样本更能引起庄重感？③哪一个样本是最喜爱的颜色？

表 11-8 显示,蓝色样本中,3、4、5 号色样本被选为企业标准色的频率远比样本 1 和 2 高,中尤以 3 号色样本为最。图 11-17 则显示出了受测样本在 CIE 色度图上的位置(因 2 和 4 两种样本的位置分别紧挨着样本 1 和 3,所以从略)。

表 11-8 标准色选择频率分布表

人员 问题 样本	专业人员			非专业人员			综合		
	①	②	③	①	②	③	①	②	③
1	8	19	14	3	15	4	11	34	18
2	9	27	9	2	17	8	11	44	17
3	37	26	32	32	31	22	69	57	54
4	12	9	14	43	33	35	55	42	49
5	14	0	11	32	13	36	46	13	47

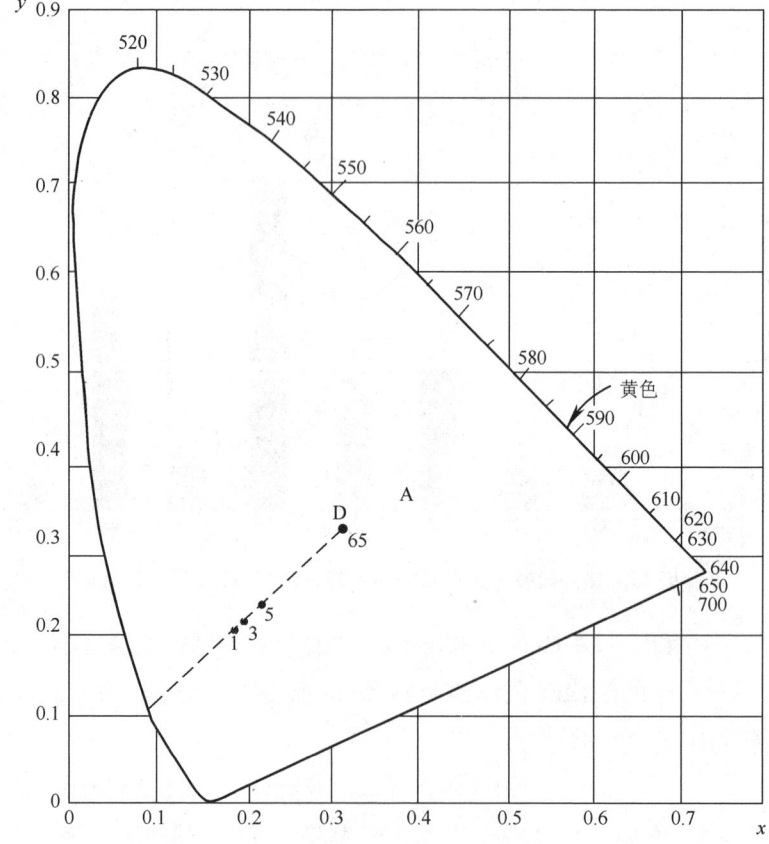

图 11-17 ××企业标准色在色度图上的位置

从图 11-17 上可以看出,该企业标准色的主波长接近 48 纳米。依据表 11-8 的结果可以推论,企业标准色 3 可容许变化的方向是从样本 3 至样本 5,但不容许向样本 1 的方向移动。

为了将标准色 3 进一步规范化,测得其光谱能量分布及其三刺激值与色坐标,见图 11-18。这里的色度测定是由中国科学院心理研究所颜色视觉实验室的研究人员完成的。

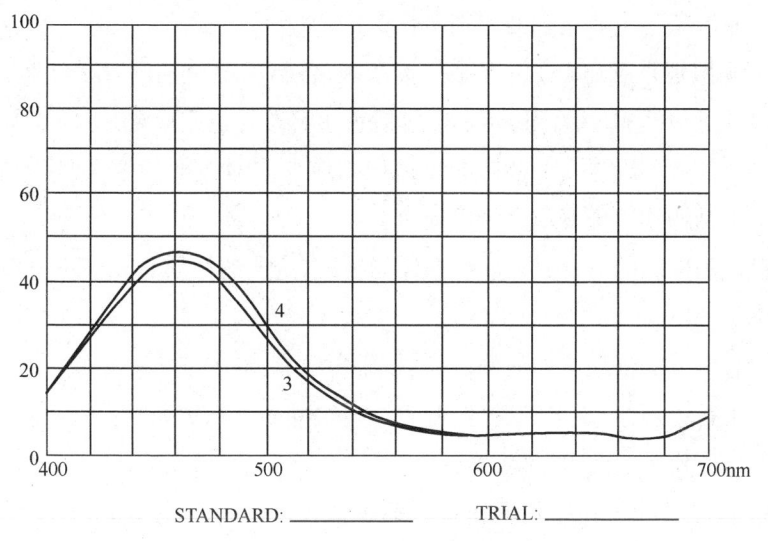

图 11-18 色样本 3# 与 4# 的光谱能量分布

本章小结

本章首先叙述了企业形象、形象要素体系等概念及其影响因素:社会环境、行业特点、群体差异和企业的各种活动;介绍了企业识别系统的几种主要学说:视觉设计说、行为表现说、战略管理说、企业识别系统,其中着重介绍了 CIS 的系统理论模型。企业形象建设是本章的另一大部分,涉及理念建设、员工行为规范、服务质量、视觉识别设计等。最后特别介绍了一种 VI 的新运作模式:工艺美术设计与心理测评相结合。

思考题

1. 企业形象与企业实态的差别是什么？

2. 企业识别系统（CIS）包含哪些子系统，各自的范畴和内容是什么？CIS 的系统要素仅仅包括 MI，BI，VI，还是也包括企业实态与企业形象？

3. 如何使 CIS 成为一个动态的自适应系统？它对企业的意义是什么？企业如何从组织结构和管理变革上予以配合？

4. 你认为中国的 CIS 应采取什么样的模式，企业的性质和规模不同对此会产生何种影响？

5. 理念体系的框架应如何确定，其核心内容有哪些？

6. 员工行为规范、顾客满意度、服务质量之间是什么关系？

7. 如何能使企业的 BI 落到实处？

8. VI 作品设计与心理测评相结合的价值何在？请举现实中的 VI 实例加以分析。

案例讨论

通过 CIS 系统工程进行政府形象建设
——北京市西城国税案例

我国加入世界贸易组织（WTO）以及全球化竞争使我国的政府管理面临着新的挑战。为了适应新形势下的新要求，我国政府职能转变的力度加大，在管理方式上由"控制型管理"向"服务型管理"转变，一个"精简、高效、廉洁"的政府形象正在成为转型发展中的中国的一个新的既定目标。因此，重新构建崭新的政府形象体系势在必行。

政府职能转变与新形象的树立，首先要求政府职员在观念上转变，从领导向引导转变，从控制向服务转变。相应地，要建立起切实可行的相关机制和各种规章制度，以之约束和规范政府职员的行为，最终得到社会各界的认同，获得人民满意。这个过程本质上也就是组织文化的形成与贯彻过程，是由内而外，内强管理、外展形象的过程。它不能一蹴而就，而是一个由自发到自觉的过程,其中必然存在着理念的提炼和升华。以北京市西城国税局为例,在它的形象建设中,也充分体现了这样的特点。

案例讨论

北京市西城区国家税务局成立于1994年,在短短的9年中,在规范化管理和队伍建设上都取得了有目共睹的成绩,组织了税收收入近千亿元,而且年年被北京市国税系统评为先进集体,为国家的经济建设作出了巨大的贡献。其第一税务所历年来为纳税人提供良好的服务,多次被中央文明委、市政府评为"全国创建文明行业工作先进单位"、"北京市人民满意公务员先进集体",是全系统的标兵。该所的工作成绩和大量的先进事迹有目共睹,但如何把该所的先进经验与精神内涵总结和提炼出来,转化为全局乃至全系统的共识和文化,却成了一个难题。税务干部们自己也认为,感觉得到,却"说不清、道不明"。

为了认真贯彻落实"三个代表"的重要思想,建立人民满意的公务员队伍,提升党和政府的良好形象,进一步健全和完善税收组织文化建设,使税收工作再上新台阶,从2003年起,北京市西城国税局在政府形象建设上大胆地引入国际通用的CIS这一科学管理理论和方法,对窗口税务所先进事迹进行了科学的总结和理念提升,并进行了管理评价与反馈调整的系统建设,对内强化规范管理,对外进一步树立起良好的服务形象。

CIS管理理论目前虽已广泛应用于国内很多名牌企业,但在政府机关中的应用,还为数甚少,没有现成的案例和较为成型的经验可借鉴。项目组在查阅了大量的CIS理论与实践资料,包括一些国内外知名大企业如IBM、海尔等引入CIS运行后的发展效果等方面的资料,经过多次讨论、论证、调研后,统一了思想认识。为了在实践中探索其导入的可行性及积累经验,项目组结合政府机关的特点及适用效果,根据CIS原理,借鉴CIS的管理精华部分,在北京西城国税局的形象提升与组织文化建设中进行了大胆的尝试。

政府形象的塑造,和企业形象一样,是团体理念、行为规范和视觉的统一,同样可以导入CIS,提炼出政府的理念精华,用来影响和规范政府公务人员的行为,从而在公众心中塑造鲜明的良好形象。

首先,利用各种调查方法在大范围内对政府内、外部进行调查,了解公众心中对政府形象的期望。在此基础上,将自我期望形象和公众期望形象相结合,找出差距,发现问题,确立政府机关的形象概念和形象需求,明确政府机关形象的基本要素和角色定位。在北京市西城国税案例中,在对窗口税务所的实态调查时,鉴于全所干部多年来,在平凡的岗位上,无私奉献取得辉煌成绩的特点,项目组试图寻找出一个优秀的团队创造这种奇迹的根本原因,探究一个优秀团队形成的重要因素,挖掘其深层次的精神内涵和向心力、凝聚力之所在。同时,根据CIS的期望差异理论,明晰第一税务所的现状,摸清现有的实际情况与税务干部、纳税人对窗口税务所期望的目标之间的差距,找出不足和工作中的弱项,更进一步地完善各项管理措施,提高为纳税人服务的水平,从而制定出一个总体的实施方案,对其进行CIS整体策划,真正提高作为政府机关良好的形象。

项目组通过对窗口税务所干部、纳税人等进行大量的调查研究,深入了解窗口税务所的整体工作情况、干部思想状况、工作作风、文明服务情况,从而分析窗口税务所的形象需求,提出CIS的应有形象设计方案。具体实施方案分为:设计问卷,专家指导,确认方向和方案(包括问卷及其他)的可行性,方案修订,开小型座谈会或进行专人访谈,总结归纳、分析提炼、反馈和专家论证等7个步骤,分步实施,稳妥推进。

其次,设计政府形象的理念体系。理念是行为的先导,理念对其他成员有着潜移默化的影响作用,对于规范政府公务人员行为,改变其价值观念、精神面貌,激励其为实现组织目标而贡献才智,起着不可估量的作用。政府理念系统的构筑是政府形象设计和形象管理的核心,是政府文化建设的重要内容。政府的理念系统一般包括政府机关的宗旨、使命、道德、价值观等内容。政府形象理念设计原则重在具体化和特色化,强调因地制宜。

再次,将理念系统具体落实到政府形象的建设中。对内强化对政府人员的理念教育与培养,将政府理念转化为每一个成员心中的信仰,并以实际行动贯彻落实;对外通过各种手段加强形象传播,促进公众对良好政府形象的认可。

最后,对导入CIS的结果进行评估,及时了解内外公众对政府形象的意见和看法,采取有力措施不断加以完善,在必要的时候调整或重新导入CIS。

下图展示了北京市西城国税形象与组织文化建设的基本流程。

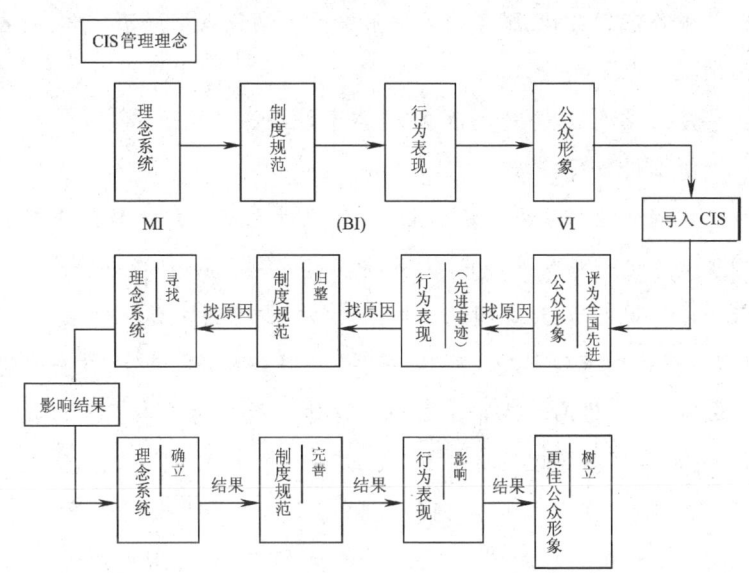

北京市西城国税形象与组织文化建设流程图

项目组将CIS的导入与实施切入点选择在西城国税窗口税务所进行。这个窗口税务所是中央文明委授予的人民满意公务员集体和全国先进单位,挖掘这个税务所干部行为表象下的深层次的内涵,对于西城国税文化建设具有十分重要的意义。根据CIS导入程序,首先对窗口税务所内外部进行了实态调查,主要方式为问卷调查、深度访谈和焦点小组座谈。其次,通过一系列的质化研究和反复的总结、归纳、研讨以及内部沟通反馈后,高度概括出4条主要经验:领导班子,率先垂范;制度规章,严格健全;人文管理,团队精神;强化服务,真诚奉献。在此基础上,通过项目组研讨、员工反馈以及项目组与员工之间的多次沟通,共同提炼确认出窗口税务所的理念系统,主要包括5个方面的内容:精神追求、行为准则、服务宗旨、座右铭和核心价值观。

精神追求:心中永远想着集体,让纳税人满意,为一所增光,为全局添彩。

行为准则:税收业务精益求精,纳税服务一流高效,依法征税文明规范,遵守纪律,廉洁自律。

服务宗旨:纳税服务的真谛不在于为纳税人承诺了什么,而在于真正为纳税人做了些什么。

座右铭:在服务中展示真诚,在奉献中感受快乐。

核心价值观:真诚、团队、服务。

在确立理念系统的基础上,项目组对已有的行为规范手册和考核管理手册等进一步改进和完善,并将其落实到每位干部的工作中。对各种行为进行规范后,结合视觉识别系统将理念系统具体化。主要做法是:拍摄《西城区国家税务局文明执法规范化服务标准》录像,在全局进行规范化教育,同时借助其他媒介向公众传达。最后对导入 CIS 的成果进行评估,利用期望差异理论找出不足,采取"首问责任制"、规范化服务工作标准、网上报税系统、计算机网络故障应急预案等九大措施予以改进,效果显著。由于纳税人的赞许,北京电视台《第 7 日》节目对此作了专题报道。

CIS 理念系统在西城国税的导入取得了成功,达到了"内强素质,外展形象"的总体目标。日前一股学习窗口税务所精神的热潮在西城国税蔚然成风。窗口税务所的精神理念逐渐深入到每一个西城国税的干部心中,这个所的精神理念已经成为整个西城国税精神文化的缩影,集中代表和反映了西城国税的良好形象。

在中国政府转型的关键时刻,塑造"精简、高效、廉洁"的政府形象是政府组织文化建设的重要内容,同时也是当前一项刻不容缓的战略任务。由于政府形象自身的综合性和特殊性,又决定了政府形象的塑造必将是一个长期而艰巨的系统工程,需要借助科学系统的方法在实践中不断地改造和维护,这样塑造出来的形象才能够稳固和持久。作为对政府形象建设的有效方法,CIS 战略具有系统的理论框架,使政府的理念精华在价值、体制和形象层面得到和谐统一。CIS 是一种观念,强化了政府部门的形象意识,并在这种意识的潜在影响下形成自发的行为;CIS 是一种文

案例讨论

化,创造出良好的文化氛围,增强了政府部门的凝聚力和向心力;CIS 是一种战略,强调品牌和形象的无形价值,引导政府部门的工作走向准确、规范化的轨道。政府各个部门可以因地制宜,结合自身实际和时代要求,在适当的时机导入 CIS 战略,利用其在这方面的成功经验,有力推动政府形象战略的顺利实施,塑造符合人民意愿的崭新的政府形象。

(案例来源:王詠、唐宛华、王丽君等:《通过 CIS 系统工程进行政府形象建设》,中科院心理研究所"广告与消费心理"实验室资料)

讨论题:

1.北京市西城国税的 CIS 与组织文化建设的特点是什么?这些特点对于政府形象建设有何可借鉴之处?

2.西城国税的理念体系是否到位?应如何评价?

现代广告心理学

12 网络广告及其心理效果

本章重点及学习要求

网络广告是网络经济的重要组成部分,科学地衡量网络广告效果,为其计费模式提供依据,对行业实践意义重大。本章重点在于研究揭示基本的传播因素(包括网站、频道或栏目类型、页面层级、图文关系、广告形式与位置等)对网络广告效果的影响。通过本章的学习,学习者要了解网络媒体和网络广告的发展历史,掌握网络广告的特征及网络广告的常见形式,了解网络广告的两种计费模式(CPM和CPC)之争的来龙去脉及相关研究,并重点掌握一些基本传播因素对网络广告心理效果的影响的相关研究结果。

互联网经济的发展使得网络广告成为新兴的重要媒体,网络广告收入也成为网络经济中不可或缺的重要组成部分。相对于其他媒体广告,网络广告究竟有什么样的独特优势?它的效果究竟如何?有哪些因素影响网络广告效果?广告主又如何能够科学有效地评估自己的网络广告效果呢?

第一节 互联网的发展与网络广告的兴起

互联网(Internet)的前身是为美国军事通信目的服务的实验网络 ARPANET。1992 年,当它进入商业化发展阶段后,其用户数量以每月 15% 的速率迅速增加,平均每 10 分钟就有一个新的 Web 站点出现在 Internet 上。1996 年初,全球的上网人数只有 2 000 万左右,而 1999 年底已超过 2 亿,2000 年底这个数字已近 4 亿,几乎是成倍增长。到 2007 年底全球网民人数已达 12 亿;2008 年的市场报告则显示年底全球网民人数将达 14 亿,占全球总人口的 1/4;到 2012 年,这一数字有望超过 19 亿,约占全球总人口的 30%。

在中国,1995 年 5 月,ChinaNet 开始对公众提供服务,标志着中国正式进入了 Internet 大家庭。此后,中国网民的数量呈几何级数增长。2008 年 7 月 24 日,中国互联网络信息中心(CNNIC)在京发布《第 22 次中国互联网络发展状况统计报告》(以下简称《报告》)。报告显示,截至 2008 年 6 月底,我国网民数量达到了 2.53 亿,首次大幅度超过美国,跃居世界第一位。中国网民数量历年增长状况如图 12-1 所示。

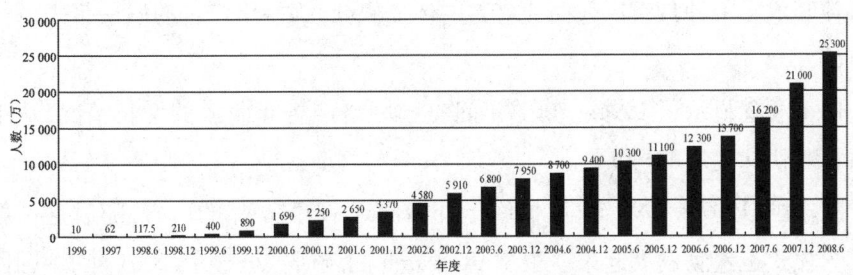

图 12-1 中国网民数量的年度增长示意图(1996~2008 年)

数据来源:CNNIC,历次《中国 Internet 发展状况统计报告》。

将一种传播媒体推广到 5 000 万人,电台广播用了 38 年,电视用了 15 年,而因特网仅用了 5 年。互联网诞生前后,一直是作为一个在国防、科技、教育领域使用的通信交流工具而存在;直到 20 世纪 90 年代初期万维网(WWW)出现后,大量的信息源以超文本格式(HTML 格式)进行全球链接,终于形成了一个跨国界的全球性新型媒体。联合国新闻委员会在 1998 年 5 月举行的年会上,正式提出第四媒体的概念。在 1998 年 6 月的法国足球世界杯赛、克林顿绯闻案的传播中,因特网以其特有的交互性,第一次压倒报刊、广播、电视等传统媒体,确立了其第四媒体的地位。

随着互联网的飞速发展,区别于传统经济模式的电子商务开始出现,由于其快速、高效、不受时空限制的特征而被人们普遍看好。电子商务已成为未来贸易的发展方向。1999 年 4 月,美国商务部在报告《崛起的数字经济》中指出:电子商务正以每百天 1 倍的速度增长。在我国,第一家电子商务门户网站于 2000 年 1 月 21 日宣布建立。

网络广告作为网络营销的第一步,也随着网络和电子商务的发展而大行其道。所谓的网络广告,就是网站在向上网者提供信息的同时,有偿地为企业在网页上放置广告,以此获得运营收入。

1994 年 10 月 14 日,美国著名的 Wired 杂志推出了网络版 Hotwired(www. hotwired.com),其主页上开始有 AT&T 等 14 个客户的 Banner(旗帜)广告。各大门户网站由此看到光明的前景,纷纷加入这一行列。在电子商务尚未成熟的今天,网络广告成为当前网络经济的热点。

由于网络媒体的快捷、互动、不受时空限制、表现手段多样、信息含量可无限延伸以及成本低廉的特点,网络广告一推出,就受到人们的青睐。互联网的种种优势使其成为一种具有巨大商业潜力的传播媒介,为网络广告的发展带来巨大的契机。

图 12-2 显示了 1996~2007 年间美国网络广告年收入的增长情况,从中可以看出其快速发展的势头。

在中国,1997~1998 年间,网络上开始出现 IT 类产品的广告,随后这一新兴的广告模式也蓬勃发展起来。根据 iResearch 的调研数据显示,2001 年,中国网络广告收入约为 4.1 亿元,而到了 2007 年,这一数字已达到 106 亿元。

对于各大门户网站(如 YAHOO、新浪、搜狐)来说,至今为止,网络广告一直

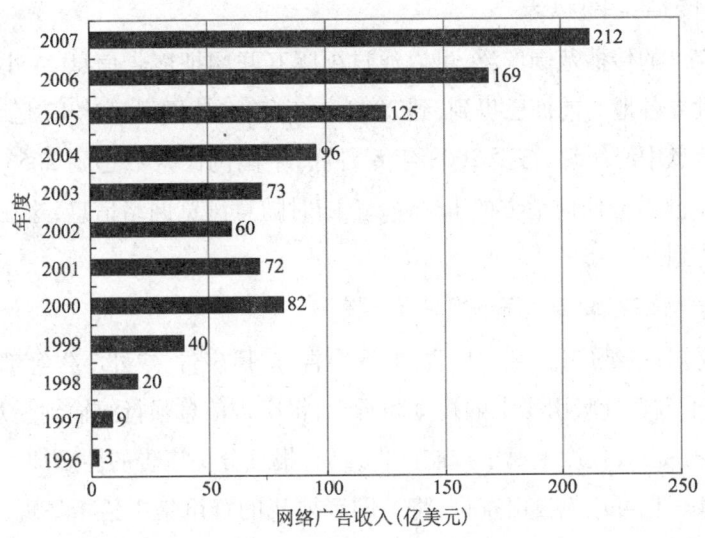

图 12-2 美国网络广告年收入增长示意图

数据来源:《IAB（Interactive Advertising Bureau,美国互联网广告署）年度统计报告》,URL:http://www.iab.net/resources/ad_revenue.asp。

是它们极为重要的收入来源。而对于其他众多的 ICP（网络内容提供商,Internet Content Provider）,在网络广告大蛋糕上分一小块则是它们努力奋斗的目标。

中国互联网络信息中心 2011 年 7 月份发布的统计报告显示,截至 2011 年 6 月底,中国网络视频用户已达到 3.01 亿。而随着政府"限娱令"、"限广令"的推行,传统电视台广告时间显著减少,不少广告主开始将网络视频广告做到广告预算中。有业内人士推测,2012 年视频网站的广告额将显著增加,预计从 80 亿元上升至 110 亿元。

网络广告在网络经济中扮演了如此重要的角色,令人不得不刮目相看。同时,越来越多的网站、商家和研究团体开始仔细研究网络广告的独特优势及其效果。

第二节 网络广告的特点与常见形式

一、网络广告的特点

相对于传统媒体,网络广告具有如下一些独特的优势。

(一)传播范围极大

网络广告的传播范围广泛,可以通过国际互联网把广告信息 24 小时不间断地传播到世界各地。前面已提到,到 2007 年年底,全球网民已达 12 亿人;而据中国互联网信息中心统计,截至 2008 年 6 月底,中国网民人数达到 2.53 亿。这些网民可以在世界上任何地方的 Internet 上随时随意浏览网络信息,这在传统媒体上是无法达到的。

(二)非强迫性传送资讯

众所周知,报纸广告、杂志广告、电视广告、广播广告、户外广告等都具有强迫性,都是要千方百计吸引受众的视觉和听觉,将广告信息强行灌输到受众的脑中。而网络广告在很大程度上属于按需广告,具有报纸分类广告的性质却不需要上网者彻底浏览。它可让人自由查询,将上网者要找的资讯集中给予呈现,这样就节省了时间,避免无效的、被动的注意力集中。

(三)受众数量可准确统计

利用传统媒体做广告,很难准确地知道有多少人接收到广告信息。以报纸为例,虽然报纸的读者是可以统计的,但是刊登在报纸上的广告有多少人阅读过却只能估计、推测而不能精确统计。至于电视、广播和路牌等广告的受众人数就更难估计了。而在 Internet 上,可通过权威公正的访客流量统计系统精确统计出每个客商的广告所在网页被多少个用户看过,以及这些用户查阅的时间分布和地域分布,从而有助于客商正确评估广告效果,审定广告投放策略。

(四)灵活的实时性

在传统媒体上发布广告后很难更改,即使可改动往往也需付出很大的经济代价。而在 Internet 上做广告能按照需要及时变更广告内容,当然包括改正错误。这样,经营决策的变化也能及时实施和推广。

(五)强烈的交互性与感官性

网络广告的载体基本上是多媒体、超文本格式文件,当受众对某种产品感兴趣时,仅需轻按鼠标就能进一步了解更多和更为详细、生动的信息,从而使消费者能具体了解产品、服务与品牌。如果将虚拟现实等新技术应用到网络广告上,就可以让顾客身临其境般地感受商品或服务,并能在网上预订、交易与结算,这将大大增强网络广告的实效。

二、网络广告的常见形式

一般来说,根据网络广告的内容和位置区分,网络广告的常见形式有如下几种:

第一,旗帜广告(Banner)——一般放置在网页正文的上方或底端,大小为468×60像素,因为都是长条形状,又称"条幅广告"或"网幅广告"。

第二,图标广告(Logo)——一般为企业或产品的图标,也称"按钮广告"(Button),在自身属性、制作及付费方面都同旗帜广告一样,只是要小一些。常见的尺寸有4种,分别是125×125,120×90,120×60,88×31像素,定位在网页中,由于尺寸偏小,表现手法较简单。

第三,文字链接(Text)——指广告链接位置没有图片,只有简短的文字,多为企业名称或相关短语。

第四,电子邮件广告(E-mail)——广告代理或厂商利用获得的个人邮件地址将带有广告内容的信息通过E-mail发给个人。

第五,新闻组广告(News Group)——新闻组即在线交互式讨论组,不同时间、不同地点上网的任何人都可以通过它,就一个相同的主题进行直接的交流。许多新闻组专门用于交流买卖信息,也有一些广告代理或厂商在相关主题的新闻组中发布商业信息。

第六,网上问卷调查(Questionnaire)——广告主可以就某个产品或某项活动设立问卷,利用网络媒体的交互功能,根据访问者直接的回答生成统计数据,同时也发布企业的商业信息。

第七,关键字广告(Keyword-triggered)——用户在输入关键字搜索信息时出现的广告,它可以是网站根据关键字来决定页面上出现的广告内容和各种链接关系,也可以是根据关键字弹出的广告窗口或出现在搜索结果中的包含关键字内容的企业网站信息。

第八,互动游戏式广告(Interactive Games)——在一段页面游戏开始、中间、结束的时候,广告都可随时出现,并且可以根据广告主的产品要求为之量身定做一个属于自己产品的互动游戏广告。其广告形式多样。例如,庆祝新年的互动游戏贺卡,在欣赏完整个贺卡之后,广告会作为整个游戏贺卡的结束页面。

第九,壁纸广告(Wallpaper)——把广告主所要表现的广告内容体现在壁纸上,也可放在提供壁纸下载的网站上,供感兴趣的人进行下载。

第十,弹出广告(Pop Up)——又名"插页广告",广告主选择有影响力的网站或栏目,在该网站或栏目出现之前插入一个新窗口显示广告。

第十一,通栏广告(Horizontal Banner)——一种规格相当于两条横幅的宽屏广告,广告置于整个页面的中部,可以在媒体网站的首页和频道页面刊登,尺寸为600×100像素。

第十二,巨型广告(Large Rectangle)——因其尺寸较大而得名,规格为300×300像素。网络巨型广告源自美国的CNET网站,自2001年2月左右出现,其面积较大,能传达相当丰富的广告信息,浏览者不用跳出当前网页即可注意并了解到广告的主要诉求内容。这种广告通常存在于某一类新闻中或所有非图片新闻的最终页面。

网络广告的形式和相应技术的变化可谓日新月异,其他还有如插页广告(Interstitial Ads)、全屏广告(Full Screen Ads)、BBS广告等各种形式,这里就不一一介绍了。

第三节 网络广告的计费之争与相关研究

一、网络广告计费的 CPC 和 CPM 之争

虽然网络媒体具有如上所述的种种优势,可是从过去几年间的数据来看,网络广告的效果似乎不尽如人意。大多数上网浏览者倾向于忽略网络广告,对网络广告的点击率(Click-through Rate)更是低而又低。美国的网站监测数据表明,早期对网络广告的点击率平均曾达到4%;到1998年时,美国的一项调查表明在随机抽取的1 000个网民中,只有1%有点击广告的行为;2000年底,著名的网络调查公司A. C. Nielsen 和 NetRating 关于网上广告的调查数据显示,11月份,家庭上网者平均仅有0.41%点击了网上广告,而公司上网者仅有0.23%点击了网上广告。其后,随着电子商务的发展,点击率逐渐有所上升,但总体而言仍然很低。2007年4月,美国互联网监测公司的调查报告显示,整个搜索广告行业的平均点击率

为13.7%,这一比例低于行业普遍预期的20%~35%。该调查报告还显示,与二级及三级网络广告提供商相比,雅虎与Google等顶级搜索引擎发生的在线广告点击率更低,仅为12.1%。

因此,对网络广告的效果,人们提出了种种质疑。广告人费尽心机制作更精美、更有冲击力和吸引力的广告,以提高网络广告的效果。广告主们也开始怀疑花在网络广告上的费用是否值得。有些广告主提出按点击率计费的条件,也就是说,广告主在某个网站上放置广告,只有当上网者点击了该广告并且链接到广告主企业的网站时,广告主才会向网站付费。更有甚者,有些企业只在上网者通过广告投放网站来到企业自己的网站,并且在企业网站上进行了购买,才向广告所投放的网站付费,也就是所谓的按交易付费模式。显然,在这样的计费方式下,服务方网站是吃亏的,因为每一位上网者访问到该网站放置了广告的网页时,他就可能看到了网页上的广告。虽然绝大多数人没有点击广告而进入企业网站,但是广告可能在他们头脑中留下了印象。

因此,在网站与企业的这种网络广告服务关系中,一直存在着较大的争议。网络公司往往倾向于按照CPM模式(Cost Per-thousand Impressions,每千次印象成本),根据浏览率(pageview-rate)收费,即按访问本网站的人数、放置广告的页面呈现的次数进行收费;而广告主(企业)却大多倾向于选择CPC计价模式(Cost Per-thousand Click-through,每千次点击成本)计费,根据点击率付费,因为他们认为点击才表明消费者真正看过了该广告并且对之发生了兴趣。

在只打算按点击率付费的广告主眼里,网络广告除了促销的作用外,毫无企业形象和品牌形象宣传方面的传播效果。那么,除了促销的效果,网络广告到底有没有企业形象和品牌形象宣传的作用? 网络广告对未点击广告的消费者是否有作用? 作用有多大?

二、网络广告效果的相关研究

布里格斯(Briggs)、雷克斯(Rex)和霍利斯(Hollis,1997)的研究表明,目标广告的一次额外暴露(Single Additional Exposure)就可以使上网者的广告觉知(Ad Awareness)、品牌态度(Brand Attitude)、购买行为意向(Purchase Inclination)都有所提高。[①]

---

① Briggs, Rex, and Nigel Hollis (1997). Advertising on the Web: Is There Response before Click-Through? Journal of Advertising Research, March-April, 33~45.

另外，IAB(Interactive Advertising Bureau，美国互联网广告署)于1997年委托MB Interactive作的一项研究报告表明①：一次旗帜广告暴露就能在广告知名度、品牌知名度、产品特性传播、购买意愿4个方面得到提高。对12个品牌的广告知名度测试发现，其中11个品牌的广告知名度有显著提高(提高了30%)，而测试出来的结果很少有"点击"的贡献。MBI的研究发现，在线广告有显著的品牌传播力，能够积极地影响品牌感知。MBI用"品牌动力金字塔"(The BrandDynamics Pyramid)来测量一次广告暴露后的品牌意识变化情况，品牌动力金字塔由知名度(Presence)、相关性(Relevance，指品牌承诺与消费者需要相关)、业绩(Performance，品牌相对于竞争者的优良表现)、优势(Advantage)、稳固的忠诚关系(Bonding)构成，知名度位于塔底，忠诚关系位于塔尖。对16 758人进行12个品牌的测试，品牌动力金字塔的各个层次均有提高，依次为3%、4%、5%、6%、6%，消费者的品牌忠诚度总共提高了4%，表明网络广告能增强品牌与消费者的关系。其中8个品牌显示了品牌知名度的明显提高(其中3个品牌达到了100%、99%、92%)，而有两个新品牌的知名度增长很显著。由此表明，网络广告不仅能唤起消费者意识中的品牌记忆，还能让消费者记住原来不知道的品牌。12个品牌的知名度总增长为5%。

在MBI的研究中，旗帜广告的暴露解释了96%的品牌形象强化，而点击只贡献了4%，点击可能对某些在线活动很重要，但当时平均2%的点击率说明，点击的效果微乎其微。对低卷入度的日用品来讲，比如剃须刀，可能只有0.5%的人有兴趣进入企业站点进行研究。对这类品牌，人们如果从网上订购，很可能是因为广告带来了品牌印象的提高，而不是因为受了企业站点的影响。而对于高卷入度的品牌比如汽车，MBI认为用点击率来评价汽车的网络广告就好比用"有多少人去了展厅"来衡量电视广告一样不太合理，是一种理想主义的做法。

上述研究主要以旗帜广告为考察对象，这是因为，旗帜广告是最为常见的广告形式。据IAB的统计数据，1999年旗帜广告的市场份额占网络广告总收入的56%，2000年则有所下降，从第一季度的52%降到第四季度的40%；尽管如此，其广告份额仍在各种网络广告形式中居第一位。

日本广告主协会(JAA，Japan Advertising Association)下属的网络广告局

---

① 温东开："美国网络广告效果研究述要"，《广告大观》，2001年2月，第32~33页。

(WAB,Web Advertising Bureau)在1997年和1999年分别进行了旗帜广告效果测定的实验和旗帜广告的认知效果实验。① 第一个实验主要探讨了网络广告的面积(分标准旗帜广告面积、标准面积的一半、标准面积的3倍共3种水平)、旗帜广告的格式(分静止GIF格式、动态GIF格式和HTML交互格式共3种水平)和旗帜广告投放的区隔(以网站各栏目内容上的浏览人数相对于网站的总访问人数作为量化指标)3个因素对点击的率的影响。1999年的实验主要测定在上网者不点击网络广告的前提下,网络广告是否会产生认知效果。其实验结果也表明,在不点击的情况下,上网者对网络广告页会产生认知效果。WAB的1999年的实验把旗帜广告的效果研究又推进了一步。

不过,在这些研究中,都没有明确说明网络广告的点击率和浏览率与广告效果的关系。

2001年5月份,中科院"广告与消费心理"实验室在"网络旗帜广告的认知效果"实验研究中发现②,对于那些在上网过程中未点击广告的上网者,当目标广告呈现次数为两次时(指参加实验者浏览的所有网页中有两个网页包含该品牌的旗帜广告),实验组整体对6个目标品牌的旗帜广告中的企业标识没有印象。当在实验时长(约半小时)内将每个品牌的旗帜广告的呈现次数增加为4次时,实验结果反映出实验组整体对呈现过的目标广告留有印象,参见表12-1。

表12-1 实验组与对照组各自对3个目标品牌的模糊(Fuzzy)再认成绩的比较

品牌	模糊再认测量的隶属度均值		平均数差异检验	
	实验组	对照组	t值	P值
A	0.572	0.561	0.256	0.40
B	0.686	0.482	4.502***	0.000
C	0.681	0.516	3.309***	0.001

注:* 表示差异检验达到0.10水平边缘显著($P<0.10$);** 表示差异达到0.05水平显著($P<0.05$);*** 表示差异检验达到0.01水平显著($P<0.01$)。表12-2、表12-3、表12-5、表12-6、表12-10均同此。

表12-1中,实验组指的是被试在浏览完所有网页后,对给出的探测图标(包括呈现过的旗帜广告中的企业标识以及与之配对的未呈现过的企业标识,如Pa-

---

① 中华广告网:《网络广告的效果测定》,2000年12月28日。
② 王詠:《网络旗帜广告的认知效果》,中科院心理研究所2001年度博士学位论文。

nasonic 与 Philips 配对,分别作为信号刺激和噪音刺激让被试分辨)作再认并进行肯定度测试。对照组指的是被试在浏览网页时未见过与探测图标有关的任何旗帜广告,但接受与实验组被试相同的测试。模糊再认成绩是指将被试对信号图标与噪音图标各自的再认肯定度综合转化为再认判断的隶属度值。因此,将实验组和对照组的模糊再认成绩进行比较,就可以知道,被试对呈现过的旗帜广告中的企业标识是否留有印象。

表 12-1 的数据表明,在当前给定的实验条件下,实验组被试对 3 个目标广告中的两个存有印象,这说明单纯浏览仍具有广告效果。当以另一测量方法即利用内隐记忆的测量方法进行检验时,也得到了相同的结果(数据略)。

那么,这种单纯浏览的广告记忆效果与点击所带来的效果有多大差别呢?进一步的实验发现,在前述设定的实验时长内,目标广告呈现的次数从 3 次增加到 12 次,其广告认知效果没有显著差异。但对于同样的被试群体,点击一次与单纯浏览所能带来的广告认知效果差异显著。

表 12-2 点击组和 12 次浏览组的完形正确率的差异检验

点击组正确率	12 次浏览组正确率	Z 值	$Z_{(\alpha=0.01单侧)}$	比率差异的置信区间(低)	比率差异的置信区间(高)
0.96	0.70	2.883***	2.33	0.05	0.48

表 12-2 表示的"完形正确率"指的是被试对给出的信号图标和噪音图标进行选择,并填入到呈现过的旗帜广告所缺失的企业标识部分去的正确选择比率。$Z > Z_{(\alpha=0.01单侧)}$,表明对于目标旗帜广告中的企业标识,点击组和 12 次浏览组在完形正确率上的差异显著($P<0.01$)。

表 12-3 点击组和不同次数浏览组两两之间的模糊再认成绩的差异检验

组别	方差齐性检验		平均数差异检验				
	F 值	显著性 Sig.	t 值	显著性 Sig.(双侧检验)	平均数差异 Mean Difference	差异置信区间 lower	Upper
点击组——12 次组	0.229	0.634	3.350***	0.001	0.229	0.092	0.366
点击组——9 次组	0.159	0.692	3.436***	0.001	0.244	0.102	0.387
点击组——3 次组	4.442**	0.040	4.553***	0.000	0.283	0.158	0.408

表 12-3 的数据也表明,点击组与各个浏览组在模糊再认成绩上的差异都很显著($P<=0.01$)。

表 12 – 4 点击组与各个浏览组的模糊再认成绩的均值

组别	点击组	3 次浏览组	9 次浏览组	12 次浏览组
再认判断的隶属度均值	0.816 4	0.533 5	0.572 1	0.587 6

由于模糊再认成绩(隶属度值)是连续量值,因此可以进行比例计算。根据表 12 – 4 的数据,可以粗略地估计,在对旗帜广告的记忆效果上,如果以线索提示下的模糊再认成绩为指标,则点击组的效果大约为浏览组的 1.4 ~ 1.5 倍。

2008 年,美国《互动营销》杂志(Journal of Interactive Marketing)上发表了一篇题名为《网络广告的无意识认知》(Unconscious Processing of Web Advertising)的研究论文,同样通过内隐认知研究的方法,揭示了即使是在单纯浏览条件下,消费者对网络广告及广告产品也会产生更为积极的广告态度和品牌偏好,无论注意程度如何。

来自 Kentucky 大学的 183 名学生(78 名男性,105 名女性,平均年龄 20.7 岁)参与了研究实验。他们被随机分到三个组当中,其中,控制组的被试(对照组)所看到的网页上没有任何目标广告,而另外两个实验组的被试浏览的网页上放置有目标广告。两个实验组的条件是,注意指向组的被试(Directed Attention)被要求评价网页上的旗帜广告的好坏,而非注意指向组的被试(Non-directed Attention)则被告知,这个实验是为了测试他们的口头表达能力,主要从他们对网页正文内容的理解程度来进行考察。

实验发现,注意指向组对网页广告的再认成绩显著高于非注意指向组(57% vs.25%);在内隐记忆上,两者却没有显著差异[$t(146) = 0.22, p > 0.10$],前者平均成绩为 0.57(标准差 $S.D.= 0.14$),后者则为 0.55(标准差 $S.D.= 0.17$),同时非注意指向组的成绩显著高于控制组的成绩[平均值 $M = 0.36$,标准差 $S.D.= 0.13; t(146) = 6.36, p < 0.01$]。

在广告态度上,呈现了同样的趋势。非注意指向组($M=4.78, S.D.=1.68$)与注意指向组($M = 5.30, S.D. = 1.05$)无显著差别[$t(146) = 1.81, p > 0.05$],但显著高于控制组[$M = 4.03, S.D.=1.54; t(146) = 2.59, p < 0.01$]。

品牌选择偏好上,同样显示出非注意指向组(42%)与注意指向组(51%)无显著差异[$t(145) = 0.96, p > 0.10$],但显著高于控制组 22% 的结果[$t(145) = 2.61, p = 0.01$]。

这个实验的结果同样表明,即使是单纯浏览,网页广告也会对广告记忆、广告态度、品牌偏好产生效果,而且与集中注意网页广告的效果(在排除现实的产品兴趣的前提下)并无显著差异。

第四节 一些基本传播因素对网络广告效果的影响

目前,对网络广告效果进行的实验研究仍然很少,在我国国内的相关研究就更少。因此,有必要展开类似的研究,探讨我国相应的具体情况,为我国的网络广告实践提供参考。网络广告当前的效果如何,在现有研究已涉及的影响因素之外,是否有其他一些因素影响着网络广告的效果,仍然需要进行进一步的研究。

前面提到的现有研究都未对一些基本的传播因素(如浏览次数、浏览时间)对网络广告效果的作用进行考察,下面的内容将介绍中科院心理所"广告与消费心理"实验室在这方面所作的实证性研究及其结果。①

一、网页正文信息与广告信息的关联程度对旗帜广告认知效果的影响

在有关网络广告的讨论中,人们认为,将广告投放在与企业或产品类别相一致的网站或相应栏目上,对访问该网站或栏目的上网者来说会具有更好的效果,因为这些上网者无疑对该类别信息更感兴趣。比如说,计算机类的产品应投放在计算机类的网站或IT网站中与计算机有关的栏目上。显然,这一建议是针对不同网站或栏目的访问者的兴趣差别提出的。

不过,对于同一上网人群来说,或者说不同的上网者对特定网页信息的兴趣相同时,如果广告信息与网页正文信息的关联程度高,相对于关联度低的情形,上网浏览者是否会有意无意地更加关注广告呢?如果是,那么企业在投放网络广告时,即使不考虑不同网站或栏目访问者兴趣上的差别,也应当选择与自己的广告信息关联度高的网站或网站栏目进行广告投放;否则,如果是普适性强的产品,对于绝大多数不点击广告的浏览者来说,企业在投放广告时也就无需考虑网站或网

---

① 王詠:《网络旗帜广告的认知效果》,中科院心理研究所2001年度博士学位论文。

站栏目的类别,而只需要选择具有较高知名度和吸引力的网站和栏目就可以了。

在对大学生被试所作的实验中,我们发现,当两种条件(即广告信息与网页正文信息关联度高或低)下的两组被试对旗帜广告的注意程度一致时,他们对广告的认知情况却有差异,见表12-5。

表12-5 强图文关系组和弱图文关系组的模糊再认成绩的差异检验

组别	均值	标准差	方差齐性检验		t检验	
			F值	P值	t值	P值(单侧)
强图文关系组	0.589	0.233				
弱图文关系组	0.477	0.240	0.000	0.986	1.774**	0.041

表12-5的数据表明,强图文关系组和弱图文关系组在模糊再认成绩上的差异显著($P<0.05$),图文关系强的造成的认知效果也更强。

根据这一结果,广告商在选择网站或网站的栏目投放广告时,即使不考虑访问者兴趣的差别,也应当选择那些与本企业或产品类别相一致的网站或栏目。目前有些商家不考虑网站或栏目的差别,只是选择知名度高的网站或访问人数多的栏目进行广告投放,这无疑在广告效果上就会有一些利益丧失了。

二、页面浏览时间(广告的潜在浏览时间)对旗帜广告认知效果的影响

许多网站都将上网者对本网站一次访问的平均停留时间作为网站吸引力的一个重要指标,可是从广告效果上讲,这个指标是否有意义呢?在网站停留的时间越长,访问者就越可能阅读到网页上的广告,这一点自然是毫无疑义的。实际上,在网站停留时间长,也就意味着上网者可能访问到更多的网页,或者在一些网页上停留的时间更长。

那么,我们首先来看看页面浏览时间的长短对旗帜广告的效果是否的确有影响。

现有网页上的旗帜广告一般会随着页面的滚屏而移动,直至消失或重新出现。一般情况下,在浏览一幅网页时,访问者对页面上的旗帜广告最多只有一屏的阅读时间(即阅读一屏尺幅的正文信息所需时间),因为当浏览者滚屏阅读时,该广告也就随着页面移动直至移出屏幕边界了。在这种情况下,应当说,上网者页面浏览时间的不同,并不能够客观代表其对旗帜广告的潜在浏览时间的差异。

模拟网络情境实验获得的数据显示,上网者的页面浏览时间不同对旗帜广告效果没有影响。也就是说,页面浏览时间长,并不意味着旗帜广告的效果会更好。

然而,如果当广告始终处于上网者视野中,页面浏览时间长便意味着对广告的潜在浏览时间也更长。那么,将广告置于网页的特定位置,并使之不随页面滚屏而移动或消失,是否可以增强广告效益呢?

要求大学生被试阅读文章并确认了解了其主要内容,当他们阅读完所有网页材料后,测试他们对材料中的旗帜广告的印象。结果发现,页面浏览时间长的网页上出现的广告具有更好的效果,见表12-6。

表12-6 长时浏览组和短时浏览组的模糊再认成绩的差异检验

组别	均值	标准差	方差齐性检验		t 检验	
			F 值	P 值	t 值	P 值(单侧)
长时组	0.610	0.192	0.438	0.511	1.835**	0.036
短时组	0.521	0.170				

表12-6的数据表明,页面浏览时间长时组和短时组在模糊再认成绩上的差异显著($P<0.05$)。

由此可以知道,页面浏览时间(对应广告的潜在浏览时间)的不同,对旗帜广告的认知效果会有影响。对于网站来说,这一结果对于网站和网页设计具有较大的意义。首先,网页形式改变为广告不随页面滚屏而消失的形式将有助于广告效益的增加;其次,在这种设计情境下,上网者访问网站的停留时间,无疑对广告效益也具有了更具体的现实意义。

三、浏览次数对旗帜广告记忆效果的影响

随着对包含旗帜广告的页面的浏览次数的增加,上网者对旗帜广告的记忆效果是否也会增强呢?如果是,就能通过研究,建立旗帜广告的记忆效果与页面浏览次数之间的函数关系。如果同时也知道点击广告所能产生的记忆效果水平,则可以对浏览率与点击率在广告效果上的价值建立比较关系。这对现存的计价争议的解决,无疑有着巨大的帮助。如果浏览次数对广告效果并无影响,也可对点击效果和浏览效果进行比较,了解两者的具体差异量。

另一方面,如果浏览次数对广告效果有影响,那么,"网站停留时间"和"回头率"等网站监测指标也就有了具体现实的意义。

在实验中,我们让相匹配的被试组阅读相同的网页文章,但目标广告在网页中出现的次数分别为3次、9次或12次。那么,这3个不同次数组两两在旗帜广

告的认知效果上是否有差异呢？见表 12-7。

表 12-7 不同次数浏览组两两之间的模糊再认成绩的差异检验

组别	方差齐性检验		平均数差异检验		
	F 值	显著性 Sig.	t 值	显著性 Sig.（双侧检验）	平均数差异 Mean Difference
9 次组~3 次组	2.816	0.099	0.655	0.515	0.039
12 次组~3 次组	3.084	0.085	0.959	0.342	0.054
12 次组~9 次组	0.003	0.958	0.236	0.814	0.015

表 12-7 的数据表明，不同浏览次数组（3、9、12 次）之间在模糊再认成绩上无显著差异。

在模拟网络实验中，被试对包含同一旗帜广告的页面的浏览次数从 3~4 次到 30~40 次不等，在这种情况下，浏览次数多的是否广告效果就更好呢？实验中的测量与统计检验结果并没有支持这一假设，见表 12-8 和表 12-9。

表 12-8 页面浏览次数和页面浏览时间对目标广告中企业标识的完形选择的影响

预测变量	预测系数（Beta）	P 值	相关程度（R）
页面浏览次数	0.005 5	0.923 4	0.000 0
页面浏览时间	0.000 6	0.829 8	0.000 0

表 12-9 目标广告的浏览次数与浏览时间对模糊再认成绩的预测模型

Model	未标准化的系数		标准化系数	t 值	P 值	相关
	B 值	标准误差	Beta 值			
页面浏览次数	-7.734E-03	0.006	-0.285	-1.255	0.220	-0.184
页面浏览时间	2.372E-04	0.000	0.167	0.734	0.469	-0.006

注：以上两表是被试对包含某一特定品牌旗帜广告的网页的页面浏览次数和页面浏览时间影响广告效果的预测模型。以之举例作数据说明。

实验数据表明，页面浏览次数的多少，对旗帜广告效果并无显著影响。因此在现有网站的监测指标中，涉及访问次数的如"回头率"也就失去了对广告效果的意义，除非能够证明上网者在不同次访问网站的时候，对页面广告的注意程度很可能发生变化，从而影响其广告认知效果。同时，"访问人次"等类似指标对广告效果也就没有什么重要意义了，从"访问人次"这个指标来讲，也就只有"唯一访问者数"（Unique Visitor)具有广告效果上的意义。

四、网站不同的页面层级在广告效果上的差异

广告主将自己的旗帜广告放置于网站首页时往往要比投放于二、三级页面要花费更多的广告费,因为一般来说,网站首页作为网站的"入口",其浏览率会更高,也就是说有更多的人能够看到该广告。不过,也有争议说终端页面(一般是三或四级页面)的报价应更高,因为访问到该层级页面的上网者才是真正对页面内容感兴趣的人,如果旗帜广告传达的信息与终端页面内容关联紧密的话,可以认为浏览该层级页面的上网者才是该广告真正的目标受众,或者说是广告主企业的目标消费群体,因此在该页面层级投放广告才是广告主企业的明智选择。

那么,如果不考虑访问人数的多少或访问者兴趣的差别,我们随机选择一个网站,以同一人群访问该网站,当旗帜广告被放置于不同层级的页面上时,相应的广告认知效果是否会不同呢?这样的差异,可以认为是网站页面层级在旗帜广告认知效果上的"纯"差异,见表12-10。

表12-10　各目标广告在不同页面层级出现时被试的模糊再认成绩的比较

页面层级比较双方	目标广告品牌	均值1	标准差1	均值2	标准差2	方差齐性检验		t 检验	
						F 值	P 值	t 值	P 值
首页 Vs. 二级页面	A(某家电品牌)	0.537	0.217	0.591	0.175	0.359	0.551	-0.989	0.164
	B(某计算机品牌)	0.512	0.169	0.607	0.232	4.979	0.029	-1.821**	0.037
	C(某手机品牌)	0.519	0.194	0.493	0.141	2.458	0.123	0.559	0.289
首页 Vs. 三级页面	品牌 A	0.537	0.217	0.451	0.203	0.000	0.987	1.599*	0.058
	品牌 B	0.512	0.169	0.510	0.211	0.658	0.421	0.037	0.486
	品牌 C	0.519	0.194	0.523	0.148	2.384	0.128	-0.097	0.462
二级 Vs. 三级页面	品牌 A	0.591	0.175	0.451	0.203	0.404	0.528	2.653***	0.006
	品牌 B	0.607	0.232	0.510	0.211	1.280	0.263	1.616*	0.056
	品牌 C	0.493	0.141	0.523	0.148	0.000	0.990	-0.814	0.210

从表12-10的数据看,当目标刺激为B品牌时,二级页面与首页、三级页面的广告投放效果均有差异,且二级页面的效果更好,首页与三级页面间的差异则不显著;当目标刺激为A品牌时,二级页面的效果好于三级页面,首页的效果也略好于三级页面,其他页面层级间的广告效果差异不显著;当目标刺激为C品牌时,各页面层级间的广告效果比较均无显著差异。

实际上，从模糊再认的成绩（隶属度均值）来看，除了 A 品牌和 B 品牌在二级页面能体现出广告认知效果之外，在其他实验条件下，被试对目标广告的再认成绩基本上都贴近随机水平（即均值为 0.5），也就是说没有什么记忆存留。

综合以上分析可得结论：当旗帜广告位于模拟网站的二级页面上时，可以获得更强的广告效果。由于本研究中的模拟网站是以某个现实网站的"科技频道"为首页，二级页面是该频道下的各个栏目页面，三级页面则是通常我们所说的终端正文页面，因此本研究结果实际上表明，现实网站中的栏目首页具有更强的广告效果。

为什么二级页面的广告投放效果会比首页和三级页面的要高呢？初步分析，可能有两个主要的原因：一是信息量的相对简约。网站的首页上往往有着较多的分类和各种各样的广告图标，令人眼花缭乱，相对削弱了目标广告对被试可能产生的印象；而三级页面上的内容就是被试要浏览的具体文章，无疑被试在阅读这些文章时要分配更多的注意和其他心理资源，用于深入加工这些信息，相对来说广告对其的影响也就更弱了。二级页面上的信息主要就是本栏目下的内容标题或较少数目的内容板块分类，页面清楚，组块简单，利于上网者快速浏览且无需分配像浏览首页和三级页面那样多的心理资源，并且页面上的干扰信息要比首页少得多。第二个原因可能是图文关联度。在二级页面上，栏目性质与广告内容的关联显然会比首页内容与广告内容的关联更清楚，因为首页上的信息丰富而杂乱。虽然本研究所选取的是现实网站的"科技频道"，并且研究中所采用的三个刺激尤其是 B 这个计算机品牌与我们对"科技"的理解通常来讲关联度较高，但首页上组块众多的信息展示无疑也会弱化这种联系。因此，可以认为在本研究中的二级页面上，图文关联度应当比首页上的图文关联度更高。

综合以上两个原因，在有着同样访问人群的前提下，二级页面（对应现实网站中的栏目首页）的广告投放效果比首页（频道首页）和三级页面（终端正文页面）的效果更高，就完全可以理解了。

本章小结

在本章中，我们回顾了 Internet 和网络广告的发展历史，介绍了新兴网络媒体和网络广告的特征及网络广告的常见形式。在网络广告评估方面，主要就网络广告的两种计费模式（CPM 和 CPC）展开，介绍了国际国内的相关研究。最后，就一些基本传播因素对网络广告心理效果的影响,介绍了相关研究内容。研究结果显示,对网络广告的单纯浏览就可产生广告印象,这说明网络广告具有品牌形象宣传效力。对基本传播因素影响的相关研究则表明,页面浏览次数对旗帜广告认知效果的影响不显著,而页面浏览时间(在广告不随页面滚屏而移动或消失的前提下)和图文关联度却对旗帜广告的认知效果有影响。此外,基于模拟网络环境的实验结果表明,对于同一访问人群,现实网站的栏目首页比频道首页和终端正文页面能产生更好的广告效果。

思考题

1. 网络广告有哪些常见的形式?网络广告是否具有"强迫阅读"的特征?

2. 与传统的媒体广告相比,网络广告的优劣如何?相对而言,你认为网络广告最有价值的特征是什么?

3. 网络广告的 CPC 和 CPM 计费之争的具体原因是什么?你认为网络广告应该按照哪种计费模式?请说明理由。

4. 思考网络广告的发展方向(可小组讨论)。

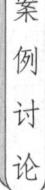

案例讨论

百事 7 喜的首次网络营销探索:穿越病毒广告

拍,还是不拍?百事公司大中华区首席市场官李自强陷入对电视广告的质疑。

案例讨论

"世界真是变了!"李自强感叹道。

传统的饮料广告通常选择巨星做代言,后期配上炫目特效,耗费巨资在央视黄金时段进行投放,这样的广告通常成本在千万元以上。而7喜这支病毒广告无任何上述元素,成本不及传统饮料广告的百分之一。没有雇佣网络水军,仅靠微博红人的帮衬,3个仅有5分钟"穿越"剧情的系列故事中的第三则"蝴蝶效应"视频发出当天,被只有300多粉丝的新浪微博主"凯利金伯伦"首次转发后,获6 000多条评论和5万余次转发,成为当日新浪微博"热门转发"第二位,由此成为近期病毒式营销的典型案例。

近年来,强调口碑力量的病毒式营销可谓最热门的网络营销方式,但随微博兴起,能从泛滥的信息中脱颖而出,却着实不易。"遇到一支能传播的病毒视频,是可遇而不可求的事情。"创意营销公司MP4works创始人南梁对《环球企业家》说。

而对历经兴衰的7喜品牌来说,这则广告的确可遇不可求。

1987年,在纽约一家餐厅的餐巾纸上,一个穿着大T恤、旧球鞋,鞋带总是松垮的瘦高年轻人诞生了,他就是20世纪80年代西方年轻人最佳的代言者,7喜小子Fido Dido。在近20年时间里,Fido Dido参与缔造一个涵盖饮料、服装、消费电子等各类产品的7喜帝国,且以"只做自己"的口头禅引领八九十年代崇尚个性的社会风潮。

但作为有着鲜明品牌特点及优势的碳酸饮料,近年来,7喜的品牌影响力及市场份额在雪碧的紧逼下衰落,不仅如此,它还要与可口可乐们共同面对非碳酸饮料的巨大冲击。以中国市场为例,7喜也曾投入重金在电视广告上推广Fido Dido形象,但注重明星代言的对手雪碧品牌似乎更符合中国内地年轻人的偏好,Fido Dido几乎销声匿迹。根据AC尼尔森的数据统计,2010年,雪碧的销量排在碳酸饮料的第一位,在可口可乐的饮料系列中举足轻重。

7喜小子沉睡了吗?唤醒他的时刻到了。

今年年初,负责7喜美国以外市场的百事公司,在欧洲推出7喜全新Logo:放大数字"7",缩小"up"的比例,以期凸显7喜魔力。而中国此次病毒营销的导演,百事也请来嬉笑怒骂的胡戈——当年《一只馒头的血案》的创作者,无不是期望能在当今的时代,重新诠释7喜的品牌内涵。

只不过,这次,Fido Dido 缺席了。

从戏谑到感动

在网迈广告策略总监吴兆华看来,7喜系列病毒式广告具备了网络广告的成功基础——"Not plan to be virus, plan to be awesome.(不要当做一支病毒广告来做,而是要做得很厉害。)""不是完全要投观看者所好。不管是什么内容,一定要'很厉害'。"吴兆华对本刊说。所谓厉害,就是令人出乎意料,而且印象深刻。

第一则7喜"穿越"广告仅5分钟,但当时中国互联网话题人物小月月的担纲,瞬间触动年轻网民的兴奋点。"创作剧本不是仅凭灵感,是根据7喜品牌组的要求进行精心设计的。"胡戈告诉《环球企业家》。"他们要求有更多的转发率,要让更多的人转发就要更雷人。"

胡戈的剧本恰好具备了一支成功的网络的"success model"(成功模型)的六要素,"story telling(讲故事)"、"unexpected result(出乎意料的结果)"、"creditable(可信度)"、"concrete(实在的)"、"emotion(有感情的)"和"simple(简单的)"。

这深得互联网世界的"恶搞"精神?7喜品牌组不想流于表面。"从品牌的角度出发,没有想象力的恶搞会让观众厌烦,同时拉低品牌形象。所以品牌组一直坚持我们的作品不能过度恶搞,必须娱乐而不流于低俗,搞笑而不恶趣味。用创意增加娱乐性,做有思想的娱乐。"负责7喜品牌的市场副总监江畅对《环球企业家》说。

在博得眼球后,变化产生了。

尽管7喜第二支"圣诞许愿"和第三支"蝴蝶效应"广告仍不乏戏谑成分,但和第一个广告内容存在着微妙的差别——剧本的内容更加巧妙。在这支广告的剧本创意过程中,7喜加强了与胡戈的互动。胡戈习惯在深夜工作,双方经常在晚上11点钟通电话,讨论创意和脚本,凌晨时分,胡戈创作出新方案或改进原先的脚本。

在"圣诞许愿篇"的穿越创意过程当中有一个小故事,反串角色龚格尔最后回到现代，接入之前暑假投放的"揭盖赢篇"的剧情，令两个片子有一个巧妙的结合和呼应，让后面的"圣诞篇"反而成为"暑期篇"的前传。这正是7喜品牌组同事在讨论脚本时诞生的灵感，胡戈也能够对这个灵感加以吸收并进一步演绎。

"我们不能指望一条视频承担太多的任务。但我们正在策划中的一些病毒视频，沟通重点会相对倾斜在品牌理念的传达上。"江畅说。胡戈的特色是作品有创意、搞笑，具备网络高度传播的要素，适合传播比较单一的品牌促销或者活动信息。

7喜与胡戈所为，预示着品牌营销的一个必然趋势。之后，江畅找到广告制作公司天纳合作了"史上最爽的7件事"的短片，讲述一个宅男历经黄粱一梦，最终只有7喜和他相伴。这个广告间接反映出当下年轻人的生活困境，但是7喜倡导要以"机智、幽默"的方式来面对生活中的这些不如意。这支广告的内容少了一些笑料，却更容易引发年轻人对自身当下境遇的共鸣。

"品牌组希望在接下来的病毒视频中可以更多呼应我们的目标消费群——年轻人的喜怒哀乐，和年轻人进行更深层次的情感交流，同时把品牌的理念贯穿其中。让我们的病毒视频不单单成为传播品牌促销信息的工具，更成为打造品牌的武器。"江畅说。这支广告后，评论的主调已经从先前"圣诞篇"的"好玩"、"有创意"、"搞笑"，转变为"有点感动"，"就冲这个片子也要买瓶7喜"，"今年夏天喝7喜"。

和传统的广告运用的品牌营销方式不同，病毒广告中，一味说教只会引发反感。病毒视频给消费者和年轻人带来的品牌印象需要逐步积累，其创意及衍生话题已经变成了品牌资产的一部分。

"7喜的理念是自由无羁绊，我们没有在任何一条广告中写过这句话，而是通过一系列的广告观众自然会了解到我们品牌的含义。"百事中国消费者参与市场总监唐家兴对《环球企业家》说。"这是一个策略和目的的关系。我们广告里无论是4.90元促销价还是圣诞许愿活动都是一个策略，最终都是为了达到同一个目的。"

平民万岁

和可口可乐全家温馨的策略不同,百事饮料的营销战略一直强调年轻和大明星,特别是百事可乐曾在一部广告中动用了蔡依林、古天乐等5个中国巨星一同参与。7喜品牌的作为,却打破了这个传统。

"以前做广告我们用明星,现在我们强调的是每一个看广告的人都是明星。"唐家兴说。

去年开始,唐家兴在阅读市场广告反馈的时候发现,通过网络广告传播的效果越来越好。和传统的电视广告不同,品牌病毒视频不但能够提供很大的创意空间,而且网络传播渠道也符合当下年轻人吸收和传播信息的习惯。

"每个品牌有不一样的角色,并且处于不一样的发展的阶段,那么选择的方式和渠道就会不同。"唐家兴告诉《环球企业家》。

作为雪碧的挑战者,在唐家兴的眼里,7喜是百事饮料家族的新生儿,有无限的可能性和更灵活的操作方式。

"7喜的消费者主要是25岁以下的年轻人,他们正越来越远离传统的以'推'为主的电视广告,走向可以自由选择、自由分享、自由评论、自由创造的网络平台去寻找他们感兴趣的内容。"江畅说。

由于销量无法直接和某一单独的营销方式挂钩,因此7喜品牌组无法测量这一系列广告带来的收益。但在今年没有一支电视广告的情况下,7喜的销量仍然保持着健康的成长。

这是一种顺势而为的方法,越来越多的年轻人乐于并有能力展现自己。对7喜来说,网络广告仅是个起点,今年的主要营销方式将从传统的电视广告转到更为开放的网络平台。未来,7喜品牌还将利用微博平台,进行以网络为中心的品牌营销计划,然后配合门店里的整合和展示,做到线上线下的结合。在即将到来的七夕节,7喜将和天纳再打造一支广告,通过网络广告来邀请消费者参加活动。

"我们越是放得开,消费者越是靠得近。"这是李自强4年前提出的一个品牌营销理念,而7喜也正是这个理念最好的实行品牌之一。

> 案例讨论

从早期的 Fido Dido 的形象,到中期的吴克群代言,到如今的网络病毒营销方式,7喜正在紧紧地跟随着消费者的习惯。"平民化是我们进行品牌定位差异化的一个尝试,我们不用大明星、大平台,而是依靠对于消费者的深刻理解,建立同他们的感情纽带。"江畅对本刊表示。

这和李自强的两点想法不谋而合:"我们要大胆改变游戏规则,打造全新的品牌沟通模式……重点是要建立我们和年轻一代强大的情感联系。"在同质化倾向严重的碳酸饮料市场,7喜的情感纽带,需以特殊材料制成。

(案例来源:《环球企业家》,2011年第14期。作者:林仲旻)

讨论题:

1. 与传统广告形式相比,网络广告有什么优势?
2. 七喜广告成本低、效果好,这给予我们什么样的启示?

后 记

作为广告与消费心理学专业的一名科研人员，尽管在读博期间和工作以来参与了不少相关的科研与实践工作，可一旦要由自己来主持将这些科研和实践成果编纂成书时，还是倍感艰辛。许多资料需要重新思考、整理和更新，新的研究成果和案例需要加以补充，从思考全书的框架到字里行间的推敲，颇费思量。

本书的另外两位作者管益杰博士和周新林博士均是北京师范大学心理学院的研究人员。管益杰博士撰写了本书第一、二、三、五、六章。她在北师大主讲"广告与消费心理学"公共课，其长期的授课经验使本书得以更加面向教学。周新林博士撰写了本书第四章，其中充分体现出他在认知心理学方面的专业素养。对两位合作者的辛勤劳动，谨此表示衷心感谢！

本书是在我的导师、中科院心理研究所马谋超研究员的悉心指导下完成的，许多内容直接选自马老师的研究成果或是中科院心理研究所"广告与消费心理"实验室多年来的科研资料。在此，也谨向他表示深挚的敬意和感谢！

感谢首都经济贸易大学出版社的大力支持和出版社杨玲老师关于编撰工作的许多宝贵意见，使本书得以更快地顺利付梓。

由于作者水平和精力所限，本书在对最新成果的反映以及书中的一些选材和具体阐释方面肯定还存在不少缺点，敬请各位读者不吝批评指正，谨此预致谢忱。

王　詠

2004 年 12 月

图书在版编目(CIP)数据

现代广告心理学/管益杰,王詠编著. ——3版. ——北京:首都经济贸易大学出版社,2012.9

(广告专业系列教材)

ISBN 978-7-5638-1130-4

Ⅰ.①现… Ⅱ.①管…②王… Ⅲ.①广告学—高等学校—教材 Ⅳ.①F713.80

中国版本图书馆 CIP 数据核字(2004)第 131258 号

现代广告心理学(第三版)

管益杰 王詠 编著 马谋超 主审

出版发行	首都经济贸易大学出版社
地　　址	北京市朝阳区红庙(邮编100026)
电　　话	(010)65976483　65065761　65071505(传真)
E-mail	publish@cueb.edu.cn
经　　销	全国新华书店
照　　排	北京砚祥志远激光照排技术有限公司
印　　刷	北京九州迅驰传媒文化有限公司
开　　本	710毫米×1000毫米　1/16
字　　数	303千字
印　　张	17.25
版　　次	2005年2月第1版　2009年2月第2版
	2012年9月第3版　2020年8月总第14次印刷
书　　号	ISBN 978-7-5638-1130-4/F·651
定　　价	35.00元

图书印装若有质量问题,本社负责调换

版权所有　侵权必究